全本全注全译丛书

中华经典名著

冯天瑜 姜海龙◎译注

劝学篇

中华书局

图书在版编目(CIP)数据

　劝学篇/冯天瑜,姜海龙译注. —北京:中华书局,2016.11
(2025.3 重印)
　(中华经典名著全本全注全译丛书)
　ISBN 978-7-101-11963-3

　Ⅰ.劝… Ⅱ.①冯…②姜… Ⅲ.①政治思想-中国-近代
②《劝学篇》-译文③《劝学篇》-注释 Ⅳ.D092.52

中国版本图书馆 CIP 数据核字(2016)第 152112 号

书　　名　劝学篇
译 注 者　冯天瑜　姜海龙
丛 书 名　中华经典名著全本全注全译丛书
责任编辑　张彩梅
装帧设计　毛　淳
责任印制　陈丽娜
出版发行　中华书局
　　　　　(北京市丰台区太平桥西里 38 号　100073)
　　　　　http://www.zhbc.com.cn
　　　　　E-mail:zhbc@zhbc.com.cn
印　　刷　北京盛通印刷股份有限公司
版　　次　2016 年 11 月第 1 版
　　　　　2025 年 3 月第 8 次印刷
规　　格　开本/880×1230 毫米　1/32
　　　　　印张 11½　字数 250 千字
印　　数　32001-35000 册
国际书号　ISBN 978-7-101-11963-3
定　　价　29.00 元

目录

前　言 ……………………………………… 1

上　谕 ……………………………………… 1

《劝学篇》序 ………………………………… 3

内　篇

同心第一 ……………………………………… 21

教忠第二 ……………………………………… 39

明纲第三 ……………………………………… 72

知类第四 ……………………………………… 80

宗经第五 ……………………………………… 91

正权第六 ……………………………………… 106

循序第七 ……………………………………… 119

守约第八 ……………………………………… 125

去毒第九 ……………………………………… 157

外　篇

益智第一 ……………………………………… 164

游学第二 ……………………………………… 179

设学第三 ···················· 189

学制第四 ···················· 201

广译第五 ···················· 207

阅报第六 ···················· 216

变法第七 ···················· 222

变科举第八 ···················· 235

农工商学第九 ···················· 255

兵学第十 ···················· 270

矿学第十一 ···················· 285

铁路第十二 ···················· 292

会通第十三 ···················· 298

非弭兵第十四 ···················· 319

非攻教第十五 ···················· 326

附录　张之洞传(清史稿) ·············· 334

前　言

一

近代中国处在社会急剧变化的历史关头。1901年，敏感的梁启超指出："中国自数千年以来，皆停顿时代也，而今则过渡时代也。""中国自数千年来，常立于一定不易之域，寸地不进，跬步不移，未尝知过渡之为何状也。虽然，为五大洋惊涛骇浪之所冲击，为19世纪狂飙飞沙之所驱突，于是穷古以来，祖宗遗传深顽厚锢之根据地遂渐渐摧落失陷，而全国民族亦遂不得不经营惨淡、跋涉苦辛、相率而就于过渡之道"（梁启超：《过渡时代论》，载《清议报》第82期）。

面对这种旷古未有的"过渡时代"，不同阶层、不同政治和文化派别所作出的反应各不相同：有的抗拒"过渡"；有的致力于探究"过渡之道"，但对"过渡之道"所设计的方案又各不相同。就清朝统治阵营内部而言，从19世纪60年代开始，便分化出保守派与洋务派两大集团。保守派如同治间大学士倭仁、光绪间大学士徐桐，企图以"忠信为甲胄、礼义为干橹"去抵挡西方工业文明的来袭，他们声言，"道"和"器"均应一仍其旧，纲常教条不得有丝毫改易，从而坚持抗拒"过渡"的立场。洋务派则有限地赞成"过渡"，他们主张"变器不变道"，即在保存君主专制制度的前提下，"留心西人秘巧"，提倡学习"西技"、"西艺"，也兼及"西政"，并在他们主持的部门和地区兴建近代化的军事和民用工业、修造铁路、创办学堂、组训新式陆海军。洋务派的代表人物，当朝大臣有奕䜣、桂良、文祥；疆吏则有曾国藩、左宗棠、李鸿章等人，张之洞是后起者。

19世纪中叶以后，清王朝的统治面临西方资本主义殖民者大举入侵与不堪忍受外来侵略和专制压迫的人民揭竿而起这两方面的严重挑战。清廷权衡"御外夷"和"靖内寇"的轻重缓急之后，确立了"靖内寇为先"的方针。在这种历史条件下发展起来的洋务派便具有明显的双重性质：一方面，他们所经营的"制器"、"练兵"、"兴学"等事业，显示了追求近代物质文明的趋向和对外部世界有限的开放态度，从而为中国脱离中世纪故道，纳入近代世界轨迹奠定了物质基础；另一方面，他们的事业又未能突破君主专制制度和文化体系的框架，他们学习西方技艺，已由魏源的"师夷长技以制夷"变为"师夷长技以制民"。洋务派所追索的"过渡之道"并非要通向资本主义的理性王国，而是在保存纲常名教的前提下，实行某种程度的经济、技术和文化教育的近代化改造。洋务派的这一基本特征，在这个派别的后期巨擘张之洞1898年所著的《劝学篇》中得到充分展现。

19世纪后半叶，与洋务派相伴生，改良主义者冯桂芬、王韬、薛福成、陈炽、马建忠、何启、胡礼垣、郑观应等人也开始了自己推进"过渡之道"的活动。他们主张不仅要学习西方的坚船利炮，还要学习西方的政治学说和制度。19世纪中后期登上舞台的西方改良主义者的思想，反映了新兴资本主义制度和资本主义文化给中古末世开明士人带来的觉醒。中国的改良派力倡发展新的生产力，进而倡导学习与这种新生产力相共生的西方科学技术、人文科学以至社会理想，从而成为中国早期资产阶级的代言人。他们社会批判的锋芒，其指向已不限于保守派的冥顽不灵、深闭固拒，而且还指向洋务派的种种弊端。他们揭露洋务大吏不过是"以洋务为终南捷径"（王韬：《弢园文录外编》卷二，《洋务上》），"学习西法二十余年来，徒袭其皮毛而已"（王韬：《弢园文录外编》

卷十,《火器说略后跋》)。一些改良主义者(如王韬、郑观应)开始鼓吹变法,成为19世纪末叶康有为、梁启超倡导的变法维新运动的先声。

如果说早期改良主义者中的某些人,例如冯桂芬、薛福成、马建忠,多为洋务大吏的幕僚,依附于洋务派,寄希望于洋务派,企图通过自己的劝谏和建策帮助洋务大吏完成"自强"事业,那么,稍后的何启、胡礼垣生活于西风较烈的香港,目睹了洋务运动在甲午战争中的惨败,并感受到民营工商业在"官督"之下的艰难困顿,从而产生摆脱洋务大吏政治控制、经济束缚的要求。于是,他们明确地与洋务派分道扬镳,并且力图突破君主专制制度,发出了求"民权"的呼声——尽管这种呼声还相当微弱、怯懦。何启、胡礼垣的思想,集中反映在他们1899年合撰的直接反驳张之洞《劝学篇》的《〈劝学篇〉书后》中。

二

《劝学篇》的作者张之洞(1837—1909),字孝达,号香涛,直隶南皮(今属河北)人,同治进士。早年任翰林院编修、湖北学政、四川学政、内阁学士等职,曾是著名的清流党人。光绪七年(1881)补授山西巡抚,开始由清流党向洋务派转化。光绪十年(1884)署理两广总督,正式开展洋务建设。中法战争期间,竭力主战,并起用老将冯子材,奏请唐景崧率师入越,会同刘永福所辖黑旗军抗法,在广西边境击败法军。光绪十五年(1889)调任湖广总督。此后在督鄂及暂署两江总督的近二十年间,开办汉阳铁厂、湖北枪炮厂,设立织布、纺纱、缫丝、制麻四局,筹建芦汉铁路,兴建各类学堂,大量派遣游学生,组训江南自强军、湖北新军,造成一种耸动朝野视听的格局,张氏长期坐镇武汉,继上海、天津之后,成为又一洋务基地和实力中心,张氏的势力亦"由武昌以达扬子江流域,靡不遍及"(《张文襄公大事记·张文襄在鄂行政》)。

19世纪的最后几年,张之洞于湖广、两江经理各项洋务实事的同时,也以老谋深算的重臣身份,参与此间谲诡幻化的政治斗争。在第一次暂署两江期间，因甲午战争中方惨败的刺激，康有为等人受帝党支持，于1895年8月在北京组织强学会，力倡"变法"，张之洞捐五千金，列名北京强学会。10月，康有为南下江宁，运动张之洞出面设立强学会上海和南京分会，张"颇以自认"，遂为上海强学会发起人。不久，慈禧在北京压迫强学会，将帝师翁同龢的两名重要助手革职，示帝党以颜色。张获悉后党反攻消息，立即改变对强学会的态度，借口不同意康有为的"孔子改制"说，下令封查上海强学会和《强学报》，授意以该报余款交汪康年，由梁启超、黄遵宪、汪康年等于1896年8月在上海创办《时务报》。该旬刊以宣传维新变法、救亡图强为宗旨，数月间，风靡海内外。已于1896年2月返任湖广的张之洞曾对《时务报》表示特别的器重，札饬湖北全省官销，并著文赞扬该刊"有裨时政，有裨学术，为留心经世者必不可少之编"，"实为中国创始第一种有益之报"（《饬行全省官销〈时务报〉札》，《时务报》第六册）。《时务报》创刊发行期间，维新变法运动正向纵深进展，光绪帝也愈益明确地予以赞许，张之洞便试图密切同维新派的联系。1897年元月邀请《时务报》撰述（主笔）梁启超访鄂，待为上宾。然而，《时务报》犀利的政论文章又常常引起张的惊恐，尤其是1897年10月该刊第四十册所载梁启超《知耻学会叙》，谴责清廷丧权辱国。张立即致电陈宝箴、黄遵宪，称梁文"太悖谬"，并令"此册千万勿送"，又授意梁鼎芬致函汪康年，掣肘梁启超。第五十六册以后，该刊即为汪康年、梁鼎芬控制，宗旨大变。对于湖南维新派组织南学会及《湘报》《湘学报》等维新刊物，张也是始而支持，继而扼杀。

　　1898年初，随着维新变法运动的深入，坚守纲常名教的张之洞与这个运动的矛盾也愈益尖锐。同时，作为宦场老手的张之洞"深窥宫廷龃龉之情与新旧水火之象"（《张文襄公大事记·张文襄公之学术》），他清楚地看到，清廷的实权掌握在反对变法的后党手中。这样，既是为着捍卫纲常名教，也是"预为自保计"，张之洞于1898年4月撰写了《劝学篇》。

张之洞后来这样追述写作《劝学篇》的原委：

> 自乙未后，外患日亟，而士大夫顽固益深。戊戌春，金壬伺隙，邪说遂张，乃著《劝学篇》上下卷以辟之。大抵会通中西，权衡新旧。（《抱冰堂弟子记》。此记托名"弟子"，实为张之洞自述）

可见，张之洞写《劝学篇》，意在两线作战——一方面批评保守派的"守旧"、"不知通"，另一方面批评维新派的"菲薄名教"、"不知本"。他企图在保守派和维新派的主张之间寻找第三条路——"旧学为体，新学为用，不使偏废"（《外篇·设学第三》）。这便是洋务派文化思想的集中概括。其实，张之洞的这一思想酝酿已久，早在他做京官清流时，便常以"体用"这对范畴规范中华文化与西洋文化的彼此关系；19世纪80年代初，张氏出任山西巡抚时，更提出"体用兼资"、"明体达用"的论点。不过，1898年问世的《劝学篇》将这一思想系统化、理论化了。而作为那一时代的特定产物，《劝学篇》攻击的重点，是被他指为"邪说"的维新理论。诚如张氏的幕僚辜鸿铭所指出的，张在戊戌间新旧两派即将摊牌的关口作《劝学篇》，目的在"绝康梁并谢天下耳"（辜鸿铭：《张文襄幕府纪闻》，第9页）。

《劝学篇》共二十四篇，四万余字，"内篇务本，以正人心；外篇务通，以开风气"。所谓"本"，指有关世道人心的纲常名教，不可动摇；所谓"通"，指工商学校报馆诸事，可以变通举办。全书贯穿"中体西用"精神，主张在维护君主专制制度的基本原则下接受西方资本主义列强的技艺，并以这种新技艺"补"专制旧制之"阙"，"起"清廷统治之"疾"。张之洞倡导的"新旧兼学"中的"新学"亦包括"西政"，这比早期"中体西用"论者的"西学"="西艺"的观点进了一步，然而，张之洞所说的"西政"虽扩及"学校、地理、度支、赋税、武备、律例、劝工、通商"诸项，却对"设议院"等涉及政体的部分讳莫如深（《外篇·设学第三》）。

可见，张氏唯恐西学中那些锋芒直逼君主专制制度本体的内容在中国得以传播。一言以蔽之，张之洞的公式是："中学为内学，西学为外

学;中学治身心,西学应世事。"(《外篇·会通第十三》)

　　出于对无力"应世事"的君主专制顽固派那套僵化思想的不满,张之洞在《劝学篇》中多处批评"守旧者"的"不知通",而"不知通,则无应敌制变之术"(《〈劝学篇〉序》),他责备守旧者对新学的拒绝是"因噎而食废"(《〈劝学篇〉序》)。并在《劝学篇》的外篇中力主"益智"、"游学"、"广立学堂"、"译西书"、"阅报"、"变法"、"变科举",倡导发展"农工商学"、"兵学"、"矿学",主张筑铁路以通血气,会通中西学术以晓固蔽。鉴于国民精神的不振作,张之洞还大声疾呼"知耻"(耻不如日本)、"知惧"(惧为印度)、"知变"、"知要"(中学考古非要,致用为要;西学西艺非要,西政为要)(《〈劝学篇〉序》)。这些思想言论中无疑包蕴着爱国主义精神和若干合理的、进步的成分。

　　然而,张之洞的悲剧在于,作为一个专制王朝的封疆大吏,作为一个深受理学熏染的士大夫,他对纲常名教又是全力维护的。他在《〈劝学篇〉序》及《内篇·明纲第三》里揭起了"三纲至上"的旗帜,认定"三纲为中国神圣相传之至教","圣人所以为圣人,中国所以为中国,实在于此。故知君臣之纲,则民权之说不可行也;知父子之纲,则父子同罪、免丧、废祀之说不可行也"。在《内篇·正权第六》里,张之洞集中攻击了民权论。他认为:"民权之说,无一益而有百害","使民权之说一倡,愚民必喜,乱民必作,纪纲不行,大乱四起"。张之洞还竭力颂扬清朝的"深仁厚泽"与"良法善政",认为这一切妙不可言,"何必袭议院之名哉!"他甚至为清廷的丧权辱国、割地赔款行径辩护,说朝廷"苟可以情恕理遣,即不惜屈己议和,不过为爱惜生民,不忍捐之于凶锋毒焰之下"(《内篇·教忠第二》)。

　　《劝学篇》虽有"劝工、劝农、劝商"之倡,但限制在官办和官督商办的轨范之内。张之洞说:"华商陋习,常有藉招股欺骗之事,若无官权为之惩罚,则公司资本无一存者矣。机器造货厂无官权为之弹压,则一家获利,百家仿行,假冒牌名,工匠哄斗,谁为禁之?"(《内篇·正权第六》)

认为工商业的发展，只有在官权的保护之下才能实现。而近代中国的历史实际却证明，正是强势官权阻碍了工业化的步伐。可见，张之洞为中国近代工商业发展所开的处方，是不足为训的。当然，《劝学篇》外篇关于学习西政、西艺的主张，包含着不少开明意见，它们是对19世纪60年代以来洋务派学习并推行西方技艺、军事、教育等近代事业的全面概括。

《劝学篇》刊行的时机，也活生生地昭示了这部著作特有的政治色彩。

1898年6月11日，光绪皇帝诏定国是，变法运动进入关键时刻。6月16日光绪帝召见康有为以后，决定变法；接着又召见梁启超，后又特授谭嗣同、刘光第、杨锐、林旭四品卿衔，充军机章京，专办新政。与此同时，慈禧也采取对策，在光绪帝颁布"明定国是"上谕后四天（6月20日），即迫令光绪帝将翁同龢开缺回籍，"皇上见此诏，战栗变色，无可如何。翁同龢一去，皇上之股肱顿失矣！"（梁启超：《戊戌政变记》，第62页）慈禧又任命荣禄为直隶总督，掌握近畿兵权，随时准备朝维新派猛扑过去。光绪帝此刻的处境是，既想变法维新，又"上制于西后，下壅于顽臣"，无所措手足。正在这一微妙时刻，张之洞的门生、翰林院侍读学士黄绍箕以张之洞所著《劝学篇》进呈。7月25日，光绪帝"详加披览"，以为"持论平正通达，于学术、人心大有裨益"；遂以圣谕形式下令军机处给各省督、抚、学政各一部，要求他们"广为刊布，实力劝导，以重名教，而杜厄言"，又谕总理衙门排印三百部下发。

《劝学篇》因有若干新学内容，故为光绪帝所接纳；而其内篇力辟民权论等"维新"理论，又为慈禧太后所欣赏。这正表现了《劝学篇》及张之洞本人的双重色彩。而恰恰是这种双重色彩，使《劝学篇》在多事之秋的戊戌年间能够左右逢源，被帝、后交相嘉许，作为"钦定维新教科书"，"挟朝廷之力以行之"，"不胫而遍于海内"，十日之间，三易版本。据在华洋人估计，刊印不下二百万册，这在当时是一个相当惊人的数字。西方各国对此书也颇为重视,先后译成英、法文出版。1900年美国纽约出版的英文本,易名为《中国唯一的希望》。美国传教士丁韪良的《花甲忆记》也选录了《劝学篇》。清末保守派代言人、以"挽伦纪,扶圣教"自命的苏舆为反对维新运动,编辑"首驳伪学,次揭邪谋"的《翼教丛编》,在收录王先谦、叶德辉等人咒骂维新运动文章的同时,亦选录了张之洞《劝学篇》中的《教忠第二》《明纲第三》《知类第四》《正权第六》等四篇,并对张之洞和《劝学篇》大加赞颂:"疆臣佼佼厥惟南皮,劝学数篇挽澜作柱。"(苏舆:《翼教丛编·序目》)叶昌炽则吹捧张之洞的《劝学篇》是"拯乱之良药"。但因其外篇有若干推崇西艺、西政的内容,所以又曾遭到保守派徐桐的攻击。另一方面,《劝学篇》刊行后不久,也遭到改良派人士的批判。严复等着力批评其体用两橛的理论混乱;而揭起系统清算《劝学篇》旗帜,并侧重抨击其民权思想的,则是长期居住在香港,受过西式教育的何启、胡礼垣,两人专门撰写《〈劝学篇〉书后》,对张之洞维护君主专制纲常的思想,逐篇予以辨难,又以《正权篇辩》详驳君主专制思想,较系统地阐述了新兴资产阶级的政治、经济、文化主张。

1898年9月,慈禧太后发动推翻戊戌变法的宫廷政变,幽禁光绪帝于中南海瀛台,并捕杀谭嗣同等维新"六君子",通缉康有为、梁启超,罢免陈宝箴、江标、黄遵宪等支持维新变法的官员,又将已经开缺回籍的翁同龢"著即行革职,永不叙用,交地方官严加管束,不准滋生事端,以为大臣居心险诈者戒"(《德宗景皇帝实录》,卷四一八,第18页)。此时,有朝臣称张之洞赞助过维新派,应予惩处。但慈禧太后因张之洞"以先著《劝学篇》,得免议"。此后,清廷一直把撰写《劝学篇》作为张之洞的"一大功绩",张去世,朝廷的《谕祭文》中有"诏荆楚之髦士,劝学成书;控江汉之上游,典兵有制"(《张文襄公奏稿》卷首,第3页)的赞语。时人评论:张之洞的思想学术"初由旧而之新,复由新而返于旧者也"。"然其由新学复返于旧也,则在戊戌变政之时,其宗旨具见所为《劝学篇》"(《张文襄公大事记·张文襄公之学术》)。这是恰当之论。

以后，张之洞在 1900 年与刘坤一合谋策划"东南互保"，1902 年张之洞与刘坤一合奏"变法三疏"，都是《劝学篇》阐明的路线的延伸。尤其是"变法三疏"中提出的"变法"主张，如"兴学育才"的四"大端"，以及"整顿中法十二条"，"采用西法十一条"，基本上是《劝学篇》（特别是其外篇）的具体化。张之洞也因此而成为清末"新政"的主角；也可以说，清末"新政"是《劝学篇》各项主张的实践——政治上维持专制体制，经济文化上推行若干新法。时人已透见张之洞不可解的矛盾：

> （张之洞）笃守儒家藩篱，与欧化不融，则又发为以中学为体西学为用之言，实堕宋人体用看成两橛之迷障。（《张文襄公大事记·体仁阁大学士张公之洞事略》）

1909 年 10 月，张之洞在体仁阁大学士、军机大臣任内溘然长逝。富于戏剧性的历史场景是：在张氏死后两年，中国第一次较完全意义的资产阶级革命运动——辛亥革命，在张氏经营近二十年的湖北省城武昌首先爆发，其经营的机器工业、新式学堂和新军，一并转变为打击清朝的物质力量，专制帝制随之轰然坍塌，历史揭开了新的一页。历史自身的逻辑昭显了《劝学篇》内外篇的矛盾性无法在同一框架内共存。

三

呈现于读者面前的这部全注全译本《劝学篇》，正文底本选自 1928 年北平文华斋版的《张文襄公全集》卷二百零二和卷二百零三。2008 年由武汉出版社出版的 12 册《张之洞全集》，是国家清史编纂委员会文献丛刊之一，该书在《张文襄公全集》的基础上进一步辑佚、求真、断句，是目前出版的有关张之洞的史料全编中较为可信的一种。本书正文，又与《张之洞全集》第 12 册中所载《劝学篇》进行了比对和核查，纠正了若干断句和文字的讹误。张之洞所著的《劝学篇》，虽距今不远，但因文中用典甚多，普通读者阅读较为困难，所以对文中所涉及的历史人物、成语典故、历代典章制度、难解的文字，皆一一做出注释，希望能有助于读者阅读和理解。注释之外,本书首次对《劝学篇》进行了全文的白话文翻译,以期帮助读者进一步读懂原文,资以参考。对《劝学篇》的白话文翻译,遵循着求真和达意的原则,一方面,译文忠实于原文的内容,不做脱离原文内容的发挥。在此前提下,对原文言说内容进行反复咀嚼和归纳,力争使白话译文流畅易读,得原文精髓。本书由冯天瑜与姜海龙合作完成。限于学力,其中疏误之处在所难免,敬希方家指正。

冯天瑜

2016 年 5 月 30 日

上　谕

光绪二十四年六月初七日①,奉上谕②:"本日翰林院奏侍讲黄绍箕呈进张之洞所著《劝学篇》③,据呈代奏一折。原书内外各篇,朕详加披览,持论平正通达,于学术、人心大有裨益。著将所备副本四十部,由军机处颁发各省督、抚、学政各一部④,俾得广为刊布⑤,实力劝导,以重名教⑥,而杜卮言⑦。钦此⑧!"

【注释】

①光绪二十四年:即 1898 年。光绪为清德宗年号(1875—1908)。

②上:指光绪皇帝。

③翰林院:官署名。清代翰林院掌编修国史,记载起居注,进讲经史,草拟有关典礼的文件。侍讲:唐以来备君主顾问的官员。明清时为翰林院额定之官,掌记载撰著等事。黄绍箕(1854—1908):清流党人黄体芳之子,1898 年授翰林院侍读学士。戊戌政变后,擢左春坊左庶子,派充京师大学堂总办。

④军机处:清代辅佐皇帝的政务机构。雍正十年(1732)设置,宣统三年(1911)内阁成立后撤销。督:总督简称。清代地方最高长

官,辖一省或二、三省,综理军民要政。抚:巡抚简称。清代省级
地方政府长官,总揽一省军事、吏治、刑狱等,地位略次于总督,
仍属平行。学政:清代提督学政的简称。因兼考武生,故加提督
衔。人选由翰林官及进士出身的部院官中选派,三年一任,掌管
各省学校生员考课升降之事。

⑤俾(bǐ):使。

⑥名教:以正名定分为主的礼教。

⑦卮(zhī)言:《庄子·寓言》:"卮言日出。"陆德明《释文》引王叔之
云:"夫卮器,满即倾,空则仰,随物而变,非执一守故者也;施之
于言,而随人从变,已无常主者也。"后人常用为对自己著作的谦
称。这里指那些违背圣贤名教的言论。

⑧这段文字为光绪皇帝的上谕,原以红字刊于《劝学篇》首页。

【译文】

光绪二十四年六月初七日,奉光绪皇帝的上谕:"本日翰林院上奏
侍讲黄绍箕所呈进的张之洞所写的《劝学篇》,据呈代奏一折。原书内
外各篇,我仔细地批阅了,该书立论公平正大而又通情达理,对于学术、
人心大有好处。现在我命令将所准备的《劝学篇》四十部副本,由军机
处颁发给各省总督、巡抚、学政各一部,使该书广为刊发印行,大力劝导
士民,尊重儒家礼法秩序,杜绝违背圣贤名教的言论。钦此!"

《劝学篇》序

【题解】

　　张之洞为什么要在"百日维新"之际写《劝学篇》？为什么要托付门徒黄绍箕进呈给光绪皇帝及慈禧太后？在道器两个层面，皆有其复杂而值得阐发的原因。从"应世事"的角度来看，《劝学篇》的写就和进呈，体现了张之洞"世事洞明皆学问"的巧宦一面。康梁为首的激烈变法，张之洞最初曾涉入其中，1895年康有为成立强学会，张之洞捐银入会；梁启超在上海所办《时务报》，张曾札饬湖北官场销售。但随着变法的推进，作为封疆大吏的张之洞很快体悟到变法背后的帝党、后党之争，权力的天平始终倾斜在后党这一面。为了摆脱自己曾经襄助维新派的前史，"预为自保"于纷繁复杂的政事纷争中，以疆臣之笔"正论"如何务本会通，揭康梁之"邪说"，无疑是政治上的妙笔妙棋。后来的事实也证明，《劝学篇》写的恰逢其时。戊戌政变之后，曾有人以张之洞与维新派有染为由，请朝廷治罪。慈禧以"先著《劝学篇》，得免议"之名，未惩处张之洞。张之洞1909年故去，清廷的祭祀文中有"诏荆楚之髦士，劝学成书"的赞语，可见《劝学篇》于张之洞一生宦海浮沉的重要。中国的改革举措中的甲乙丙丁固属重要，但具决定性的往往是改革中人事与权力的较量。

　　《劝学篇》的写就不仅仅是"应世事"之举。在与康梁接触的过程中,张之洞与维新派渐行渐远。从根本上说,理学的熏陶、封疆大吏的政治身份与洋务派巨擘的定位,都使张之洞不能赞同康南海的激进之论。《劝学篇》的写就,带有阐发己论,驳斥保守与激进者两面作战的意味。张之洞的幕僚辜鸿铭曾回忆说:"我曾亲自出席过张之洞总督召集的一次幕僚议事会,讨论如何对付康有为的雅各宾主义问题,《劝学篇》是在那次会议之后'立即写出来的'。"

　　《劝学篇》也不仅仅是驳斥"邪说"那么简单。事实上,在晚清四大名臣中,曾国藩与张之洞"偏文",李鸿章、左宗棠"偏武"。而就经营洋务、布行新政的经验与时间来看,以李鸿章、张之洞为最,曾、左两人早逝。过往时人与史学者常讥评洋务运动只注重器物层面的建设,不注重西政西制,对此未有理论上的概括和阐发。张之洞《劝学篇》的重要性正在于此。"偏文"和"洋务"的结合,使张之洞成为躬身实践的大吏中最具可能将洋务实践上升为经验总结的人选。口岸知识分子与改良派幕僚如王韬、郑观应、薛福成等人或者摇笔过之,但未有擘画洋务的实际经验。李鸿章办洋务最有成效,但在"治学"、"文章"上重视不够。所以,是张之洞的《劝学篇》成为基于洋务经验而又有所超越的经典文本。张之洞的洋务经验即来自于湖北的洋务、新政实绩。从某种程度上可说,是湖北假张之洞影响了晚清的变革,而晚清的变革又深深塑造了湖北的近代命运。

　　《劝学篇》同时也不仅仅是洋务的总结。在文化层面,《劝学篇》中所提出的"会通中西,权衡新旧"的响亮口号,是对自明末清初以来四百余年间"中西会通"问题所做的一个系统性回应。自徐光启遭逢利玛窦以来,"欲求超胜,必先会通"的中西文化涵化拉开序幕。但在不同时代,如何应对中西会通以及由此而衍生的古今问题、本末问题、体用问题、新旧问题,不能一也。张之洞所处的晚清时代,"三千年未有之变局"下的国势日蹙,迫使士人去思考文化会通层面这一大问题。"中体西用"思想的提出,系统性地回答了这一文化交流层面的大问题。尽管许多人不认为《劝学篇》是那个时代最优、最深刻的文本,但无可回避的是它是最切近现实、可行和受众度最高的流行经典。陈寅恪曾说自己思想介于曾湘乡和张南皮之间,用意在此焉。

如果放在东西文化会通的层面,应该想起日本福泽谕吉的同名之作《劝学篇》(汉译名)。张之洞(1837—1909)与福泽谕吉(1835—1901)所处年代大致相同,两国所遭逢的近代命运有彼此相似之处,二人皆为著名的教育家、思想家。张之洞在两湖的教育开拓之功,天下咸知;而福泽谕吉则创办了日本教育史上著名的庆应大学。面对东西文化会通的大势,张之洞提出了“中体西用”,福泽谕吉则在东瀛列岛喊出了“和魂洋才”。

回到本篇序言中。张之洞于此具体阐发了三个问题:何以要写作《劝学篇》?《劝学篇》布局谋篇如何?宗旨立意如何?其一,文中开篇举楚庄王居安思危的史实,来引出今日世变的危局,点出作者应世变、调和新旧两学的撰述目的。其二,《劝学篇》的布局谋篇分为内、外两篇。内篇共九篇,分别是同心、教忠、明纲、知类、宗经、正权、循序、守约、去毒;外篇共十五篇,分别是益智、游学、设学、学制、广译、阅报、变法、变科举、农工商学、兵学、矿学、铁路、会通、非弭兵、非攻教。内篇用来“务本”、“正人心”,所谓的“本”是指以儒家为主的中国学术文化传统、孔孟之道的纲常伦理和现实中的皇权政治。外篇是用来务通、开风气的。在正本的前提下以致用的态度学习西政、西学、西艺。其三,《劝学篇》的宗旨立意从大的方面说是“会通中西,权衡新旧”,也即“中体西用”。具而言之,张之洞认为是包括五个方面,即五知:知耻、知惧、知变、知要、知本。

　　昔楚庄王之霸也①,以民生在勤箴其民②,以日讨军实儆其军③,以祸至无日训其国人。夫楚当春秋鲁文、宣之际④,土方辟,兵方强,国势方张,齐、晋、秦、宋无敢抗颜行,谁能祸楚者？何为而急迫震惧如是之皇皇耶⑤？

【注释】

①楚庄王（前？—前591）：春秋时楚国国君。芈姓，名旅（一作吕、侣），前613—前591年在位。他整顿内政，兴修水利，使楚国的力量日益强大，并取得一系列军事上的胜利，成为霸主。

②箴（zhēn）：劝诫。

③军实：战争。《国语·楚语上》："故先王之为台榭也，榭不过讲军实。"韦昭注："讲，习也；军实，戎事也。"儆（jǐng）：使人警悟，不犯过错。

④鲁文、宣：即鲁文公（？—前609）和鲁宣公（前608—前591）。

⑤皇皇：同"惶惶"，心不安貌。

【译文】

当初楚庄王称霸，用民生在勤来劝诫楚国百姓，以每日演习军事来使楚国军队保持警惕，用灾祸的到来不可预期来训诫楚国国人。楚国在春秋鲁文公与鲁宣公之际，开疆拓土，军力正强，国家实力渐趋强盛，齐、晋、秦、宋诸国都不敢不看楚国的脸色，谁能祸乱楚国呢？为什么楚庄王要这样急迫而恐惧不安呢？

君子曰："不知其祸，则辱至矣；知其祸，则福至矣。"今日之世变，岂特春秋所未有，抑秦汉以至元明所未有也。语其祸，则共工之狂、辛有之痛①，不足喻也。庙堂旰食②，乾惕震厉③，方将改弦以调琴瑟，异等以储将相④，学堂建，特科设，海内志士发愤揾捥⑤。于是，图救时者言新学⑥，虑害道者守旧学⑦，莫衷于一。旧者因噎而食废，新者歧多而羊亡⑧；旧者不知通⑨，新者不知本⑩。不知通，则无应敌制变之术;不知本,则有非薄名教之心⑪。夫如是,则旧者愈病新⑫,新者愈厌旧,交相为愈⑬,而恢诡倾危乱名改作之流⑭,遂杂出其说以荡众心⑮。学者摇摇,中无所主,邪说暴行,横流天下。敌既至无与战,敌未至无与安。吾恐中国之祸,不在四海之外⑯,而在九州之内矣⑰!

【注释】

①共工:古代神话人物。传说"与颛顼争为帝,怒而触不周之山"。辛有:周大夫。平王东迁时,他适伊川,见披发而祭于野者,曰:"不及百年,此其戎乎! 其礼先亡矣。"其后秦、晋迁陆浑之戎于伊川。

②庙堂:太庙的明堂,古代帝王祭祀、议事的地方,这里指朝廷。旰(gàn)食:因心忧事繁而延迟到晚上才吃饭,这里指帝王勤于政事。

③乾惕震厉:意为举国上下警觉,神州风雷猛烈。乾、震,皆为八卦名。乾是八卦的首卦,卦形为☰,象征天;震卦形为☳,象征雷震。惕,警惕,戒惧。厉,严厉,猛烈。

④异等:区分不同的等级。储:储存起来以备应用。

⑤搤捥:同"扼腕"。用手握腕,表示情绪激动、振奋的样子。

⑥新学:由西方传入的近代新文化。

⑦旧学:指中国传统的学术文化。

⑧歧多而羊亡:语出《列子·说符》。这里比喻事理复杂多变,如果没有正确的方向,仍然达不到富国强兵的目的。

⑨通:通达,随着时、势的变化而变化。

⑩本:事物的根源或根基。

⑪非薄名教:否定或看轻名教。

⑫病：不满，责难。

⑬愈：病。

⑭恢诡：即"恢恑"，离奇。倾危：犹险诈。《史记·张仪列传》："此
　　两人真倾危之士哉！"乱名：曲解或背离名教。

⑮荡：动摇。

⑯四海：古以中国四境有海环绕，故用四海指代中国。

⑰九州：泛指整个中国。《尚书·禹贡》作冀、兖、青、徐、扬、荆、豫、
　　梁、雍。《尔雅·释地》《周礼·夏官·职方氏》记载稍有出入。

【译文】

君子说："不知道自身的灾祸，那么羞辱就要到来；知晓自身的灾祸，那么福就到了。"当今的世事变化，岂是春秋时期所没有，就是自秦汉以至元、明历代也都没有啊。说到当今祸患的严重，共工的狂妄、辛有的悲痛，都不足以比喻。当今圣上勤于政事，天下警觉而风雷激荡，正要像更改琴弦而使琴瑟合奏流畅一样更改典制，进行变革，区分不同等级的人才以为将来的将相做储备，创建学堂，设特科取士，海内有志之士发奋图强。于此之际，那些希望匡救时弊的人倡言西方传入的新学，而担忧破坏道学者固守传统中学，两者不能取得一致。守旧者因噎废食，趋新者找不到富国强兵的真正之路；守旧者不知道变通，趋新者不知道坚守本源。不知道通达变化，就不会有应敌制变的方法；不知道根本所在，就会有否定或看轻名教的心思。如果是这样，那么守旧者越责难趋新者，趋新者越厌恶守旧者，两者交相责怨对方，那些离奇、险诈、背离名教之流，就会发表各种各样的学说来动摇众人之心。学者心神不安，内心中没有定见，荒谬有害的言论得以彰显，放纵、恣肆于天下。敌人已经来到我们无法和他们开战，敌人还未来到我们也无法安然平静。我恐怕中国的祸患，不在中国之外，而是在中国之内啊！

　　　窃惟古来世运之明晦①，人才之盛衰，其表在政，其里在

学。不佞承乏两湖②，与有教士化民之责③，夙夜兢兢④，思有所以裨助之者。乃规时势⑤，综本末，著论二十四篇，以告两湖之士，海内君子，与我同志，亦所不隐。

【注释】

①窃：私自，谦词。惟：想。晦：昏暗。

②不佞（nìng）：谦称自己，意为不才（没有才能）。两湖：湖南和湖北。

③教士化民：教育士大夫，感化民众。

④夙（sù）：早上。兢兢：小心谨慎。

⑤规：规划，引申为审度。

【译文】

我私下认为，自古以来盛衰治乱的气运的显明与昏暗，人才的盛与衰，表面看是在政事，其实内里是在学术。不才我暂任职两湖，负有教导士大夫，感化民众的职责，早晚小心谨慎，希望能对教化民众有所帮助。因此审度时势，综合本末，写作二十四篇议论之作，以此告白于两湖士人，海内有德行的君子，和我有相同志向者，也没有什么隐瞒之言。

　　内篇务本，以正人心；外篇务通，以开风气。

【译文】

内篇用来致力于根本，以此来端正人心；外篇用来致力于通达变迁，以此来开通风气。

　　内篇九：曰同心，明保国、保教、保种为一义。手足利则头目康，血气盛则心志刚，贤才众多，国势自昌也。曰教忠，陈述本朝德泽深厚,使薄海臣民咸怀忠良①,以保国也。曰明纲②,三纲为中国神圣相传之至教③,礼政之原本④,人禽之大防⑤,以保教也。曰知类⑥,闵神明之胄裔⑦,无沦胥以亡⑧,以保种也。曰宗经⑨,周秦诸子⑩,瑜不掩瑕⑪,取节则可⑫,破道勿听⑬,必折衷于圣也⑭。曰正权⑮,辨上下,定民志,斥民权之乱政也。曰循序,先入者为主,讲西学必先通中学⑯,乃不忘其祖也。曰守约,喜新者甘,好古者苦,欲存中学,宜治要而约取也⑰。曰去毒,洋药涤染⑱,我民斯活⑲,绝之使无萌蘖也⑳。

【注释】

①薄海:《尚书·益稷》:"外薄四海。"薄,逼近,谓及于四海。后统称海内为薄海。咸:都。

②明纲:认识什么是居于主要或支配地位的事物。纲,本指提网的大绳。此指事物的关键部分。

③三纲:专制社会中为了维护等级制度而加以系统化的一套道德准则和礼教教条。三纲指君臣、父子、夫妇之道。《白虎通义·三纲六纪》:"三纲者,何谓也? 谓君臣、父子、夫妇也。"《礼记·乐记》:"然后圣人作为父子君臣,以为纪纲。"孔颖达疏引《礼纬含文嘉》:"君为臣纲,父为子纲,夫为妻纲。"至教:最高尚、最完善的教义。

④原本:起源和根本。原,同"源"。

⑤人禽之大防:人和动物之间的最大区别。防,堤岸。引申为分界线,分水岭。

⑥知类:懂得事物之间相同或不同的关系,进行类推、比较。这里的"类",特指族类。

⑦闵:同"悯",怜念。神明之胄裔:犹言炎黄的子孙。神明,神祇,这里借指中华民族的祖先。胄,古代称帝王或贵族的子孙。裔,远代子孙。

⑧沦胥(xū):意为相率沦丧或陷溺。《诗经·小雅·雨无正》:"若此无罪,沦胥以铺。"

⑨宗经:尊崇儒家经典。

⑩周秦诸子:泛指先秦至汉初各派学者的著作。

⑪瑜不掩瑕:玉的光彩不能掩饰玉上的斑点。瑜,玉的光彩,这里比喻周秦诸子著作的优点、长处。瑕,玉上的斑点,这里比喻周秦诸子著作的缺点和短处。

⑫节:枝节,分枝。比喻周秦诸子著作中某些次要的合理的部分。

⑬破道勿听:意为周秦诸子著作中,凡有损于儒家伦理道德的主张,均不要轻信和采纳。

⑭折衷于圣:用圣教(儒家的伦理道德)作为判断事物的准则。折衷,亦作"折中",犹言取正。《史记·孔子世家》:"言六艺者折中于夫子。"

⑮正权:辨正有关权势的问题。正,端正。

⑯西学:泛指西方各国文化与学术。中学:中国以儒学为主体的传统文化。

⑰治要:研究(中学的)主体思想。治,研究。要,主要,最重要的部分。

⑱洋药:指鸦片。涤染:污染,麻醉。

⑲活:生存。

⑳萌枿(niè):萌芽。枿,同"蘖",意为树木砍去后重新生出来的新芽。《尚书·盘庚上》:"若颠木之有由蘖。"陆德明《释文》:"蘖,本又作枿。"

【译文】

内篇共有九篇:"同心"篇,明确保国家、保礼教、保种族是彼此贯通的。手脚敏捷则头脑、眼睛就会健康,血气旺盛那么心志就会刚强,有德有才的人多,国势自然昌盛。"教忠"篇,叙述本朝恩德泽被深厚,使海内臣民都怀有忠良之心,以此保国家。"明纲"篇,认为三纲是中国历代传承下来最为神圣和完善的教义,阐述礼教和政事的起源和根本,人和动物之间最大的区别,以此来保礼教。"知类"篇,怜念炎黄子孙,不要相继消亡,以此来保种类。"宗经"篇,辨析先秦以来的诸子百家,他们的著作虽然各有优点和长处,但也各有缺点和短处,对待诸子的著作,适当地吸取其学说的合理部分,但不能以他们的学说来损害儒家伦理大道,一定要以儒家圣教作为判断学说合理与否的准则。"正权"篇,明辨上下等级,安定民众之志,申斥民权之说败坏政治。"循序"篇,先入者为主,讲求西学必须先通晓中学,是不忘祖。"守约"篇,喜欢趋新者甘甜,爱好传统者辛苦,要保存中学,应该研究中学的主体并且取其要领。"去毒"篇,鸦片麻醉我国人民,我国人民要想生存,必须断绝鸦片让其无法死灰复燃。

外篇十五:曰益智①,昧者来攻②,迷者有凶也③。曰游学,明时势,长志气,扩见闻,增才智,非游历外国不为功也④。曰设学,广立学堂,储为时用,为习帖括者击蒙也⑤。曰学制⑥,西国之强,强以学校,师有定程,弟有适从,授方任能⑦,皆出其中,我宜择善而从也。曰广译⑧,从西师之益有限,译西书之益无方也⑨。曰阅报,眉睫难见⑩,苦药难尝,知内弊而速去,知外患而豫防也⑪。曰变法,专己袭常⑫,不能自存也。曰变科举⑬,所习所用,事必相因也。曰农工商学,保民在养⑭,养民在教,教农工商,利乃可兴也。曰兵学⑮,教士卒不如教将领,教兵易练⑯,教将难成也。曰矿学,兴地利也⑰。曰铁路,通血气也⑱。曰会通⑲,知西学之精意,通于中学,以晓固蔽也⑳。曰非弭兵㉑,恶教逸欲而自毙也㉒。曰非攻教㉓,恶逞小忿而败大计也㉔。

【注释】

①益智:增益国人的智识。

②昧者:愚昧的人。

③迷者:迷惑于途的人。

④不为功:不能取得成就。功,功效,成绩。

⑤帖括:科举考试文体之名。唐代考试制度,明经科以"帖经"试士。《文献通考·选举考二》:"凡举司课试之法,帖经者,以所习经,掩其两端,中间惟开一行,裁纸为帖。"后考生因帖经难记,就总括经文编成歌诀,便于熟读,叫帖括。明清八股文有仿于唐之帖括者,亦称之。击蒙:犹言"启蒙"。意为通过宣传教育,使后进者接受新事物而得到进步。

⑥学制:学校教育制度。它规定各级各类学校的性质、任务、入学条件、学习年限以及它们之间的衔接和关系。

⑦授方任能:给正直、有才能的人授职。方,正直的人。

⑧广译:大量地翻译国外文献资料。

⑨无方:没有止境。

⑩眉睫:眉毛和睫毛。泛指人的形貌。

⑪豫:通"预"。

⑫专已袭常:(治理国家)专擅而又总是沿袭过去的一套作法。已,通"以"。

⑬变科举:改变科举制度。科举,隋以后历代王朝设科考试以选拔官吏,由于分科取士而得名。

⑭养：养育。

⑮兵学：军事教育。

⑯练：熟练，干练。

⑰兴地利：开发地下矿藏资源。

⑱通血气：使国家交通畅达。

⑲会通：指新学和旧学之间融会贯通。

⑳固蔽：滞于一隅，不能通明。固，鄙陋，执一不通。蔽，如有物壅蔽一样。

㉑弭（mǐ）兵：息兵，停止战争。这里指裁减国家军队。弭，停止，消除。

㉒恶（wù）：耻，以……为耻。下文"恶"同此。教逸欲："教民以逸欲"之省。自毙：自取灭亡。《左传·隐公元年》："多行不义必自毙。"

㉓非攻教：停止对西教堂和传教士的攻击。

㉔逞小忿：发泄个人的怨恨。败大计：使国计民生遭受损害。

【译文】

外篇共有十五篇："益智"篇讲愚昧的人前来进犯，迷惑者会不利。"游学"篇讲洞明时势，长志气，扩大见闻，增长才智，不去外国游历很难取得效果。"设学"篇讲广泛设立学堂，储备人才为时所用，对那些浸淫于科举八股文者进行启蒙。"学制"篇讲西方国家的强大，是强在学校上，教师有一定的教学之规，学生有所跟从，给正直而有才能的人授予官职，皆出学校之中，我们应该选取西方学校好的地方去学习。"广译"篇讲跟从西师的好处是有限的，但翻译西方著作的益处是无止境的。"阅报"篇讲自己的形貌难以看见，味苦的药很难品尝，通过阅报知晓内在的弊端而很快除掉，知晓外在的祸患而去预防。"变法"篇讲治理国家专擅而又沿袭旧法，是不能自我保存的。"变科举"篇讲学习和致用两者之间，必须互相依托。"农工商学"篇讲安民在于养民，养民在于教民，教民众以农工商学，民利就可以大兴了。"兵学"篇讲教导士卒不如教导将领，教导士兵容易熟练，但教导将领很难取得成就。"矿学"篇提议开发地下矿藏资源。"铁路"篇讲使国家交通畅达。"会通"篇提出知晓西学的精要，使之和中学融会贯通，以此了解既有学问中的狭隘、不通达之处。"非弭兵"篇认为引导民众耽于安逸、享乐而自取灭亡是可耻的。"非攻教"篇认为以发泄个人的愤恨而导致损害国计民生是可耻的。

　　二十四篇之义，括之以五知：一知耻，耻不如日本①，耻不如土耳其②，耻不如暹罗③，耻不如古巴④；二知惧，惧为印度⑤，惧为越南、缅甸、朝鲜⑥，惧为埃及⑦，惧为波兰⑧；三知变，不变其习不能变法，不变其法不能变器⑨；四知要⑩，中学考古非要，致用为要，西学亦有别，西艺非要⑪，西政为要⑫；五知本，在海外不忘国，见异俗不忘亲，多智巧不忘圣⑬。

【注释】

①耻不如日本：经过 1868 年"明治维新"后，日本迅速发展成为资本主义强国。

②耻不如土耳其：土耳其前身为 13 世纪建立的奥斯曼帝国，15、16世纪最为强盛，地跨欧、亚、非三洲。16 世纪开始衰落，但国力仍较强大。

③耻不如暹（xiān）罗：暹罗，泰国的旧称。16 世纪起，泰国受到葡、荷、英、法的侵略。19 世纪末成为英、法殖民地之间的"缓冲国"。相形之下，中国当时的情况不如泰国。参见本书《游学第二》有关段落。

④耻不如古巴：16 世纪初，古巴沦为西班牙的殖民地，1868—1898

年,古巴人民进行了长达30年的解放斗争。

⑤惧为印度:从16世纪起,葡、法、英等国相继侵入印度。1600年
英国殖民者成立东印度公司,逐步在印度沿海一带建立殖民据
点,1829年,英国占领印度全境。

⑥惧为越南、缅甸、朝鲜:越南,19世纪中叶,法国侵入。1884年沦
为法国的保护国。缅甸,1824—1826年、1852年、1885年三次英
缅战争,皆以缅甸失败告终。缅甸被英国占领,沦为殖民地。朝
鲜,10世纪高丽王朝建立。14世纪末李氏王朝代替了高丽王
朝,改称朝鲜,国力虚弱。1895年《马关条约》规定,日本对朝鲜
进行控制,朝鲜实沦为日本殖民地。

⑦惧为埃及:公元前7至1世纪,埃及曾先后被亚述、波斯、马其顿
和罗马帝国征服。4世纪到7世纪初叶被并入拜占庭帝国。7
世纪阿拉伯人迁入后,建立阿拉伯国家。1517年成为奥斯曼帝
国的一个行省。1882年被英国侵占。

⑧惧为波兰:1772、1793和1795年,波兰先后三次被普鲁士王国、
奥地利帝国和俄罗斯帝国瓜分。

⑨器:指具体事物或名物制度。

⑩要:重要,切要。

⑪西艺:泛指西方的科学技术及文化艺术。

⑫西政:泛指西方的政治制度和政治学说。

⑬圣:圣贤,泛指中国文化传统。

【译文】

二十四篇的意思,用五知来概括:一、知道耻辱,以不如日本为耻,
以不如土耳其为耻,以不如泰国为耻,以不如古巴为耻;二、知道惧怕,
惧怕成为印度,惧怕成为越南、缅甸、朝鲜,惧怕成为埃及,惧怕成为波
兰;三、知道变通,不改变旧有习气就不能改变法令,不改变法令就不能
改变名器制度;四、知道切要之处,以旧有的中学去考核、研究古代事物

并非最为重要，而是要付诸实用，西学也有所差别，西学中的技艺不是最重要的，西学中有关政治制度与学说的部分才是最重要的；五、知道本源，在国外不忘祖国，看见不同的风俗而不忘本乡本土，增益知识、技能而不忘中华文化传统。

　　凡此所说，窃尝考诸《中庸》而有合焉①。鲁②，弱国也，哀公问政③，而孔子告之曰："好学近乎知，力行近乎仁，知耻近乎勇。"④终之曰⑤："果能此道矣，虽愚必明，虽柔必强。"兹内篇所言，皆求仁之事也；外篇所言，皆求智、求勇之事也。夫《中庸》之书，岂特原心秒忽、校理分寸而已哉⑥！孔子以鲁秉礼而积弱⑦，齐、邾、吴、越皆得以兵侮之⑧，故为此言，以破鲁国臣民之聋聩⑨，起鲁国诸儒之废疾⑩，望鲁国幡然有为⑪，以复文武之盛⑫。然则无学、无力、无耻，则愚且柔；有学、有力、有耻，则明且强。在鲁且然，况以七十万方里之广，四百兆人民之众者哉⑬！吾恐海内士大夫狃于晏安而不知祸之将及也⑭，故举楚事；吾又恐甘于暴弃而不复求强也，故举鲁事。《易》曰⑮："其亡其亡，系于苞桑⑯。"惟知亡，则知强矣。

光绪二十四年三月　南皮张之洞书⑰

【注释】

①《中庸》：儒家经典之一，原是《礼记》中的一篇，相传战国时子思所作。内容肯定"中庸"是道德行为的最高标准，并提出"诚者，不勉而中，不思而得，从容中道，圣人也"的说法，把"诚"看成是世界的主体。宋代程颐和朱熹把它和《大学》《论语》《孟子》并列

为"四书"。合:符合,吻合。

②鲁:前 11 世纪周分封的诸侯国,姬姓。国势衰弱。春秋后期公室为季孙氏、孟孙氏、叔孙氏三家所分。战国时成为小国。前256 年为楚所灭。

③哀公:鲁国国君,前 494—前 474 年在位。

④"好学近乎知"几句:语出《中庸》。大意为:一个人爱好学习,就接近于智;有了一个良好的意愿,尽力地去实现它,就接近于仁;知道了什么是耻辱,就接近于勇。孔子(前 551—前 479),名丘,字仲尼,春秋末期思想家、政治家、教育家,儒家创始人。鲁国陬邑(今山东曲阜)人。弟子辑其言论为《论语》,是儒学经典之一。

⑤终之:结尾的时候。

⑥原心杪(miǎo)忽:探求事物深奥的道理。原心,推究其本心。杪,树梢,木末。忽,长度和重量的单位,十忽为一丝,十丝为一毫。这里,"杪"、"忽"皆表示事物深奥的道理。校(jiào)理分寸:考究事物发展变化应遵循的尺度和极限。校理,本义为校勘书籍,加以整理,这里引申为考究。分寸,(事物变化)适当的限度或程度。

⑦秉礼:讲究礼义。秉,执持。

⑧齐、邾、吴、越:古国名。邾,即"邹"。

⑨瞆(guì):视力弱,看不清楚。

⑩起:拔出,取出。引申为除去。

⑪幡然:很快而彻底地(改变)。

⑫文武:指周文王和周武王。

⑬兆:百万为兆。

⑭狃(niǔ)于晏安:习惯于安乐平静。狃,因袭,拘泥。晏安,平静,安逸。

⑮《易》:《周易》的简称。

⑯苞桑：桑树之根，比喻根深柢固。孔颖达疏："苞，本也。凡物系于桑之苞本，则牢固也。"清代王夫之《读通鉴论·唐高祖》："系国于苞桑之固。"一说"苞桑"是丛生的桑树，喻义相同。

⑰南皮：县名，属直隶（今河北）。张之洞的故乡。

【译文】

以上所说，我私下曾经对比研究过《中庸》，两者之间有所吻合啊。春秋时期的鲁国，是弱国，鲁哀公向孔子咨询政事，孔子对鲁哀公说："一个人爱好学习，就接近于智；有了一个良好的愿望，尽力去实现它，就接近于仁；知道了什么是耻辱，就接近于勇。"在结尾的时候说："如果真能遵行这些道理和方法，那么即使愚昧必然会变得睿智，即使柔弱必然会变得强大。"现在内篇所说的，都是求仁之事；外篇所说的，都是求智、求勇的事。《中庸》这本书，岂是只探求事物的深奥道理、考究事物变化发展所应遵循的尺度和极致吗？孔子当年因鲁国讲究礼仪却长期弱小，齐、邾、吴、越等国都能用兵欺辱，所以才出此言，来打破鲁国臣民的昏聩状态，除去鲁国士人无所事事的毛病，希望鲁国能很快地彻底改变，复兴文王和武王之盛。然而没有知识、没有实力、不知耻辱，就会愚昧而柔弱；有知识、有实力、知道耻辱，就会睿智而强大。对于鲁国是这样，何况是拥有七百万平方公里广大疆土、四亿人民之众的中国呢！我恐怕国内的士大夫习惯于安乐平静，却不知道祸患就要到来，所以才举楚国的事；我又担心国内士人甘于自暴自弃不再追求富强，所以才举鲁国的事。《易经》说："要亡了，要亡了，才能有根基牢固。"只有知道灭亡，才能知道强国啊。

光绪二十四年三月，南皮张之洞写

内　篇

同心第一

【题解】

本篇为《劝学篇》内篇第一篇,所谓的"同心",在文中其实有三层意思。第一层,从传统经史典籍中旁征博引,认为天下安危,有赖于士类、臣类、民类皆尽其职,同心协力。第二层,指出应对19世纪末列强环伺、瓜分惨祸迫在眉睫的危局,需要保种、保教、保国三者同时进行,彼此贯通,合保种、保教、保国三心为一心,即是"同心"。第三层,张之洞在保国、保教、保种三者之中,特别提出"保国"的优先意义,此处的"保国"实际上更多指的是保住清廷的统治,他站在朝廷命官的角度批评单纯的保教、保种不足以挽救危亡,而是应以"保国"为前提,方能实现儒家和华种的延续。

范文正为秀才时[①],即以天下为己任。程子曰[②]:"一命之士,苟存心于利物,于人必有所济。"顾亭林曰[③]:"保天下者,匹夫虽贱,与有责焉。"

【注释】

①范文正:即范仲淹(989—1052),大中祥符八年(1015)进士。官
　至陕西四路宣抚使、参知政事。仲淹为秀才时,尝言"士当先天

下之忧而忧,后天下之乐而乐",以天下为己任。卒谥文正。工于诗词散文,有《范文正公集》。

②程子:指北宋理学家程颢、程颐。

③顾亭林:即顾炎武(1613—1682),号亭林。南明鲁王起兵抗清时,曾官兵部职方郎中,后终身不仕。晚年定居陕西华阴。著述甚多,有《日知录》《天下郡国利病书》《肇域志》《音学五书》《亭林诗文集》等。

【译文】

范仲淹还是秀才的时候,就以天下为己任。程颢说:"一个地位低微的官员,假如有爱物之心,那么对人必然是有所帮助的。"顾炎武说:"保卫天下,平民百姓虽然地位卑微,也是有责任的。"

夫以秀才所任,任者几何? 一命所济,济者几何? 匹夫所责,责者几何? 然而积天下之秀才,则尽士类①;积天下之命官②,则尽臣类;积天下之匹夫,则尽民类。若皆有持危扶颠之心,抱冰握火之志,则其国安于磐石,无能倾覆之者。

【注释】

①尽:达到极限,囊括一切。

②命官:朝廷委派的官员。

【译文】

一个秀才的担当,能担当多少呢? 一个小官所能帮助的,能帮助多少呢? 一个平民百姓的责任,能有多少呢? 可是聚集天下所有的秀才,就会把读书人囊括在一起;聚集天下的官员,就会把所有的官吏包含其中;聚集天下的平民百姓,就会把所有的民众都算在内。要是所有的这些人都有扶持大局、挽救危难之心,都有冬抱冰夏握火的坚定志向,那么国家就会像磐石一样安稳，没有人能颠覆它。

是故人人亲其亲，长其长，而天下平；人人智其智，勇其勇，而天下强①。大抵全盛之世，庠以劝学②，官以兴能，朝廷明于上，则人才成于下；艰危之世，士厉其节，民激其气，直言以悟主③，博学以济时，同心以救弊，齐力以捍患，人才奋于下，则朝廷安于上。

【注释】

①"是故人人亲其亲"几句：第一个"亲"、"长"、"智"、"勇"均为动词，作爱抚、尊敬、增益、发扬讲；第二个"亲"、"长"、"智"、"勇"均为名词，作亲人、长辈、智慧、勇武讲。

②庠（xiáng）：亦称"庠序"，为古代的乡学。这里泛指学校。

③悟主：使君主惊觉醒悟。

【译文】

所以人人爱抚亲人、尊敬长辈，那么国家就会太平；人人增长智慧，发扬勇武精神，那么国家就会强大。大概盛世之时，学校用来劝勉鼓励人们勤于学习，官府推举选拔人才，在上有朝廷的英明睿智，在下有人才的养成；艰难危急的时代，读书人磨砺其操守，民众鼓舞其精神，向君主直言使其警醒，广泛地学习来济世救时，上下思想一致来纠正弊端，齐心协力来抵御灾难，人才奋发于下，朝廷安稳在上。

昔春秋之季，周若赘旒①，孔子诛乱贼，孟子明仁义②，弟子布满天下，而周祚延两百余年③。七十子后学者流衍益广，至西汉而儒术大兴④，圣道昭明，功在万世。东汉末造⑤，名节经学最盛⑥，李郭之气类⑦，郑康成之门人⑧，亦布满天下，一时朝野多重操行、尚名义之人，故卓、操不能遽篡⑨，而蜀汉以兴⑩。诸葛隐居躬耕⑪，而师友极盛，其人皆天下之豪杰，所讲明者天下之大计，故昭烈得之而成王业⑫。曹魏迄隋⑬，江北皆尚郑学⑭，故北朝兵事纷纭而儒风不坠⑮。

【注释】

①周：指春秋时期的周王室。赘旒(liú)：赘，亦作"缀"，连缀附属。
　旒，旌、旗的飘带。这里比喻周天子为诸侯挟制，实权旁落。

②孟子(约前372—前289)：名轲，战国时思想家、政治家、教育家，
　邹人。弟子辑其言论为《孟子》，是儒学经典之一。

③周祚(zuò)：周王朝的统治。祚，皇位。

④儒术：指儒家的学术思想。

⑤末造：末世，指一个朝代的末期，含有衰世之意。

⑥名节：名誉与节操。经学：训解或阐述儒家经典之学。

⑦李郭：东汉李膺与郭泰相交结，尝同舟共济，世称"李郭"。李膺，
　字元礼，桓帝时累官至司隶校尉。他与郭泰等因反对宦官专权
　而闻名。郭泰，字林宗，东汉末为太学生首领，不就官府征召，后
　归乡里。党锢之祸起，遂闭门教授，生徒数千人。气类：气味相
　投的人。《文选·任昉〈王文宪集序〉》："弘长风流，许与气类。"
　刘良注："气类，谓同气相求，方以类聚也。"

⑧郑康成：即郑玄，东汉经学家。

⑨卓、操：董卓和曹操。遽篡：立即篡夺君位。

⑩蜀汉：221年刘备在成都称帝，国号汉，历史上称为蜀或蜀汉。
　263年为魏所灭。共历二帝，四十三年。

⑪诸葛：即诸葛亮(181—234)，三国蜀相。

⑫昭烈：蜀汉昭烈帝刘备。

⑬曹魏：220年曹丕代汉称帝，国号魏，都洛阳，史称曹魏。

⑭郑学：经学中的东汉郑玄学派。郑玄在古文经学的基础上，吸收
　今文经学，破除家法传统，广采众说，遍注群经，集汉代经学大
　成，基本上结束了今文、古文之争。这种融汇今文、古文的经学，
　号称"郑学"。

⑮北朝：时代名。从420年东晋灭亡到589年隋统一的170年间，
　我国历史上形成南北对峙的局面，称为南北朝。北朝从439年
　北魏统一北方开始，到581年北周为隋所代结束，这段历史时
　期，政局动乱，战祸频仍，人民生活十分困苦。儒风：研讲儒学的
　风气。

【译文】

　春秋之时，周王室衰微，孔子作《春秋》，使乱臣贼子惧，孟子申明仁
义之说，弟子布满天下，周朝的统治又延续了二百多年。孔子弟子七十
二人的后辈门徒也流传广布于天下，到西汉的时候儒家学术思想大为
盛行，孔子之道显著于天下，功绩流传万世。东汉末年，名誉节操与经
学最为世人看重，像李膺、郭泰这样同气相求者以及郑玄的门徒，也是
布满天下，一时间朝野内外多是有操守重名节的人，所以董卓、曹操不
能立刻就篡夺君位，蜀汉得以兴起。诸葛亮隐居耕田，但是来往的老师
朋友却特别多，这些人都是天下的英雄豪杰，他们所讨论的都是事关天
下的重大谋略，所以昭烈帝刘备得到诸葛亮成就了帝王之业。从曹魏
到隋代，长江以北都尊崇"郑学"，所以北朝虽然战乱频繁但是研讲儒学
的风气一直得以保持。

　　隋王通讲道河、汾①，门徒众盛，唐之佐命如房、杜、魏、
薛②，皆与交游。其书虽有夸饰，其事不能尽诬，房、杜辈非必门人
也。故贞观多贤③，而民得苏息④。唐韩子推明道原⑤，攘斥
佛老⑥，尊孟子，赞伯夷⑦，文宗六经⑧。至北宋而正学大

明⑨，学统、文体皆本昌黎⑩，由是大儒蔚起。宋代学术之中正，风俗之洁清，远过汉唐，国派既厚，故虽弱而不亡。宋儒重纲常，辨义利⑪，朱子集其成⑫，当时虽未竟其用，其弟子私淑亦布满天下⑬，故元有许、刘、吴、廉诸儒⑭，元虐以减。明尚朱学⑮，中叶以后并行王学⑯，要皆以扶持名教、砥厉气节为事⑰。三百年间，主昏于上，臣忠于下，明祚以延。

【注释】

①王通（584—617）：曾上太平策，不见用，退居河、汾之间，授徒自给。有弟子多人，时称"河汾门下"。主张儒、佛、道三教合一，其基本立足点则为儒学。著作有《中说》。

②佐命：辅助帝王创业的人。房、杜、魏、薛：指唐初大臣房玄龄、杜如晦、魏徵、薛收四人。他们或是王通弟子，或受王通传授的儒学影响。

③贞观：唐太宗年号（627—649）。

④苏息：困顿后得到休息。

⑤韩子：即韩愈（768—824），古文家。推明道原：推究儒家的传统思想。韩愈作《原道》《原性》，强调自尧舜至孔孟一脉相传的道统，维护儒家的传统思想。道，儒家的政治主张和思想体系。原，根本。

⑥攘斥：排斥。佛老：佛教和道教。老，即老聃，姓李名耳，字伯阳，楚国人，做过周朝"守藏室之史"，著《老子》一书。他是春秋时思想家，道家的创始人。后来道教将老子尊奉为祖师。这里用"老"代指道教。

⑦伯夷：商末孤竹君长子。初，孤竹君以次子叔齐为继承人，孤竹君死后，叔齐让位，伯夷不受，后二人都投奔周。周武王伐商，他

们叩马而谏。武王灭商后，他们又逃避到首阳山，不食周粟而死。韩愈曾写《伯夷颂》。

⑧六经：六部儒家经典，即《诗》《书》《礼》《易》《春秋》《乐》（后世学者认为乐经或焚毁而亡，或本没有），亦称"六艺"。

⑨正学：指儒学。作者把除儒学之外的种种学派统统视为异端邪说，故称儒学为正学。

⑩学统、文体：治学的传统和文章体制、写作方法。本：效法、依据。

⑪辨义利：哲学史上关于伦理问题的一项争辩。义，指思想行为符合一定的标准。《礼记·中庸》："义者宜也。"韩愈《原道》："行而宜之之谓义。"利，指利益、功利。

⑫朱子：即朱熹（1130—1200），南宋理学家。著有《四书章句集注》《诗集传》《周易本义》《楚辞集注》《通鉴纲目》及后人编辑的《朱文公集》《朱子语类》等。

⑬私淑：义同"门人"。即私善之于贤人。淑，贤善的人。

⑭许：指许衡（1209—1281），宋元之际学者。刘：指刘秉忠（1216—1274），元代政治家。曾请忽必烈建国号大元，定朝仪官制。吴：指吴澄（1249—1333），宋元之际学者。廉：指廉希宪（1231—1280），元大臣。熟悉儒学，人称廉孟子。

⑮朱学：即程朱理学。

⑯王学：即阳明学派。为明代哲学家、教育家王守仁（世称阳明先生）所开创。他发展了陆九渊的"心即理"学说，是与程朱学派相异的另一理学流派。

⑰气节：志气和节操。

【译文】

隋代的王通在河、汾一带讲学，门徒众多，声势浩大，唐的开国辅佐大臣如房玄龄、杜如晦、魏徵、薛收都与王通有交往。王通的书虽然有过多地夸张修饰的毛病，但他所做的事不能一概否认，房玄龄、杜如晦这些人也并不一定是他的门人。所以唐太宗贞观年间多贤良之士，民众得以休养喘息。唐中晚期的韩愈推究儒家的传统思想，排斥佛教和道教，尊崇孟子，赞颂伯夷，写文章宗法儒家六经。到北宋儒学得以昌明，治学的传统和文章的体制、写法都效法韩愈，自此之后儒家大学者纷纷出现。宋代学术的纯正，风尚习俗的清白、高洁，都远胜过汉唐，国家的命脉绵延深厚，所以虽然国力积弱但没有灭亡。宋代的儒者重视三纲五常的人伦关系，注重义利之辨，朱熹集其大成，虽然他的学说在当时没有完全发挥其功用，但他的弟子门人也是遍布天下，所以元代有许衡、刘秉忠、吴澄、廉希宪诸位儒者，元的残暴才得以减轻。明代推崇程朱理学，中叶以后阳明学派与程朱理学一起流行，两者的主旨都是支持儒家礼教和磨炼士人的志气和节操。所以三百年间，君主虽然在上昏暗无能，但官吏在下忠义，明朝的统治得以延续。

咸丰以来①，海内大乱，次第削平②，固由德泽深厚，庙算如神③，亦由曾、胡、骆、左诸公声气应求于数千里之内④，二贺熙龄、长龄⑤，陶文毅、林文忠诸公提倡讲求于二十年以前⑥，陈庆镛、袁端敏、吕文节、王茂荫诸公正言说论于庙堂之上⑦，有以致之⑧。是故学术造人才，人才维国势⑨，此皆往代之明效，而吾先正不远之良轨也⑩。

【注释】

①咸丰：清代皇帝爱新觉罗·奕詝的年号。咸丰帝 1850—1861 年在位。

②海内大乱，次第削平：指太平天国及捻军起义和清廷镇压太平天国、捻军的战争。

③庙算：庙堂的策划，指朝廷的重大决策。

④曾：曾国藩(1811—1872)，清道光进士。后入礼部、兵部任侍郎。太平天国起事时，在湖南办团练，后扩编为湘军，成为镇压太平军的主力。任两江总督并节制浙、苏、皖、赣四省军务，力主"兴办洋务"。谥文正。胡：胡林翼(1812—1861)，清道光进士。曾任贵州镇远府知府、道员、湖北巡抚，镇压苗民李元发部和太平军。与曾国藩并称"曾胡"。骆：骆秉章(1793—1867)，清道光进士。他任湖南巡抚时支持曾国藩办团练，镇压湖南天地会起义，继而支援曾国藩、胡林翼与太平军争夺武昌、汉阳与江西。1861年调四川总督，率湘军入川，镇压李永和、蓝朝鼎起事。1863年诱杀石达开。左：左宗棠(1812—1885)，清末洋务派首领，举人出身。曾任浙江巡抚、闽浙总督、陕甘总督、军机大臣，带领湘军镇压太平军、捻军和西北回民军。又率楚军出征新疆，收复天山南北路。

⑤二贺：贺熙龄，字光甫，号蔗农，嘉庆进士，官台州知府。著有《寒香馆文钞》。贺长龄，嘉庆进士。道光时历任江苏、福建、直隶等省布政使、贵州巡抚、云南总督等职，主张查禁私种罂粟和吸食鸦片。曾参与镇压云贵地区农民起事。重视经世致用之学，委托幕友魏源辑《皇朝经世文编》，著有《耐庵诗文集》。

⑥陶文毅：陶澍(1779—1839)，嘉庆进士。道光间官至太子少保、两江总督。注意漕运、海运、救荒、河工等实政，为嘉、道间著名的经世官员。卒谥文毅。著有《印心石屋诗文集》等。林文忠：林则徐(1785—1850)，嘉庆进士，道光十七年任湖广总督，次年为钦差大臣，赴广州查禁鸦片，于虎门销毁缴获英、美商人之鸦片二百余万斤，并严备海防。英国发动鸦片战争，则徐屡败入侵之英舰。道光十九年为两广总督。后因英商勾结官僚琦善，被革职。拜上帝会事起，清廷命为钦差大臣，赴广西督办军务，至潮州病卒。谥文忠。著有《政书》《信及录》《云左山房诗钞》等。

讲求：讲究（指研讨儒学）。

⑦陈庆镛：字乾翔，又字颂南，道光进士。官至御史，直声振天下。精研汉学，服膺宋儒。著有《经堂稿》《齐侯巷铭通释》等。袁端敏：即袁甲三（1806—1863），字午桥。道光进士，擢兵科给事中。咸丰中在安徽、河南等省镇压捻军，官至漕运总督。谥端敏。吕文节：即吕贤基（1803—1853），字鹤田，谥文节，道光进士。太平军起事，吕在舒城、桐城办理团练抗拒太平军，城陷，投水而死。王茂荫（1798—1865）：字椿年，道光进士。同治中官至吏部右侍郎。直言敢谏，多理财方面的奏稿。马克思在《资本论》卷一中论及王茂荫。有《王侍郎奏议》。谠（dǎng）论：正直的言论。

⑧有：通"又"。致：达到，求得。引申为实践（王守仁谓"致"即行）。

⑨维：系，联结。引申为"支撑"。

⑩先正：指前代的贤臣。良轨：榜样，楷模。

【译文】

咸丰皇帝以来，天下大乱，逐渐扑灭太平天国和捻军起事，固然是出于我朝恩惠深厚，朝廷重大决策英明如神，也是因为曾国藩、胡林翼、骆秉章、左宗棠诸公在几千里之内互通消息、彼此支撑，贺熙龄、贺长龄、陶澍、林则徐诸公在二十年前研讨经世致用的儒学，陈庆镛、袁甲三、吕贤基、王茂荫诸公在朝廷上发表公正而刚直的言论，又把它行之于实践中。所以学术造就人才，人才支撑国势，这都在历代有显著效果的，也是我朝前代贤臣距今不远的榜样。

吾闻欲救今日之世变者，其说有三：一曰保国家，一曰保圣教①，一曰保华种②。夫三事一贯而已矣③。保国、保教、保种，合为一心，是谓"同心"。保种必先保教，保教必先保国。

【注释】

①圣教:对"孔学"(亦称"儒教")的尊称。

②华种:指中华民族。

③一贯:一脉相承。

【译文】

我听说要挽救今日危局的说法有三种:一是说要保国家的政权和土地,一是说要保儒教的传承,一是说要保中华的种类绵延。其实这三件事是一脉相承的。保国家、保儒教、保种族,三者合为一心,这就是所谓的"同心"。保种族必然要先保儒教,保儒教必然要先保国家。

种何以存? 有智则存。智者,教之谓也。教何以行? 有力则行。力者,兵之谓也。故国不威则教不循①,国不盛则种不尊。

【注释】

①不循:不能传播开去。循,通"巡",巡行,流传。

【译文】

种族凭什么存在? 有智慧就能存在。所谓的智慧,就是教化。教化凭什么推行? 有力量就可以推行。所谓的力量,就是武力。所以国家不威武教化就不能传播出去,国力不强大,种族就不会尊贵。

回教①,无理者也②,土耳其猛骛敢战③,而回教存;佛教④,近理者也⑤,印度蠢愚,而佛教亡⑥;波斯景教⑦,国弱教改⑧;希腊古教⑨,若存若灭⑩;天主耶稣之教⑪,行于地球十之六,兵力为之也。

【注释】

①回教:伊斯兰教在中国的旧称。伊斯兰教是 7 世纪初阿拉伯半岛麦加人穆罕默德所创立的一神教,与佛教、基督教并称为世界三大宗教。

②无理:张之洞认为回教的教义违背了儒家伦理道德标准。

③土耳其:该国绝大多数居民信奉伊斯兰教。

④佛教:公元前 6 至前 5 世纪中,古印度迦毗罗卫国王子释迦牟尼所创立。由于它以无常和缘起思想反对婆罗门的梵天创世说,以众生平等思想反对婆罗门的种姓制度,因此很快得到流行,并传播到亚洲的许多国家。

⑤近理:张之洞认为佛教的教义接近儒家伦理道德标准。

⑥佛教亡:2 世纪时,在迦腻色迦王的大力扶持下,佛教迅速向国外传播。而印度本土佛教自 9 世纪渐趋衰微,13 世纪初归于消灭(19 世纪后始渐复兴)。

⑦波斯:国名,即伊朗,是具有四五千年历史的古国。景教:唐代传入中国的基督教聂斯脱利派。太宗贞观九年(635)由叙利亚人阿罗本等教士经波斯来中国长安译经传教,以后向全国各地发展。德宗建中二年(781)立"大秦景教流行中国碑"。因景教经波斯传入中国,故张之洞有"波斯景教"之说。

⑧国弱教改:7 世纪中叶,波斯被阿拉伯帝国(即大食)征服,遂由信奉祆教改信奉伊斯兰教。

⑨希腊古教:即"希腊正教",是基督教的一派,与天主教、新教并称为基督教三大派别。其教义信条在细节上与天主教略有分歧。中世纪时,直接受拜占庭帝国控制利用,是帝国国教。正教开始时期,主要分布于地中海东部希腊语地区,在宗教仪式中使用希腊语,故也称希腊正教。

⑩若存若灭:希腊是欧洲文明古国。前 5 世纪为全盛时期,前 146

年为罗马帝国吞并。1396 年被土耳其占领。1829 年土耳其被
起义的希腊人民战败，承认希腊为自治公国。1830 年宣布独立，
成立希腊王国。在这一段历史时期中，希腊正教的生存、衰亡和
国家的命运紧密地联系在一起。

⑪天主耶稣之教：基督教在中国的另一名称。耶稣，基督教所信奉
的救世主，称为基督。据《新约全书》记载，他是上帝（或称天主）
的儿子。

【译文】

伊斯兰教，虽然违背儒家的伦理道德，但是土耳其勇猛善战，所以
伊斯兰教一直存在；佛教，与儒家的伦理道德标准相近，但是印度愚蠢
蒙昧，所以佛教灭亡；波斯的景教，随着国势的衰弱，所信仰的宗教也发
生了改变；希腊的正教，随着国势的强弱有时存在，有时灭亡；基督教，
在地球上百分之六十的国家传播，这是军事实力使然。

　　我圣教行于中土数千年而无改者①，五帝三王明道垂
法②，以君兼师；汉唐及明，宗尚儒术③，以教为政。我朝列圣
尤尊孔、孟、程、朱④，屏黜异端⑤，纂述经义⑥，以躬行实践者
教天下⑦，故凡有血气⑧，咸知尊亲。盖政教相维者⑨，古今
之常经⑩，中西之通义⑪。

【注释】

①中土：指中国。

②五帝三王：五帝，传说中的上古帝王，有三种说法：黄帝、颛顼、帝
喾、唐尧、虞舜；太皞（伏羲）、炎帝（神农）、黄帝、少皞、颛顼；少昊
（皞）、颛顼、高辛（帝喾）、唐尧、虞舜。据近人研究，他们是中国
原始社会末期部落或部落联盟的领袖。三王，指夏禹、商汤、周

文王。垂法：把处世的准则传给后代。垂，流传下去。

③宗尚：尊崇，宗仰。

④列圣：清朝诸代帝王。

⑤屏黜：消除，去掉。

⑥纂述经义：编纂书籍讲解经书的意旨。

⑦躬行：亲自去做。

⑧血气：有生命的人。

⑨盖：句首语助词。

⑩常经：永久不变的道理。

⑪通义：指适用于一般情况的道理与法制。

【译文】

我儒教在中国流行数千年而没有改变，五帝三王彰明大道，把处世准则传给后代，君师合一；从汉唐到明代，尊崇儒家的学术思想，用儒家的思想来治理国家。我朝历代帝王尤其尊重孔孟程朱，去除各种异端学说，编纂书籍讲解儒家经典的要义，并且用那些身体力行投身实践的儒者来教化天下，所以凡有生命的人，都知道尊崇父母祖先。政治和教化互相维系联结，是古往今来永久不变的道理，中国与西方所共有的认识和价值。

　　我朝邦基深固①，天之所祐，必有与立②。假使果如西人瓜分之妄说，圣道虽高虽美，彼安用之？五经四子弃之若土苴③，儒冠儒服④，无望于仕进⑤。巧黠者充牧师⑥，充刚巴度⑦，充大写，西人用华人为记室⑧，名大写。椎鲁者谨纳身税⑨，供兵匠隶役之用而已。愈贱愈愚，愚贱之久，则贫苦死亡，奄然澌灭⑩。圣教将如印度之婆罗门⑪，窜伏深山，抱守残缺；华民将如南洋之黑昆仑⑫，毕生人奴，求免笞骂而不可得矣^⑬！

【注释】

①邦基：国家的根基。

②与立：帮助立国。与，援助，辅助。

③五经：指《诗》《书》《礼》《易》《春秋》五部儒家经典。四子：指孔、孟、程、朱。土苴：土渣。苴，通"渣"。这里比喻极轻贱的事物。

④儒冠：儒者戴的帽子。儒服：儒者穿的衣服。

⑤仕进：求进取为官。

⑥巧黠者：狡猾的人。牧师：基督教里主持宗教仪式、管理宗教事务的人。

⑦刚巴度：英文买办 comprador 的音译。

⑧记室：旧时秘书的代称。

⑨椎鲁者：愚钝的人。

⑩奄然：气息微弱的样子。澌(sī)灭：毁灭，消亡。澌，尽。

⑪婆罗门：指婆罗门教，印度古代宗教之一。前6至前5世纪中，因佛教和耆那教的广泛传播，婆罗门教衰落，8、9世纪间，经商羯罗等改革，吸收佛教和耆那教的某些教义，改称印度教。

⑫南洋：即今东南亚。黑昆仑：即黑人。我国古代称黑肤的人为昆仑，见《晋书·后妃列传》。

⑬笞骂：鞭挞和辱骂。笞，用鞭子、木杖或竹板等物打人。

【译文】

我朝的根基深厚牢固，立国受到上天的保佑和帮助。假如真像西方人瓜分中国的狂妄之说那样，儒家大道虽然高明而完美，去哪里实践它呢？五经四子像土渣一样丢弃，儒家的衣着打扮不能再用来进取为官，狡猾的人充当牧师，充当买办，充当大写，洋人用中国人当秘书，叫做大写。愚钝的人只知道小心翼翼地缴纳人头税，供招募制作兵器的工匠、服劳役所用罢了。越卑微越愚昧，卑微愚昧的时间长了，就会在贫穷苦难中死亡，气息微弱地消亡。儒教将像印度的婆罗门教一样，潜伏在深山之中，守着过去的旧东西，不知改变；中国的民众也将像东南亚的黑人一样，一辈子做别人的奴隶，想哀求不被鞭打和辱骂都不行。

今日时局，惟以激发忠爱，讲求富强，尊朝廷、卫社稷为第一义①。执政以启沃上心②，集思广益为事，言官以直言极谏为事③，疆吏以足食足兵为事④，将帅以明耻教战为事，军民以亲上死长为事⑤，士林以通达时务为事⑥。君臣同心，四民同力，则洙泗之传⑦，神明之胄⑧，其有赖乎⑨！

【注释】

①社稷：古代帝王、诸侯所祭的土神和谷神。通常用以代称国家。

②政：掌理国家政事的大臣。启沃：开诚忠告。上心：君王的思想。

③言官：封建时代的谏官，如御史等。

④疆吏：古指守卫诸侯国边地的官员，明清对于高级地方官吏如总督、巡抚，也称疆吏，即封疆大吏之意。

⑤亲上：效忠于君王。死长：为执行长官的命令而死。

⑥士林：指学术界、知识界。时务：犹世事，指当世有关国计民生的大事。

⑦洙泗之传：指孔子的学说。洙泗，即洙、泗二水。古时二水自今山东泗水县北合流西下，至鲁国首都曲阜北，又分为二水。洙水在北，泗水在南，洙、泗之间，即孔子聚徒讲学之所。后世因以"洙泗"代称鲁国的文化和孔子的"教泽"。

⑧神明之胄：神圣的后代。

⑨其有赖乎：大概有保障了吧。其，副词，表揣测语气。赖，依赖，

保障。

【译文】

今日的时局,只有将激发忠君爱国之情,修习研究富强之策,尊尚朝廷,保卫国家作为第一要义。掌管国家政务的大臣应该善言劝谏君王,集合各方意见以有益于国政;负责谏言的官员应该直言进谏;封疆大吏应该让地方粮食充足、武备修整;军队中的将帅应该教导士兵作战,使他们知道退缩就是耻辱,奋勇向前。士兵与民众应该效忠君主,有为执行长官命令而死的决心;读书人应该通晓当今的时势要务。君主与臣下思想一致,士农工商四民同心协力,那么孔子学说的传承,中华神圣后裔的延续,大概就有保障了吧!

　　且夫管仲相桓公①,匡天下②,保国也,而孔子以为民到于今受其赐③;孟子守王道④,待后学⑤,保教也,而汲汲焉忧梁国之危⑥,望齐宣之王⑦,谋齐民之安⑧。然则舍保国之外安有所谓保教保种之术哉?今日颇有忧时之士,或仅以尊崇孔学为保教计,或仅以合群动众为保种计⑨,而于国、教、种安危与共之义忽焉。《传》曰:"皮之不存,毛将安傅?"⑩孟子曰:"能治其国家,谁敢侮之!"⑪此之谓也。

【注释】

①管仲(? —前645):名夷吾,字仲,为齐名臣。初事公子纠,后相齐桓公。现存《管子》一书,为战国时人托名所作。桓公:即齐桓公,春秋时五霸之一。名小白。周庄王十一年,以兄襄公暴虐,去国奔莒。襄公被杀,归国即位。任管仲为相,尊周室,攘夷狄,九合诸侯,一匡天下,终其身为盟主。

②匡:救助。

③赐：给人恩惠或财物。

④王道：儒者主张以"仁义"治天下，称为"王道"，与"霸道"（指国君凭借威势，利用权术、刑法的统治政策）相对。王道和霸道是古代君主统治人民互相补充的两种手段。

⑤后学：后辈学生。

⑥汲汲焉：心情急切的样子。梁国之危：指战国时期马陵之战魏国大败后出现的国势衰落的局面。梁国，即魏国，战国七雄之一。原建都安邑(今山西夏县西北)，后魏惠王迁都大梁(河南开封)，因而魏也被称为梁。

⑦齐宣之王(wàng)：齐宣，即齐宣王(? —前301)，战国时齐国君，约前319—前301年在位。王，动词，君主占有天下。

⑧齐民之安：指齐威王(? —前320)除弊纳谏、听取并采纳臣下、百姓的意见，修明政治、巩固齐国政权的事。

⑨合群动众：使国民团结，使大众振作。

⑩"皮之不存"几句：语出《左传·僖公十四年》。傅，依附。

⑪"能治其国家"几句：语出《孟子·公孙丑上》。

【译文】

　　管仲做国相辅佐齐桓公称霸诸侯，把天下纳入到正轨，这是保国，而孔子认为民众至今还受到他的好处；孟子坚持圣王之道的仁政学说，等待后辈学生的传承，这是保教，他心情急切地忧虑魏国的衰微，希望齐宣王能够像齐威王一样使齐国修明政治，百姓安定。那么除了保国家之外还有所谓的保教、保种的方法吗？如今颇有一些忧虑时事的人士，或者仅仅以尊崇儒家作为保教的方法，或者仅仅以团结、振作民众作为保种的方法，而对于保国、保种、保教三者之间关系紧密而又利益相关的方面忽视了。《左传》说："皮都没有了，毛往哪里依附呢？"孟子说："能治理好他的国家，谁还敢欺负他呢？"说的就是这个道理。

教忠第二

【题解】

　　本篇为《劝学篇》内篇第二篇,所谓"教忠",顾名思义就是教导民众忠君爱国,其意在于"保国",保国者即保清王朝统治能够继续延续下去。

　　为何需要保清王朝? 张之洞给出的理由是历朝历代"国家爱民之厚者,未有过于我圣清者也",为了论述清廷对于百姓的深恩仁厚,他详细地列举了十五项清廷仁政,分别是薄赋、宽民、救灾、惠工、恤商、减贡、戒侈、恤军、行权、慎刑、覆远、戢兵、重士、修法、劝忠,认为清王朝在这些方面都远超历史上任何朝代,为仁政的典范。既然国家爱民深厚,就需要民众起而认同朝廷,保国保教。

　　自汉、唐以来,国家爱民之厚,未有过于我圣清者也。请言其实:

　　三代有粟米、布缕、力役之征①,盛唐有租庸调三等之赋②,最称善政,已列多名。以后秦创丁口之钱③,汉行算缗之法④,隋责有司以增户口⑤,唐括土户以代逃亡⑥。唐及五季、宋初有食盐钱⑦,中唐、北宋有青苗钱⑧,宋有手实法⑨,

金有推排民户物力之制⑩，皆出于常例田赋力役之外。明万历行一条鞭法⑪，丁粮尚分为二⑫，明季又有辽饷、剿饷、练饷⑬。至我朝康熙五十二年⑭，奉"滋生人丁，永不加赋"之旨⑮；雍正四年⑯，定丁银并入钱粮之制⑰；乾隆二十七年⑱，停编审之法。于是历代苛征，一朝豁除。赋出于田，田定于额⑲，凡品官士吏、百工闲民⑳，甚至里宅、货肆、钱业、银行，苟非家有田产、运货行商者㉑，终身不纳一钱于官。顺治元年㉒，即将前明三饷除免㉓；康熙中，复减江苏地丁银四十万；雍正三年，减苏松一道地丁银四十五万㉔，南昌一道地丁银十七万㉕；乾隆二年㉖，减江省地丁银二十万；同治四年㉗，减江南地丁银三十万，减江南漕粮五十余万石㉘，浙江漕粮二十六万余石。初制已宽，损之又损㉙。是曰薄赋，仁政一也。

【注释】

①三代：指夏、商、周三朝。

②租庸调：唐制，丁男、中男授田一顷，岁输粟二石，谓之租。随土所产输绫绢绝各二丈，布加五分之一。输绫绢绝者，兼输绵三两；输布者，加麻三斤，谓之调。凡丁，岁无偿服役二十日。若不服役，每日交绢三尺，谓之庸。有事加役十五日，免调。加役三十日，免租调。

③丁口之钱：即丁钱，亦称"丁税"、"丁赋"、"身丁钱"，是中国古代政府征的一种丁口税。一般对男子征收，有代役性。

④算缗(mín)之法：汉时对商人、手工业者、高利贷者和车船所有者予以征税的法令。缗(一千文为一贯，亦称一缗)，为计税单位。

⑤有司：古代设官分职，各有专司，因称官吏为"有司"。司，掌管，职掌。

⑥括土户：括，收容。土户，土著之户。

⑦五季：指唐宋之间的后梁、后唐、后晋、后汉、后周五代。食盐钱：政府向百姓征收食盐税。五代周世宗时将盐税均摊入田赋，宋继续实行。

⑧青苗钱：唐中叶田赋的附加税，因在所种粮食未成熟前征收，故名。宋王安石推行新法，由青苗法（凡州县各等民户在每年夏秋两收前，可至当地官府借贷现钱或粮谷，借以补助耕作）贷出的钱也叫青苗钱。

⑨手实法：亦称"首实法"。唐宋时官府令民户自报田地和财产作为征税根据的方法。

⑩推排民户物力之制：即"推排法"。宋理宗景定五年（1264）所行的厘正田税法。其法为以县统都，以都统保，举有才略而公正者订正田亩，厘正田税，载之图册。民有定产，产有定税，税有定籍。金朝继续推行南宋已中止了的"推排法"。

⑪万历：明神宗年号（1573—1620）。一条鞭法："鞭"，或作"编"、"边"。简称"条编法"。明中叶赋役繁苛，人民与统治者的矛盾更加激化。嘉靖年间（1522—1566）有的地方官吏开始实行一条鞭法。万历九年（1581）张居正通令全国实行，目的是限制官僚豪强地主的赋役优免权。办法是先将赋和役分别归并，再将役逐步并入赋内；赋役普遍用银折纳。一条鞭法简化了赋役征收的形式，无地农民免去了力役负担，对发展农业生产和商品经济有一定作用。

⑫丁：指人口税。粮：指土地税。

⑬明季：明末。季，朝代之末。辽饷：明末辽东驻军（对付后金及清）的饷项。这是指筹措这种军饷加派的田赋银。万历四十六年（1618），辽东军饷骤增三百万两，宫内虽有积储，但不肯拨发，于是援例，每亩加派三厘五毫，共增赋银二百多万两。四十七年

又加三厘五毫。四十八年再加二厘。前后共加九厘,共增赋银五百二十万两。以后不断加征,到崇祯末年,辽饷加派已增至九百万两。剿饷:明末为镇压农民起义所用的军饷。这里指筹措这种军饷加派的赋银。崇祯十年(1637)兵部尚书杨嗣昌拟具镇压农民起义的计划,准备增兵增饷。后明政府下令全国"因粮输饷",即照旧粮额每亩加征六合。每石折征银八钱,又另加征银一分四厘九丝,以一年为期,名为"剿饷",共征赋银达三百三十万两。练饷:明末为镇压农民起义练兵所用的军饷。这里指筹措这种军饷加派的赋银。崇祯十二年(1639),因抵御外患和镇压农民起义,准备抽练边兵(正规军)和加练乡兵,饷银增加。当时除续征剿饷外,又以"土田尽归有力家,百亩加征银三四钱,稍抑兼并"为名,加征田赋每亩练饷银一分。全国共增征田赋七百三十万两。

⑭康熙五十二年:即 1713 年。康熙,清圣祖年号(1662—1722)。按:此处当为康熙五十一年。

⑮奉"滋生人丁,永不加赋"之旨:清康熙五十一年(1712)规定,依照上年各地所报丁数,固定税额,以后"滋生人丁,永不加赋"。

⑯雍正四年:即 1726 年。雍正,清世宗年号(1723—1735)。

⑰定丁银并入钱粮之制:规定将丁银并入田粮征收的一种税制,即"摊丁入地"制。明行一条鞭法后代役丁银逐渐摊入田亩征收,但未普遍执行。清继续执行,但康熙时各省实施程度不一;至雍正年间"摊丁入地"以后,这种地丁合一的税制遂成为财政的一种主要制度。

⑱乾隆二十七年:即 1762 年。乾隆,清高宗年号(1736—1795)。编审之法:调查户口、编入册籍的方法。清代由户部主持这项工作,每五年一次。《福惠全书·编审部·总论》:"编审之时有二:一在十年大造,将钱粮户口攒造黄册,进呈御览,所以重民数也;

一在五年均役,清核丁差,所以苏民累也。"又《六部成语·户部·编审民丁》注解:"每三年地方官审查民户人丁之数,将年壮成丁者编入册籍,曰'编审民丁'。"

⑲田定于额:田亩按照一定的规定确定赋税。

⑳品官:朝廷命官。《文献通考·职官考》:"岳氏《愧郯录》曰:'淳熙官品令,自太师而下至翰林医学,列为九品,皆有正从。……不以高下,概谓之品官。'"

㉑苟非:如果不是。苟,假设连词,若。

㉒顺治元年:即 1644 年。顺治,清世祖年号(1644—1661)。

㉓前明三饷:指明末的辽饷、剿饷、练饷。

㉔苏松一道:即苏松道,辖苏州、松江等府、州。乾隆六年(1741)改为苏松太道,驻上海县,通称上海道。

㉕南昌一道:今江西北部。

㉖乾隆二年:1737 年。

㉗同治四年:1865 年。同治,清穆宗年号(1862—1874)。

㉘漕粮:通过水道运送的粮食。

㉙损之又损:减少了还要减少。语出《庄子·知北游》:"故曰:为道者日损,损之又损之,以至于无为,无为而无不为也。"本谓日去其华伪,以归于纯朴无为。

【译文】

自汉代、唐代以来,清朝是最为爱惜人民的。下面论述一下事实:

夏商周三代有粮食、布匹、劳役的征调,盛唐有租庸调三种赋税,这是历史上最被称道的良政时代,但赋税也名目很多。之后秦朝创设人口税,汉代施行算缗的制度,隋代让官吏清查隐匿人口,来增加户口,唐代收容土著之户来代替逃亡人口,从唐到五代十国和宋朝初年都征收盐税,中唐、北宋有青苗钱,宋代有手实法,金代沿用南宋的推排法,都是在常规田赋和劳役之外。明代万历年间,施行一条鞭法的时候,仍然把人口税和土地税分开征收，而且明末又增加了辽饷、剿饷、练饷。到清朝康熙五十二年（1713），奉行不再增收人头税的圣旨；雍正四年（1726），确立"摊丁入亩"的制度；乾隆二十七年（1762），停用调查户口然后编入册籍的方法。到此，历朝定下的严苛征调，在一个朝代都免除了。赋税出自土地，土地面积有定额，凡是朝廷命官、士人、胥吏、各种工匠、无业之民、里宅、货栈、钱庄、银行，要不是有拥有土地或者是贩货行商的人，终身不用向官府缴纳赋税。顺治元年（1644），将明代的三饷免除；康熙年间，又减少江苏的地丁银四十万；雍正三年（1725），减少苏州、松江地区地丁银四十五万，南昌地区地丁银十七万；乾隆二年（1737），减少江西省地丁银二十万；同治四年（1865），减少江南地丁银三十万，减少江南漕运粮食五十余万石，浙江漕运粮食二十六万余石。最初的制度便已宽松，后来一再减少。赋税少，是第一项仁政。

　　前代赐复蠲租①，不过一乡一县。我朝康熙、乾隆两朝普免天下钱粮八次，普免天下漕粮四次，嘉庆朝复普免天下漕粮一次②。至于水旱蠲缓，无年无之，动辄数百万。损上益下③，合而计之，已逾京垓以上④。是曰宽民，仁政二也。

【注释】

①蠲（juān）租：免除租税。

②嘉庆：清仁宗年号（1796—1820）。

③损上益下：减少朝廷收入而使百姓得利。

④京垓（gāi）：均为数词。十亿为兆，十兆为京，十京为垓。

【译文】

　　清朝以前免税，范围不超过乡、县的范围。清朝康熙、乾隆两朝免去全国赋税八次，免去全国漕运粮食四次，嘉庆朝又免去全国漕运粮食一次。至于水灾、旱灾时免除或缓交赋税,每年都有,动不动就数额几百万。减少朝廷收入,而使百姓得利,总的来看,已经百亿、千亿以上了。对人民宽厚是第二项仁政。

　　历代赈恤①,见于史传者为数有限。或发现有之仓②,或移民就食。宋河北之灾,富弼仅劝民出粟十五万斛③,益以官廪④;曾巩仅请赐钱五十万贯⑤,贷粟一百万石;杭州之灾,苏轼仅请度牒数百道⑥。本朝凡遇灾荒,仁恩立霈⑦,动辄巨万。即如光绪以来,赈恤之举,岁不绝书。丁丑、戊寅之间⑧,晋、豫、陕、直之灾⑨,赈款逾三千万金⑩。此外,畿辅、苏、浙、川、楚各省⑪,每一次辄数百万或百余万,从古罕闻。以今日度支之匮乏⑫,洋债之浩繁,而独于赈恤之款虽多不惜;甚至减东朝之上供⑬,发少府之私钱⑭,出自慈恩,以期博济。是曰救灾,仁政三也。

【注释】

①赈恤:救恤,用财物赈济灾荒。

②发:打开。

③富弼(1004—1083):字彦国,宋仁宗庆历二年(1042)出使契丹,以增加岁币为条件,拒绝割地的要求。次年升枢密副使,与范仲淹建议改革朝政,条上所拟河北守御十二策。旋被排挤居外。至和二年(1055)与文彦博同任宰相,在位七年,无所兴革。神宗即位,他劝帝"二十年口不言兵"。王安石变法时,他在亳州拒不执行,后退居洛阳,上疏要求废除新法。封郑国公。斛(hú):旧时量器名,古代十斗为斛,后改为五斗。

④益以官廪:用官廪中的米粮补充。官廪,政府的粮仓,这里指粮

仓中的米粮。

⑤曾巩（1019—1083）：字子固，嘉祐进士。尝奉诏编校史馆书籍，官至中书舍人。曾为王安石所推许。为"唐宋八大家"之一。他的有些文章对当时在位者的因循苟且表示不满，主张在"合乎先王之意"的前提下对"法制度数"进行一些改易更革。有《元丰类稿》。贯：钱一千为一贯。

⑥苏轼（1037—1101）：字子瞻，号东坡居士，嘉祐进士。神宗时曾任祠部员外郎，知密州、徐州、湖州。因反对王安石新法，贬谪黄州。哲宗时任翰林学士，曾出知杭州、颍州，官至礼部尚书。后又贬谪惠州、儋州。最后北还，病死常州。在政治上他属于旧党，但也有改革弊政的要求。为"唐宋八大家"之一。度牒：中国古代度僧（即准许出家）归政府掌握，经审查合格得度后，政府所发给的证明文件，称为"度牒"。有度牒可免除赋税、劳役。

⑦霈（pèi）：雨盛貌。比喻帝王恩泽遍施于民。

⑧丁丑、戊寅之间：即 1877—1878 年。

⑨晋、豫、陕、直：分别为山西、河南、陕西、直隶的简称。直隶是旧省名，明称直隶于京师的地区为"直隶"。自永乐初建都北京后，又称直隶北京的地区为北直隶，简称"北直"，相当于今北京和天津两市、河北大部和河南、山东的小部分地区。

⑩金：古代计算货币的单位，秦代一镒为一金，汉代一斤为一金。这里引申为货币。

⑪畿辅、苏、浙、川、楚：分别指直隶、江苏、浙江、四川、湖北。畿辅，京都周围地区，清代系直隶省别称。

⑫度支：本义为量入为出，这里引申为国库。

⑬东朝：太子所居称东宫，也称东朝，因以借指太子。上供：供给东宫的财赋。

⑭少府：官名，始于战国。秦汉相沿，为九卿之一。掌山海池泽收

入和皇室手工业制造,为皇帝的私府。清代归内务府。

【译文】

每个朝代赈灾的情况,史书记载有限。有的从现有的粮库中拨发粮食,有的迁移人口到粮食充裕的地区。宋朝时河北受灾,富弼仅号召民众捐出粮食十五万斛,并用官府的粮仓作补充;曾巩仅请求财政支出五十万贯用来购买一百万石粮食;杭州受灾的时候,苏轼仅请求增加免除赋税劳役的度牒数百道。本朝凡是遇到灾荒,皇恩立刻遍施,数额巨大。从光绪朝之后,赈灾的措施,每年都有记录。1877年到1878年,山西、河南、陕西、直隶受灾,赈灾款超过了三千万金。除此之外,京师周围、江苏、浙江、四川、湖北等省份,每一次赈灾的款额动辄数百万或是多达百余万,从古至今很少听闻。当下财政紧张,外债很多,但政府仍没有吝惜赈灾抚恤的钱款,甚至减少宫廷的收入,动用供给东宫的经费,从少府中拿出皇室的私钱,这都是源自皇太后的恩宠,借此希望广泛接济百姓。救灾是第三项仁政。

前代国家大工大役,皆发民夫,行赍居送①,官不给钱。长城、驰道、汴河之工无论矣②。隋造东都③,明造燕京④,调发天下民夫工匠,海内骚动,死亡枕藉⑤。以及汉凿子午⑥,梁筑淮堰⑦,唐开广运⑧,宋议回河⑨,民力为之困敝。本朝工役皆给雇值⑩,即如河工一端⑪,岁修常数百万,有决口则千余万,皆发库帑。沿河居民不惟无累⑫,且因以赡足焉⑬。是曰惠工⑭,仁政四也。

【注释】

①行赍(jī)居送:旅行住宿的种种费用。《汉书·食货志下》:"行者赍,居者送。"赍,旅行人携带衣食等物。送,馈赠。

②长城：春秋战国时期各国为了防御外敌所修。秦灭六国后，为了
防御北方匈奴南侵，将秦、赵、燕三国的北边长城予以修缮，连贯
为一。故址西起临洮，北傍阴山，东至辽东，俗称"万里长城"。
汉、唐、宋、明等朝继有修建。驰道：秦代专供帝王马车行驶的道
路。《史记·秦始皇本纪》：二十七年"治驰道"。《汉书·贾山
传》："为驰道于天下，东穷燕齐，南极吴楚，江湖之上，滨海之观
毕至。道广五十步，三丈而树。"这是我国古代大规模的道路建
设，征调民工很多。汴河：即"汴水"，古水名。隋炀帝时开了通
济渠、邗沟、江南河、永济渠，其中通济渠中间自今荥阳至开封一
段就是原来的汴水，故唐、宋人遂将自出黄河至入淮河的通济渠
东段全流统称为汴水、汴河或汴渠。隋炀帝开凿通济渠，动用了
大量民工。

③无论：更不消说。

④隋造东都：隋炀帝604—618年在位，营建东都洛阳，大兴土木修
建宫殿和西苑。

⑤明造燕京：燕京，即今北京。明永乐元年(1403)，明成祖将他做
燕王时的封地北平府改为顺天府，建北京(即今北京)；十九年
(1421)，自应天(今江苏南京)迁都顺天，改北京为京师。洪熙元
年(1425)，拟还都应天，仍改京师为北京。正统六年(1441)，定
北京为国都，复称京师。

⑥死亡枕藉：死亡的人纵横相枕而卧。

⑦汉凿子午：子午，古道名，从关中到汉中的南北通道。古人以
"子"为"北"、"午"为"南"，故名。西汉元始五年(5)，王莽通子午
道，从杜陵(今陕西西安东南)直绝南山(今秦岭)至汉中。

⑧梁：南朝之一。502年萧衍代齐称帝，国号梁，建都建康(今江苏
南京)。淮堰：古代灌溉工程之一。淮，指淮河。源出河南桐柏
山，东经安徽、江苏入洪泽湖。其下游本流经淮阴涟山入海。宋

绍熙五年(1194)黄河夺淮,淮河自洪泽湖以下,主流合于运河,经高邮湖江都县入长江。

⑨唐开广运:广运,古运河名,即"广通渠"。隋开皇四年(584)因渭水流浅沙深,漕运不便,命宇文恺率水工开凿。因渠经渭水口广通山下,故名。

⑩宋议回河:宋代黄河屡次改道,为患甚剧。北宋时黄河经由海河入海,宋哲宗在位前后,朝廷多次议及使黄河回复故道的工程,是谓"宋议回河"。

⑪雇值:工钱。

⑫河工:修治河道堤防的工程。因黄河水患独多,故多指黄河工程。库帑(tǎng):官库所藏的财物。帑,国库所藏的金帛。

⑬不惟:不但。

⑭赡:丰足。

⑮惠工:施惠于民工。

【译文】

清朝以前国家进行大工程大徭役,都征调民夫,但政府不给他们拨发差旅费。长城、驰道、汴河的工程就不用说了。隋代建造洛阳城,明代建造北京城,征调全国的民夫、工匠,全国不安,死亡的人纵横相枕而卧。汉代修建通往四川的子午道,南朝梁建筑淮河的堤坝,唐代开凿广通渠,宋代多次讨论使黄河恢复故道的工程,百姓因这些工程而疲惫,而清朝对参与工程的百姓则发给报酬。比如黄河的治理工程,每年的修筑花费数百万,如果有决堤,则一千余万,都是发放自国库之中。黄河沿岸的居民不仅没有因为治河工程受累,反而因此收入增加。施惠于民工,是第四项仁政。

前代官买民物,名曰"和买和籴"①,或强给官价,或竟不给价,见于唐宋史传、奏议、文集②,最为民害。本朝宫中府中需用之物，一不累民。苏杭织造③，楚粤材木，发帑购办，商民吏胥皆有沾润④。但闻商贾因承办官工、承买官物而致富者矣⑤，未闻商贾因采办上供之物而亏折者也。子产述郑商之盟曰："无强贾，无匄夺"⑥，于今见之。是曰恤商⑦，仁政五也。

【注释】

①和买和籴(dí)：公平地买进。籴，买进粮食，这里泛指购置。

②史传：为记载过去事迹的书。奏议：为臣子向君主进言、上书。文集：为辑集诗文的专集。

③织造：织布厂将经纬纱线用各种方法织成的机织物。

④吏胥：泛指大小官员。胥，低级官吏。沾润：沾受润泽，即获得利益。

⑤商贾(gǔ)：商人的统称。贾，指坐商。商，指行商。

⑥"子产"几句：子产，即公孙侨(前？—前522)，春秋郑贵族，名侨，字子产。郑简公二十三年(前543)执政，实行改革，整顿田地疆界和沟洫，有利于农业生产。后又创立按"丘"征"赋"制度，把法律条文铸在鼎上公布，不毁乡校，以听取国人意见。这些改革给郑国带来了新气象。盟，起誓。"无强贾，无匄夺"，不要强迫人家出售商品，不要变相地掠夺人家的钱财。匄，今简作"丐"，义同"强"。

⑦恤商：怜悯商人。

【译文】

清朝以前政府购买民间物品，名义上是公平交易，其实是强迫百姓接受政府的定价，或者甚至不给钱，这从唐宋的史书、奏章、文集中可以见得到，是最为迫害百姓的。清朝皇室和政府的物资采办，全部不给百姓增添负担。苏州、杭州的丝织品，湖北、广东的木材，国库拨钱购买，商人、百姓、基层官员都能得到利润。只听说过商人因为承接政府工程和采购政府物资而变得富有的事情，没有听说过商人因为采办上供朝廷的物资而亏本的事情。子产所说的郑国商人的起誓："不强迫别人出售商品，不掠夺他人的财富"，在当今实现了。体恤商人，是第五项仁政。

任土作贡①，唐虞已然。汉之龙眼荔支，唐之禽鸟，明之鲥鱼，皆以至微之物而为官民巨害，其他贵重者可知。本朝此义虽存②，所贡并无珍异。广东贡石砚、木香、黄橙、干荔之属；江南贡笺、扇、笔、墨、香、药之属；湖北贡茶、笋、艾、葛之属；他省类推。由官发钱，不扰地方。又如宋真宗修玉清昭应宫③，所需木石、金锡、丹青之物，征发遍九州，搜罗穷山谷，致雁荡之山由此开通，始为人世所知。史书之曰："及其成也，民力困竭。"宋徽宗兴花石纲④，破屋坏城，等于劫夺，民不聊生，遂酿大乱。今内府上用⑤，民不与知。是曰减贡，仁政六也。

【注释】

①任土作贡：古代按照土地的肥瘠和生产情形以定赋税的种类多寡。任土，亦作"任地"（谓因地征税）。

②此义：这一制度。义，古"仪"字，威仪。引申为规矩法度。

③宋真宗：即赵恒，997—1022年在位。修玉清昭应宫：11世纪初，宋真宗用王钦若计，伪造天书，大兴祥瑞，封禅泰山，号为"大功业"。又任用丁谓，广建宫观，劳民伤财。玉清昭应宫建在泰山上。

④宋徽宗：即赵佶,1100—1125 年在位。

⑤内府：周代官名,掌藏贡赋、货物、兵器等库。这里借指宫廷内务
　府。上用：皇帝的用品。

【译文】

根据各地的自然资源进贡,从尧舜时期就是这样了。汉代的龙眼、荔枝,唐代的禽鸟,明代的鲥鱼,都是很小的不起眼物品,却为朝廷和民众带来巨大的破坏,至于其他贵重的物品可想而知了。清朝虽然还保留有进贡的制度,但各地进贡的物品并不十分珍贵。广东进贡砚台、香料、橙子、荔枝干等物；江南进贡纸、扇子、毛笔、墨锭、香料、药物等物；湖北进贡茶叶、竹笋、艾草、葛藤等物；其他省份以此类推。由政府出钱,并不干扰各地。宋真宗时修建玉清昭应宫,需要的木材、料石、金属、颜料等物资,从全国征调,搜遍了高山峡谷,导致雁荡山被开通,开始被世人所知晓。史书记载此事说："等到玉清昭应宫建成,百姓的财力已经困顿、衰竭了。"宋徽宗喜爱花石纲,破坏房屋毁坏城池,同抢劫一样,民不聊生,于是造成天下大乱。而清朝皇帝的用品,民间都不知道。减少进贡,是第六项仁政。

前代游幸①,最为病民②。汉、唐、宋以来,东封西祀③,四海骚然。若明武宗北游宣大④,南到金陵⑤,狂恣败度,尤乖君德⑥。至于秦、隋,更无论矣。本朝屡次南巡,亦间有东巡、西巡之事,大指皆以省方观民为主⑦,勘河工,阅海塘⑧,查灾问民瘼⑨,召试求人才。所过郡县,必免钱粮；其桥道供张⑩,除内帑官款外,大率皆出自盐商。或豁免积亏,或予以优奖,至今旧闻私记⑪,但道其时市廛之丰盈⑫,民情之悦豫⑬,从无几微烦扰愁苦之词。是曰戒侈,仁政七也。

【注释】

①游幸：特指封建时代帝王到达某地。

②病民：损害民众的利益。

③东封：帝王登泰山筑坛祭天叫"封"；因泰山在东方，故称"东封"。
　　西祀：到西边祭祀。

④明武宗：即朱厚照，年号正德，1505—1521年在位。宣大：地名。
　　包括宣府（今河北宣化）、大同等地。

⑤金陵：古邑名，战国楚威王七年（前333）置。在今江苏南京清凉
　　山。东晋王导谓"建康古之金陵"，后人因作南京的别称。

⑥乖：违背。

⑦省方观民：视察地方，了解民情。

⑧海塘：阻挡海潮侵袭而修筑的人工堤岸。

⑨民瘼（mò）：人民的疾苦。

⑩供张：同"供帐"，陈设帷帐等用具以供宴会或行旅的需要。

⑪旧闻私记：民间流行的说法和非官方的文字记载资料。

⑫市廛（chán）：店铺集中的地方，犹今"市场"。

⑬悦豫：欢乐。

【译文】

　　清朝以前帝王出巡各地，最是劳累人民。汉代、唐代、宋代及以后，帝王到处封禅、祭祀，全国不安。明武宗向北巡行宣化、大同，向南到了南京，狂傲恣肆败坏法度，违背了君主的道德。至于秦代和隋代的皇帝，更不用说了。清朝皇帝有很多次南巡，也偶尔有东巡、西巡，大多数情况都是为了考察民情、检查黄河工程、检视海岸工程，考察灾情，访求人才。皇帝经过的地区，一定免去赋税；旅途经费，除了皇室支出外，大多来自盐商。或者豁免过去的旧债，或者给予嘉奖，至今民间还都流传称颂，那时的市场物资丰富，人民情绪欢乐，几乎从没有过抱怨和愁苦忧烦之心。杜绝奢侈，是第七项仁政。

　　前代征伐,多发民兵。汉选江淮之卒以征匈奴,唐劳关辅之师以讨南诏①,田园荒芜,室家仳离②,死伤过半,仅得生还。唐之府兵③,明之屯卫④,书生称为良法,然而本系农夫,强以战斗,征戍之苦,愁怨惨凄! 司马温公尝论之矣⑤,于忠肃尝改之矣⑥。北宋签官军⑦,刺义勇⑧,练保甲⑨,当时朝野病之。本朝军制,不累农民,除八旗禁旅外⑩,乾隆以前多用绿营⑪,嘉庆以后参用乡勇⑫。其人由应募而来,得饷而喜,从无签派之事。是曰恤军,仁政八也。

【注释】

①关辅:关中与三辅。三辅是右扶风、左冯翊、京兆尹,都是紧靠京城的地方。

②仳(pǐ)离:旧时指妇女被遗弃而离去。这里泛指别离。

③府兵:即府兵制。西魏大统十六年(550)正式建立,共二十四军,由六柱国分领,下置十二大将军、二十四开府。士兵另立户籍,完全脱离生产。北周武帝时,府兵军士不属柱国,成为皇帝的侍卫。隋代置十二卫,分领府兵,户籍始隶州县,并从事生产。唐初形成兵农合一军事制度,士兵定期宿卫京师或戍边。贞观十年(636)全国各地共设有六百三十四府,兵六十八万,每府用折冲都尉统率,隶于中央十二卫。中唐逐渐废除。

④屯卫:屯兵卫宿。明代除实行官屯、民屯、商屯外,还实行军屯,即令军士一面屯种,一面防守。这对恢复和发展社会生产,起了一定的积极作用。

⑤司马温公:即司马光(1019—1086),字君实,宝元元年(1038)进士。历任仁宗、英宗、神宗三朝大臣,熙宁间王安石推行新法,他竭力反对,出外。哲宗即位,入朝为相,尽改新法,恢复旧制。谥

文正，追封温国公。由他主编的《资治通鉴》二百九十四卷，为我国重要的编年史著作。

⑥于忠肃：即于谦（1398—1457），明代大臣，明英宗土木之变被蒙古瓦剌部俘虏后，时任兵部侍郎的于谦组织北京保卫战，拥立景泰帝。英宗复辟后，于谦以"谋逆罪"被杀。万历间追谥忠肃。

⑦签官军：签，亦作"佥"。北宋有签发壮男为军之制。

⑧刺：采取。义勇：宋代乡兵的名称。

⑨保甲：北宋王安石推行新法的内容之一。他主张"变募兵而行保甲"、"什伍其民"。其法为：十家为保，五十家为大保，十大保为一都保。保及大保各有长。家两丁以上，选一人为保丁。保内实行连坐法。

⑩八旗：清代满族的一种社会组织形式。努尔哈赤时建立。明万历二十九年（1601）以三百人为一牛录，作为基本户口单位。在此基础上初建黄、白、红、蓝四旗。万历四十三年（1615），增建镶黄、镶白、镶红、镶蓝，共为八旗。八旗官员平时管理民政，战时充当将领；八旗子弟都有当兵的义务，被挑选入伍，即为八旗兵。八旗兵大都集中京城内外，其余分在各省驻防，监视人民。禁旅：亦称"禁军"，即侍卫宫中及扈从的军队。

⑪绿营：即绿营兵。清代军制，汉军用绿旗，称绿营兵或绿旗兵。兵种分马兵、步兵，沿江海之地又设水师。清末裁废。

⑫乡勇：清朝后期的地方武装，主要用来镇压农民起义。

【译文】

以前的朝代军事行动，大多征发民兵。汉代从长江、淮河地区征调民兵去讨伐匈奴，唐代调发关中与三辅的军队去讨伐在云南的南诏国，导致田园土地荒芜，民众生离死别，士兵死伤过半，剩下的也只是侥幸活着回来。唐代的府兵制，明代的卫所制度，书生称赞为良法，但是民兵本来是农夫，强迫他们去战斗，行军守备的辛苦，令人感到多么凄惨。

司马光曾经讨论过此事,于谦曾经力图改变此事。北宋签发壮男为军、设置乡兵、施行保甲法,当时朝廷和民间都认为是弊端。清朝的军队制度,不拖累农民,除了八旗兵和禁军之外,乾隆以前多用绿营兵,嘉庆以后加入了乡勇。乡勇的士兵从民间招募而来,他们得到兵饷而欢喜,从来没有强迫的情况。体恤军队,是第八项仁政。

前代国有大事,财用不足则科敛于民①,汉、唐以来皆然,今土司犹仍其俗②。即如宋宣和将伐辽③,则派天下出免夫钱六千二百万缗④,见蔡絛《铁围山丛谈》⑤。宣和中创经制钱⑥,绍兴以后又有经总制钱、月桩钱、板帐钱、折帛钱⑦,岁得数千万缗,并无奖叙⑧。明季用兵,初加辽饷,继加剿饷,又加练饷,共加赋二千万。果如此法,筹饷易耳。本朝每遇河工军旅,则别为筹饷之策,不以科派民间⑨。历年开设捐输⑩,奖以官爵,并加广其学额中额⑪,朝廷不惜为权宜之策,而终不忍朘小民之生⑫。是曰行权,仁政九也。

【注释】

①科敛:亦称"科配"、"科索"。中国历代政府对赋税正项外的加派。

②土司:元、明、清时期于西北、西南地区设置的由少数民族首领充任并世袭的官职。土司除对中央政权负担规定的贡赋和征发以外,在辖区内依旧保存传统的统治机构和权力。

③宣和:宋徽宗年号(1119—1125)。

④免夫钱:免除庸役而输官的钱。

⑤蔡絛:宋仙游人,自号百衲居士。官至徽猷阁待制,颇能文。著有《西清诗话》《铁围山丛谈》等书。

⑥经制钱:宋代为支付军政费而筹措的一宗款项,又是各地为筹措这项经费而加征的苛捐杂税的总名目。宣和中,军政支出浩繁,总揽东南地区财赋的发运兼经制使,建议增收卖酒钱、印契钱、头子钱以充经费。因系经制使建议,故称"经制钱"。

⑦绍兴:宋高宗年号(1131—1162)。经总制钱:宋钦宗靖康时(1126),经制钱一度废除。南宋建炎二年(1128)恢复征收。绍兴五年(1135),总制使又仿照上法增税,于是又是"总制钱"的名目。经总制钱则是"经制钱"和"总制钱"的合称。月桩钱:南宋为筹措军饷而加的税项,以月为计,故称月桩钱。折帛钱:南宋以上供和买细绢改为纳钱,所纳之钱称"折帛钱"。

⑧奖叙:旧时按规定的等级次第授官职及按劳绩的大小给予奖励。

⑨科派:按定制派捐。

⑩捐输:清代,凡按照政府规定捐官办法,输纳银两,或对地方兴修文庙、城池及其他公共建筑物而捐献银两,或向封建朝廷报效银两,统称"捐输"。

⑪学额:学校收容的学生及科举时代每次考试录取的府、县学生,均有一定名额,谓之"学额"。

⑫朘(juān):削弱减少。

【译文】

清朝以前国家有大事,资金不足的话就从民间敛财,从汉代、唐代以来都是这样,现在的土司仍然沿用这样的惯例。宋代宣和年间要讨伐辽国,从全国收取免夫钱六千二百万缗,见蔡絛《铁围山丛谈》。又开收经制钱,绍兴年间之后又开始收取经总制钱、月桩钱、板帐钱、折帛钱,政府每年得到数千万缗,却没有对民间进行奖励。明代末年政府军事活动,刚开始加收辽东军饷,后来加收剿匪饷,又加收练兵饷,一共增加赋税二千万。如果用这样的方法,那么筹措饷银是很容易的。但是清朝政府每遇到黄河工程和军事活动,却寻找别的筹措经费的方法,不按定制向民间派捐。每年政府规定出资捐官的办法，并增加该地的科举考试录取名额。政府为了体恤老百姓的生活，不惜运用变通的政策，不忍心削弱平民的生计。权宜行事，是第九项仁政。

　　自暴秦以后，刑法滥酷，两汉及隋，相去无几，宋稍和缓，明复严苛。本朝立法平允①，其仁如天，具于《大清律》一书②。一、无灭族之法；二、无肉刑；三、问刑衙门不准用非刑拷讯，犯者革黜；四、死罪中又分情实、缓决③，情实中稍有一线可矜者④，刑部夹签声明请旨⑤，大率从轻比者居多；五、杖一百者折责，实杖四十，夏月有热审减刑之令，又减为三十二；六、老幼从宽；七、孤子留养；八、死罪系狱，不绝其嗣；九、军流徒犯⑥，不过移徙远方，非如汉法令为城旦、鬼薪⑦，亦不比宋代流配沙门岛⑧，额满则投之大海；十、职官妇女收赎⑨，绝无汉输织室、唐没掖庭、明发教坊诸虐政⑩。凡死罪必经三法司会核⑪，秋审句决之期⑫，天子素服，大学士捧本⑬，审酌再三，然后定罪。遇有庆典，则停句减等。一岁之中句决者，天下不过二、三百人，较之汉文帝岁断死刑四百⑭，更远过之。若罪不应死而拟死者，谓之“失入”；应死而拟轻者，谓之“失出”。失入死罪一人，臬司、巡抚、兼管巡抚事之总督降一级调用⑮，不准抵销；失出者一案至五案，止降级留任，十案以上始降调，仍声明请旨。遇有疑狱，则诏旨驳查覆讯至于再三，平反无数，具见于历朝圣训。是曰慎刑，仁政十也。

【注释】
　　①平允：公平适当。

②具：陈述，开列。《大清律》：全称《大清律例》，清代法典之一。乾
　隆五年（1740）颁行。分《名例律》《吏律》《户律》《礼律》《兵律》
　《刑律》《工律》等三十篇四百三十六条。

③情实：清代死刑判决的一种，认定罪行属实将付诸实行。

④可矜者：可怜的人。矜，通"怜"。

⑤刑部：六部之一，掌管国家的法律、刑狱事务。长官为刑部尚书。

⑥军流：一种刑罚，发配军中服杂役。

⑦城旦：秦汉时的一种刑罚。《史记·秦始皇本纪》南朝宋裴骃集
　解："（城旦者）昼日伺寇虏，夜暮筑长城。"又《汉书·惠帝纪》汉
　应劭注："城旦者，旦起行治城；春，妇人不豫外徭，但春作米。"
　城旦和春，是分别处置男犯和女犯的两种刑罚。鬼薪：秦汉时刑
　罚名。犯人服刑三年，取薪供给宗庙，称为"鬼薪"。

⑧沙门岛：在山东蓬莱县西北海中。宋时为流放罪人之所。

⑨职官：文武百官的总称。职，事。设官以治事，故称"职官"。收
　赎：旧律赎刑之一。凡老幼、废疾、笃疾及妇人犯徒流之刑，或非
　的决之刑者，准其以银赎罪。这种作法叫做收赎。

⑩输织室：送往织室。织室，汉代宫中主织之所。本有东织、西织，
　成帝时裁减东织，更名西织为"织室"。没掖庭：没收于掖庭。掖
　庭，宫殿中傍舍，是妃嫔居住的地方。发教坊：发配教坊。

⑪三法司：法司，大理寺的别称。大理寺是我国南北朝到清代的中
　央审判机关。它与提起奏劾的御史台和管理司法行政的都官尚
　书合称三法司。

⑫秋审：明清两代复审各省死刑案件的一种制度，因在每年秋季举
　行而得名。句决：中国古代一种执行死刑的司法程序。清制，各
　地将判死刑的案件申报刑部，转奏皇帝核定，凡令监候者，即收
　监侯下年刑部秋审后再行处理。届时，刑部复审后，把维持原判
　者的名单送请皇帝决定，凡经勾去的，即发"句决"咨文通知有关

地方执行死刑。

⑬大学士：官名。唐宋明清皆设，职权不一。清设殿阁大学士四人，协办大学士二人，秩皆正一品，赞理机务，表率百僚，遂为宰相之职。

⑭汉文帝：即刘恒，前180—前157年在位。

⑮臬(niè)司：即按察使。官名，唐初仿汉刺史制设立，赴各道巡察，考核吏治。清代亦设按察使，隶属于各省总督、巡抚，为正三品官。清末改称提法使，简称臬司。

【译文】

从残暴的秦代之后，刑法滥用严苛，从两汉到隋代，都没有什么不同。宋代稍微有所缓和，明代又变得严苛。清朝立法公平，如苍天一般仁慈，详细记载在《大清律》这一本书中。一、没有诛杀整个家族的刑法；二、没有肉刑；三、审讯机关不许刑讯逼供，违反者免去职务；四、死刑犯中又分为情实和缓刑两种，有一丝可以值得怜悯的，刑部就会另缮夹签，随本声明，请旨定夺，大概从轻发落的居多；五、杖刑一百的实际上只杖刑四十，夏天炎热又减刑为三十二杖；六、老人和儿童从轻判刑；七、收养犯人的孤儿；八、不断绝死刑犯的后代；九、发配军中服杂役的犯人，只是发配到偏远地区而已，不像汉代法律规定的城旦和鬼薪，也不是像宋代那样将犯人发配到沙门岛，人数过多则扔到大海里；十、文武百官家中的妇女允许以钱赎罪，绝对没有汉代强迫她们纺织、唐代强迫她们留在皇宫、明代发配她们到教坊司的弊政。只要是死罪的判定，必须经过三法司会审，在秋天审理确定的时候，皇帝穿着素服，大学士拿着卷宗，多次审核斟酌，之后才定罪。遇到节庆典礼，就停止审核。一年内判决死刑的人，全国不过二、三百人，比汉文帝每年判决死刑四百人，更加进步了。如果一个人的罪行不致死却判为死刑的，叫做"失入"；罪行致死却没有判为死刑的，叫做"失出"。失入死罪一个人，按察使、巡抚和兼管巡抚事务的总督要被降一级调任，不能抵消；失出一个案件到五个案件，只降级但留任，十个以上失出案件才降级调任，但官员仍然会阐明情况请求降圣旨宽宥。遇到情况复杂的案件，下圣旨要求辩驳、检查，反复问讯多次，平反了无数案件，都记录在清代历朝皇帝的圣训中。慎用刑法，是第十项仁政。

昔南北分据之朝，中外阻绝之世，其横遭略卖、没蕃陷虏之民①，朝廷不复过问。本朝仁及海外，凡古巴诱贩之猪仔、美国被虐之华工②，特遣使臣与立专约，保护其身家，禁除其苛酷。此何异取内府之金以赎鲁人，拔三郡之民以归汉地耶③？是曰覆远④，仁政十一也。

【注释】

①没（mò）蕃陷虏：沉没陷身于外国或外族。蕃，通"番"。番、虏，均泛指外国或外族。

②猪仔：指近代被拐骗或抢掠去国外做工的华人，是一种侮辱性的称呼。

③拔：移易。

④覆远：庇护远方的人。覆，庇护，救助。

【译文】

以前南北分裂、中外隔绝的时候，在边疆被外族欺侮的百姓，政府是不予过问的。清朝政府的仁慈则波及国外，古巴被诱骗拐卖去的华工，美国被虐待的华工，政府专门派使者与外国签订专门的条约，保护海外华人的生命和财产安全，以防止他们受到虐待。这样做，和春秋时期从国库中取金来赎回鲁国人，移三郡的百姓归附汉朝有什么不同呢？庇护远方的人，是第十一项仁政。

前代黩武之朝，残民以逞①。本朝武功无过康熙、乾隆两朝，其时逞其兵力，何求不得？然雅克萨既下而界碑定②，恰克图交犯而商市开③；越南来朝，而即赦其罪；浩罕畏威④，而不利其土。自道光以至今兹⑤，外洋各国屡来构衅⑥，苟可以情恕理遣⑦，即不惜屈己议和，不过为爱惜生民，不忍捐之于凶锋毒焰之下⑧。假使因大院君之乱而取朝鲜⑨，乘谅山之胜而收越南⑩，夫亦何所不可者？是曰戢兵⑪，仁政十二也。

【注释】

①逞：炫耀武力。

②雅克萨：旧城名，在今呼玛县西北漠河东黑龙江北岸。1650 年被沙俄侵占。1685 年为清军克复摧毁，不久又被沙俄盘踞。1689年中俄订立《尼布楚条约》，规定其地仍属中国管辖，俄人由此撤退，拆毁其城。1858 年沙俄强迫清政府订立不平等的《瑷珲条约》，立下界碑，遂为沙俄割据。

③恰克图：城邑名，历史上曾是中国境内的中俄通商要埠。1727 年中俄签订《恰克图条约》于此。本为一城，条约签订后，两国以恰克图为界，以旧市街归于俄，清朝别建恰克图新市街于旧市街南中国界内。1729 年起，由理藩院派遣司员一人驻扎其地，监理当地中俄互市。汉名"买卖城"。

④浩罕：18 世纪初乌兹别克人在中亚费尔干纳盆地建立的封建汗国，首都为浩罕城，清乾隆时浩罕伯克额尔德尼请求内附，贡马。19 世纪沙俄侵略中亚，1876 年并吞浩罕汗国。

⑤道光：清宣宗年号（1821—1850）。

⑥构衅：构成衅隙，结怨。

⑦情恕理遣：感情上可以宽容，道理上说得过去。

⑧捐：舍弃，抛弃。

⑨大院君：朝鲜李朝国王高宗李熙的生父，兴宣君李昰应（1820—1898）被封为大院君。曾摄政，果决而富权术。在1863—1873年间执政。

⑩谅山之胜：谅山，越南北部边境城镇，邻近中国广西的睦南关（今为友谊关），为交通军事要地。中法战争（1884—1885）中，冯子材、苏元春等重创法军于此。

⑪戢（jí）兵：克制武力。戢，收敛。

【译文】

清朝以前穷兵黩武的朝代，通过压迫百姓来炫耀武力。清朝的军事实力在康熙和乾隆的时候达到顶峰，如果那时候炫耀武力，没有什么是得不到的。但是雅克萨之战后确定了边界，恰克图交换俘虏后开展边境贸易；越南派使者来，政府赦免了他们的罪过；浩罕国畏惧沙俄的威胁而请求归降，政府没有侵占他们的土地。从道光朝到现在，西方各国多次来挑衅，情理上可以宽容，道理上说得过去的话，政府不惜让步议和，只是为了爱惜百姓，不忍心使百姓生活在战火下罢了。假如趁着大院君作乱的机会吞并朝鲜，趁着谅山战役的胜利吞并越南，又有什么不可以的呢？克制武力，是第十二项仁政。

　　本朝待士大夫最厚，与宋代等。两汉多任贵戚，北朝多任武将，六朝专用世家①，赵宋滥登任子②，甚至魏以宦寺、厮役典州郡③，唐以乐工、市侩为朝官④，明以道士、木匠为六卿⑤。若元代则立法偏颇，高官重权专用蒙古、色目人，而汉人、南人不与。本朝立贤无方⑥，嘉惠寒畯⑦，辟雍驾临⑧，试卷亲览；寒士儒臣与南阳近亲、丰镐旧族，一体柄用⑨。又汉、魏诛戮大臣，习为常事；唐则捶楚簿尉⑩，行杖朝堂⑪；明则东厂、北司⑫，毒刑廷杖⑬，专施于忠直之臣，碧血横飞，天日晦暗，尤为千古未有之虐政。本朝待士有礼，既无失刑⑭，亦不辱士。又唐宋谪官于外⑮，即日逐出国门⑯，程期不得淹留，亲友不得饯送；明代宰相被逐，即日柴车就道⑰。且前代每有党锢学禁⑱，罚及累世，株连亲朋。本朝进退以礼，不以一眚废其终身⑲。是曰重士，仁政十三也。

【注释】

①六朝：三国的吴，东晋，南朝的宋、齐、梁、陈，都以建康（今江苏南京）为首都，历史上合称六朝。

②滥登：乱加录用。

③宦寺：即宦官。宦官一称寺人，故称"宦寺"。厮役：旧称执劳役供使唤的人。典州郡：在州郡任职。典，主管，执掌。

④乐工、市侩：乐师和商人。

⑤六卿：指吏、户、礼、兵、刑、工六部尚书。

⑥立贤无方：选拔贤能没有任何限制。无方，无限，无极。

⑦嘉惠寒畯（jùn）：施加恩惠给贫穷的读书人。寒畯，贫穷的读书人。

⑧辟雍驾临：皇帝亲自来到辟雍。辟雍，本为西周天子所设的大学，这里泛指一般高级学校。

⑨柄用：为皇帝信用而掌握大权。

⑩捶楚：同"箠楚"，施用杖刑。簿尉：主簿和县尉的省称，均为知县的佐官，主簿典领文书，办理事务；县尉掌一县的军事。

⑪朝堂：天子商讨政事的地方。

⑫东厂：官署名。明成祖于永乐十八年（1420）在京师东安门北设

立。专事特务活动,权力在锦衣卫之上,由司礼太监主持。北司:唐代内侍省(官署名)设在皇宫之北,与三省所属各官署设在宫城之南者相对而言,故称北司。因此习惯上称宦官权势所在为北司。

⑬廷杖:皇帝在朝廷杖责臣下。明代往往由厂卫行之,是施于官吏的一种酷刑。

⑭失刑:刑罚失当。

⑮谪官:贬谪左迁官吏。

⑯国门:国都的城门。

⑰柴车:粗劣的车子。

⑱党锢:东汉桓帝时,世家大族李膺等人和太学生郭泰等联合,抨击宦官集团。延熹九年(166),宦官诬他们结为朋党,"诽讪朝廷",李膺等二百多名"党人"被捕,后虽释放,但终身不许做官,称为第一次"党锢之祸"。灵帝即位后,李膺等复起用,与大将军外戚窦武谋诛宦官,事败,李膺等百余人皆被杀。因连及而被杀、流徙、囚禁者达六七百人。熹平五年(176),灵帝在宦官挟制下,又命令凡"党人"门生故吏、父子兄弟,都免官禁锢,并连及五族,称为第二次"党锢之祸"。学禁:封闭学堂,禁止讲学活动。

⑲一眚(shěng):一点过失。

【译文】

清朝对待士大夫最为宽厚,与宋代相同。两汉大多任用皇亲国戚,北朝大多任用武将,六朝大多任用世家大族做官,宋代过分地任用贵族子弟,甚至曹魏以太监、杂役做州郡长官,唐代以乐工、商贩为朝廷官员,明代以道士和木匠做高级官员。元代的立法不公平,高级官员只用蒙古人和色目人,而汉人、南人不予任用。清朝以贤能为用人标准,照顾贫寒之家,皇帝亲自来到辟雍,亲览试卷;寒门读书人与皇亲贵戚一起任用。汉代、曹魏杀大臣,成为常事;唐代从县级官僚到中央官僚都会被加以杖刑；明代有特务机关东厂、锦衣卫，施行残酷的杖刑，专门用来对付忠诚正直的大臣，碧血横飞，暗无天日，是史无前例的暴虐之政。清朝对士大夫讲究礼法，没有过分的刑罚，不侮辱士大夫。唐宋时期官员遭到贬谪，当日就要离开国都，不能推延行程，亲友不能送别；明代宰相被驱逐，当天就要坐上粗劣的车子上路。而且以前有党锢和学禁，惩罚措施影响几代人，波及当事人的亲戚和朋友。清朝对官员的升降都讲究礼制，不因为一点错误就影响一个人的一生。尊重士大夫，是第十三项仁政。

　　历代亲贵佞幸骄暴横行①，最为民害。汉之外戚、常侍②，北魏之王族、武臣③，唐之贵主、禁军、五坊小儿、监军敕使④，元之僧徒、贵族，明之藩府、矿使、边军、缇骑、方士、乡官⑤，胁辱官吏，残虐小民，流毒遍于天下。本朝一皆无之，政令清肃，民安其居。是曰修法，仁政十四也。

【注释】

①佞幸：指皇帝左右以谄佞得幸的人。

②外戚：指皇帝的母族或妻族。常侍：官名，常在君主左右，故称常侍。东汉有中常侍，一般由宦官充当。

③王族：君王的同族。

④贵主：公主的尊称。禁军：亦称"禁旅"。唐代禁军初有元从禁军，以后陆续出现飞骑、百骑、千骑、万骑等名目，后演变为左右羽林、左右龙武、左右神武、左右神策、左右神威等十军。五坊：唐宣徽院所属五坊，计有雕坊、鹘坊、鹞坊、鹰坊、狗坊。监军敕使：官名，监督军务的官员。

⑤藩府：宗室藩王。矿使：监管矿业的官员，明代由宦官主持。边

军:戍守边境的军队。缇(tí)骑:古代当朝贵官的前导和随从的
骑士。方士:古代好讲神仙方术的人。乡官:汉代以三老、有秩、
啬夫、游徼等为乡官。明代通称官员退职还乡者为乡官。

【译文】

历代的皇亲贵戚和以谄佞得幸的小人,骄傲残暴横行天下,是最大
的民害。汉代的外戚、宦官,北魏的王室宗族、武将,唐代的公主、禁军、
五坊小儿、监督军务的官员,元代的僧人、贵族,明代的宗室藩王、监督
矿业的宦官、戍守边境的军队、随从的骑士、讲神仙方术的人、告老还乡
的官员,胁迫侮辱官吏,残害虐待百姓,流毒遍布全国。本朝全部都没
有,政令清正严明,百姓安居。修法是第十四项仁政。

本朝笃念勋臣①,优恤战士,其立功而袭封者无论已②。
凡战阵捐躯者,但有一命,无不加赠官阶,给予世职,自三品
轻车都尉至七品恩骑尉③。即至外委生监殉难者④,亦皆有
之。本职或袭二十余次,或袭三四次,袭次完时,均予恩骑
尉,世袭罔替⑤,皇祚亿万⑥,其食禄即与为无穷⑦。咸丰至
今,京师顺天府及各省奏请"忠义恤典"已至数百案⑧。又职
官虽非战功而没于王事,或积劳病故,亦官其子一人,名曰
"难荫"⑨。自汉迄明,其待忠义死事之臣有如是之优渥者
乎⑩?是曰劝忠,仁政十五也。

【注释】

①勋臣:有勋功的臣子。
②袭封:子孙承继上辈的封爵。
③三品轻车都尉:品,古代官吏的等级。轻车都尉,官名。汉有轻
　车将军及轻车校尉,为勋官,历代因之。清代的轻车都尉分一二

三等。七品恩骑尉：清代官名，官阶为七品。

④外委生监：委任外事的生员和监生。生，指生员，科举时代，在大学等处学习的人统称生员。明、清两朝，凡经过本省各级考试取入府、州、县学的都称生员（即秀才）。监，监生。明、清在国子监肄业的，统称监生。

⑤罔替：不予更替。罔，不。

⑥皇祚（zuò）：天子之位，指王朝的统治。

⑦食禄：俸禄。

⑧顺天府：府名。明永乐元年（1403）改北平府置，建为北京。永乐十九年（1421）定都于此，改称京师。治所在大兴、宛平（今北京）。

⑨难荫：清制，凡因先代殉职而录用其子孙的，称为难荫。

⑩优渥（wò）：优厚。

【译文】

清朝为了纪念有功劳的臣子、优待抚恤战士，使他们的子孙继承先辈的封号，这样的事情就不用说了。只要是在战斗中牺牲的人，他的后代没有不赠与官阶和职务的，授予的范围从三品轻车都尉到七品恩骑尉。委任外事的生员和监生殉难者，也有这样的封赏。殉职官员原本的职务后代可以世袭二十余次或三四次，世袭结束时，政府都赐予恩骑尉，每代世袭，不加变更，清朝政权永远存在则他们的俸禄也永远存在。咸丰朝到现在，北京及全国各地上奏申请的"忠义恤典"已经数百案。官员虽不是阵亡但因公牺牲的，或积劳成疾病故的，也从他的儿子中选择一人授予官职，称为"难荫"。从汉到明，有哪个朝代对待忠诚仁义的臣子像清朝这样优厚的呢？厚待忠臣，是第十五项仁政。

此举其最大者。此外良法善政，不可殚书①。

【注释】

①殚书：全部写完。殚，竭尽。

【译文】

这里列举了一些最突出的仁政。除此之外的好政策，多得难以一一记述。

列圣继继绳绳①，家法、心法相承无改二百五十余年②。薄海臣民日游于高天厚地之中，长养涵濡③，以有今日。试考中史二千年之内、西史五十年以前，其国政有如此之宽仁忠厚者乎？

【注释】

①继继：连续不断绝的样子。绳绳：戒慎貌。

②家法：家规，治家之法。心法：指存养其心之本体而省察其心之为用的方法。为宋儒之语。

③长养涵濡：长养，长时间得到休养生息。涵濡，浸渍，比喻帝王德泽的优厚。

【译文】

清朝历代圣王连绵不断，恭谨慎重，家法、心法传承二百五十年。全国的官员百姓，每天都受帝王的德泽，才有了今天。试考察中国两千年的历史和西方五十年以前的历史中，有哪个国家的政治能如此宽厚仁慈？

中国虽不富强，然天下之人，无论富贵贫贱①，皆得俯仰宽然，有以自乐其生。西国国势虽盛，而小民之愁苦怨毒者，郁遏未伸②，待机而发，以故弑君刺相之事岁不绝书，固知其政事亦必有不如我中国者矣。

【注释】

①贫践：同"贫贱"。

②郁遏未伸：气抑郁阻塞，不能伸吐。

【译文】

　　中国虽然不富裕不强大，但是全国人民，不论富裕、尊贵还是贫穷、卑贱，都能有生存空间，自得其乐。西方国家虽然强大，但普通百姓的痛苦、抱怨十分深重，得不到伸张，等待时机则爆发，所以杀害君主、行刺宰相的事情时常发生。因此可知，他们的政治制度一定有不如我们中国的地方。

　　当此时世艰虞^①，凡我报礼之士、戴德之民^②，固当各抒忠爱，人人与国为体，凡一切邪说暴行足以启犯上作乱之渐者^③，拒之勿听，避之若浼^④，恶之如鹰鹯之逐鸟雀^⑤。大顺所在^⑥，天必祐之，世岂有无良之民^⑦，如《小雅》所讥者哉？

【注释】

①艰虞：艰难，忧虞。

②报礼之士：为礼义效力尽忠的人。

③渐：事物发展的开端。

④避之若浼（měi）：躲避它就好像怕沾染上脏东西一样。浼，同"浼"，污染。

⑤鹰鹯（zhān）：泛指凶猛的鸟类。鹯，鸟名，即"晨风"。

⑥大顺：顺从天理和民意。这是对清王朝的美称。

⑦无良之民：没有德行的人。

【译文】

　　当下国家危机严峻，只要是我国为礼义效力尽忠的士大夫、受到朝廷德泽的百姓，每人都应当抒发自己对国家的忠诚和热爱，人人都应该与国家结为一体，对待所有煽动人犯上作乱的言论和行为，都拒绝不听，像害怕沾上脏东西一样躲避它，像厌恶猛禽追逐鸟雀一样厌恶它。大清顺应天理和民意，上天一定会保佑，天下怎么会还有像《诗经·小雅》所讥讽的那样没有德行的人呢？

明纲第三

本篇在同心、教忠之后,为内篇第三篇。此篇的核心之意就是明确纲常不可废,所谓的纲常就是儒家所讲的"三纲五常",涉及君臣规范、父子规范、夫妻规范。张之洞认为,坚持三纲五常为代表的儒家人伦秩序,才是中国之所以为中国,圣人之所以为圣人的根本。

在文中,张之洞不仅正面阐述三纲五常兹事体大,并且从西方社会的现实与制度、规范层面来佐证自己的论断。譬如其从西方的国君与臣民关系、婚嫁的限制、对死者的丧葬、男女的关系等方面证明西人与中国一样也有其固有的伦理规范。

"君为臣纲,父为子纲,夫为妻纲",此《白虎通》引《礼纬》之说也①。董子所谓"道之大原出于天②,天不变,道亦不变"之义,本之《论语》"殷因于夏礼,周因于殷礼"。注:"所因,谓三纲五常③。"此《集解》马融之说也④,朱子《集注》引之。《礼记·大传》:"亲亲也,尊尊也,长长也,男女有别,此其不可得与民变革者也。"⑤五伦之要⑥,百行之原,相传数千年更无异义。圣人所以为圣人,中国所以为中国,实在于此。故知君臣之纲,则民权之说不可行也;知父子之纲,则父子同罪、免丧、废祀之说不可行也;知夫妇之纲,则男女平权之说不可行也。

【注释】

①《白虎通》:《白虎通义》的省文,亦称《白虎通德论》,四卷,东汉班固等编撰。记录章帝建初四年(79)在白虎观经学辩论的结果。《白虎通义》的思想是董仲舒以来今文经学派的唯心主义和神秘主义哲学思想的延伸和扩大。《礼纬》:汉纬书名。起于哀帝、平帝之间,说经而大量吸收图谶之说,多怪诞无稽。六经与《孝经》皆有纬,有《含文嘉》《稽命徵》《斗威仪》等,已亡佚。

②董子:即董仲舒(前179—前104)。

③五常:即仁、义、礼、智、信。

④马融(79—166):安帝时为校书郎中,于东观典校秘籍,桓帝时为南郡太守。才高博洽,为世通儒,学生常有千数。卢植、郑玄皆出其门。著《三传异同说》,注《孝经》《论语》《诗》《易》、三礼、《尚书》《列女传》《老子》《淮南子》《离骚》等书。

⑤"《礼记·大传》"几句:这段话的意思是:对待亲族,应该相亲相爱;对待国君或父兄,应该尊重;对待长者,应该关心爱护。男女之间应该有区别。《礼记》,亦称《小戴记》或《小戴礼记》,儒家经典之一,秦、汉以前各种礼仪论著的选集。相传西汉戴圣编纂,今本为东汉郑玄注本,有《曲礼》《檀弓》《王制》《月令》等四十九篇,《大传》是其中的一篇。

⑥五伦:五种人伦关系,也称"五常"。传统宗法社会以君臣、父子、夫妇、兄弟、朋友为"五伦"。

【译文】

"君为臣纲,父为子纲,夫为妻纲",这是《白虎通义》引用《礼纬》的说法。董仲舒所说的"道的宏大源自上天,天没有变,道也不会变"的意思。《论语》中的"殷代承袭夏代之礼,周代承袭殷代之礼"。注释言:"所承袭相因的,就是三纲五常。"这是《论语集解》中马融的说法,朱熹的《四书章句集注》也引用了此种说法。《礼记·大传》中言:"对待亲族,应该相亲相爱;对待国君或父兄,应该尊重;对待长者,应该关心爱护;男女之间应该有区别,这是不能在民众间有所变革的礼俗。"君臣、父子、夫妇、兄弟、朋友这五种人伦关系的关键所在,各种行为的本原所在,前后流传数千年没有什么不同的看法。圣人之所以成为圣人,中国之所以成为中国,其根本完全在这里。因此明白了君臣之间的规范,那么民权的说法就不可行了;明白了父子之间的规范,那么父子同罪、守孝期间脱除丧服、废除祭祀的说法就不可行了;明白了夫妇之间的规范,那么男女之间平分权利的说法就不可行了。

　　尝考西国之制,上、下议院各有议事之权①,而国君、总统亦有散议院之权。若国君、总统不以议院为然,则罢散之,更举议员再议。君主民主之国略同②。

【注释】

①上、下议院:资本主义国家两院制议会的构成部分。名称各国有所不同。下议院美国和日本又叫众议院,英国叫平民院,荷兰叫第二院。上议院在美国、法国和日本叫参议院,英国叫贵族院,荷兰叫第一院。

②君主民主之国:即实行君主立宪制的国家。

【译文】

　　曾经研究西方国家的制度,上、下议院各有自己讨论国事的权力,同时国君、总统也有解散议院的权力。如果国君、总统不认可议院,那么就罢黜和解散它,重新推举议员来参议国事。实行君主立宪的国家也大略相同。

西国君与臣民相去甚近,威仪简略,堂廉不远[1],好恶易通,其尊严君上不如中国,而亲爱过之,万里之外,令行威立,不悖不欺。每见旅华西人遇其国有吉凶事,贺吊忧乐,视如切身,是西国固有君臣之伦也。

【注释】

[1]堂廉不远:比喻国君与臣民彼此接近。堂廉,指厅堂的两侧。

【译文】

西方国家的国君与臣民,关系紧密,出行仪仗简略,彼此亲近,好事坏事易于沟通,他们君主的尊贵与威严比不上中国,但是被亲近与受爱戴要超过中国。在万里之遥的地方,法令规定得以推行,权威得以树立,不违背也不欺骗。每次看见旅华的西方人遇到他们国家有好事或坏事,都随之或庆贺喜悦,或凭吊忧愁,视国家利益为切身利益,这些都是西方国家固有的君臣伦理。

摩醯《十戒》[1],敬天之外,以孝父母为先。西人父母丧,亦有服[2]。服以黑色为缘[3],虽无祠庙木主,而室内案上必供奉其祖父母、父母、兄弟之照像。虽不墓祭,而常有省墓之举,以插花冢上为敬[4]。是西国固有父子之伦也。家富子壮,则出分,乃秦法。西人于其子必教以一艺,年长艺成,则使之自谋生计,别居异财。临终分析财产,男子女子皆同,兼及亲友,非不分其子也。

【注释】

[1]摩醯(xī)《十戒》:摩醯,今译作"摩西",犹太教、基督教《圣经》故

事中犹太人的古代领袖。《圣经·出埃及记》载，摩西带领在埃及为奴的犹太人迁回迦南（巴勒斯坦和腓尼基地区的古称），并在西奈山上接受上帝写在两块石版上的十诫。犹太教将《圣经》的首五卷称作"律法书"，并称出自摩西之手，有《摩西五经》之称。十诫（戒），也叫《十条诫命》，它是犹太教的戒条。内容是：不许拜别神；不许制造和敬拜偶像；不许妄称耶和华名；须守安息日为圣日；须孝父母；不许杀人；不许奸淫；不许偷盗；不许作假见证；不许贪恋他人财物。

②服：旧时丧礼规定穿戴的丧服。

③缘（yuàn）：衣服边上的镶绲。

④冢（zhǒng）上：坟上。冢，高大的坟墓。

【译文】

《摩西十诫》中，除了敬重上天外，以孝敬父母为先。西方人的父母去世，也有相应的丧服。他们的丧服是用黑色镶边，虽然没有祠堂和木主灵位，但在房间中案几上一定会供奉祖父母、父母、兄弟的相片。虽然没有墓前祭祀，但经常会有扫墓的举动，他们在墓冢上插花以示哀敬。这些都是西方国家固有的父子伦理。家庭富有，儿子成年，则要分家，这是秦代的法律。西方人一定要教他们儿女一门手艺，等到儿女长大，手艺学成，就让他们自谋生计，分居分财。等到临终时，则析分财产，儿子女儿都一样，同时还会分给亲友，并不是说不分给子女。

　　戒淫为十戒之一。西俗男女交际，其防检虽视中国为疏，然淫佚之人①，国人贱之。议婚有限：父族、母族之亲，凡在七等以内者皆不为婚。七等，谓自父、祖、曾、高以上推至七代，母族亦然。故姑、舅、姨之子女，凡中表之亲，无为婚者。惟男衣毡布②，女衣丝锦，燕会宾客③，女亦为主，此小异于中国。《礼记·坊记》："大飨：废夫人之礼。"《左传·昭二十七年》："公如齐④,齐侯请飨之⑤。子仲之子曰重⑥,为齐侯夫人⑦,曰:'请使重见⑧。'"是古有夫人与燕飨之礼。因有流弊,废之。**女自择配,亦须请命父母,且订约,而非苟合。男不纳妾,此大异于中国。**然谓之男女无别,则诬。且西人爱敬其妻,虽有过当,而于其国家政事、议院、军旅、商之公司、工之厂局,未尝以妇人预之⑨。是西国固有夫妇之伦也。

【注释】

①淫佚:纵欲放荡。佚,通"逸"。

②毡布:这里指用羊毛或其他动物毛做成的衣服。

③燕会:即宴会。燕,通"宴"。

④公:指鲁昭公。如:到。

⑤飨(xiǎng):用酒食款待人。

⑥子仲:即公子憖,春秋鲁国人。当时季氏专政鲁国。昭公十二年(前530),公子憖谋逐季氏,不能而奔齐。重(zhòng):子仲之女,齐景公之妻。

⑦夫人:这里指齐景公的妻子重。

⑧请使重见:请安排重出来见一次。

⑨预之:干预其事。

【译文】

戒淫乱也是《十诫》之一。西方男女交际的习俗,其在男女防范检查方面相对于中国来说要宽松,但是对于那些淫乱安逸的人,他们也是非常鄙视的。在结婚方面的限制是:父系和母系方面的血亲,凡是在七等之内的都不能通婚。七等是指从父亲、祖父、曾祖父、高祖父上推到七代,母系相同。所以姑姑、舅舅、姨母的子女,凡属于这些中表之亲,都不能通婚。西方国家只有在男子穿毛皮做的衣服、女子穿丝锦做的衣服,宴会宾客时女性可作为主人，这几方面稍稍不同于中国。《礼记·坊记》："重要的宴飨：废除夫人作主之礼。"《左传·昭公二十七年》："鲁昭公到齐国，齐侯用酒食款待他。子仲的女儿叫重，是齐侯的夫人，她说：'请安排我出来见一次。'"这说明古代是有夫人参与宴飨之礼的。因为有流弊，所以后来就废除了。女子可以自己选择配偶，但也需要得到父母的允许，而且要订婚约，并非私自结合。男子不纳妾，这方面与中国有很大的不同。然而要说男女之间是没有差别的，则是无稽之谈。西方国家的男子对其妻子很敬爱，虽有些过当，但在其国家的政事、议院、军旅、商业公司、工厂里，不曾让妇女干预其事。这些都是西方国家固有的夫妇之间的伦理规范。

　　圣人为人伦之至，是以因情制礼，品节详明①。西人礼制虽略，而礼意未尝尽废，诚以天秩民彝②，中外大同。人君非此不能立国，人师非此不能立教。乃贵洋贱华之徒③，于泰西政治、学术、风俗之善者懵然不知④，知亦不学，独援其秕政敝俗⑤，欲尽弃吾教吾政以从之，饮食服玩⑥，闺门习尚，无一不摹仿西人，西人每讥笑之。甚至中士文学聚会之事⑦，亦以七日礼拜之期为节目。礼拜日亦名星期日，机器局所以礼拜日停工者，以局内洋匠其日必休息，不得不然。

【注释】

①品节：品评人的道德情操。

②天秩：自然形成的秩序。民彝：人们生活中遵守的准则。彝，常理，一定的法则。

③乃：但是，然而。

④泰西：犹言极西。旧时用以称西方国家，一般指欧美各国。

⑤秕(bǐ)政敝俗：不良的政治措施和风俗习惯。秕，不良，坏。

⑥服玩:服用和玩赏的物品。

⑦中士:中国的知识分子。

【译文】

圣人是人伦关系的最完美体现,因此根据情况制定礼仪制度,品德节操详细明了。西方人的礼制虽然简略,但是关于礼制的内涵没有全都废除,这实在可以说自然形成的秩序和人们生活中遵守的准则,中外本质上都是一样的。君主不遵循此法就不能立国,师者不遵循此法就不能立教化。但是那些尊崇西洋贬低中华的人,对于西方国家的政治、学术、风俗好的方面懵然不知,就是知道了也不懂得如何学习,单单援引其中不良的政治措施和风俗习惯,想要完全舍弃我们的礼教和政治来跟随西方,饮食、穿着、用品,闺阁的风气,没有不模仿西方的,西方人也每每以此讥讽嘲笑这种行为。甚至中国士大夫谈论文学聚会时,也以第七日礼拜为聚会的日子。礼拜日也叫星期日,机器局在星期日停工的原因,在于局内洋人职工在这天必须休息,不得不遵从其俗。

近日微闻海滨洋界有公然创废三纲之议者,其意欲举世放恣黩乱而后快。怵心骇耳,无过于斯! 中无此政,西无此教,所谓非驴非马,吾恐地球万国将众恶而共弃之也。

【译文】

近日,隐隐听到沿海洋人租界里有公开提出废除三纲之论的人,他的意思是想要全天下都恣意混乱后才高兴。再没有比这让人内心震恐、听起来害怕的事了! 中国没有这样的政治,西方也没有这样的宗教,不是驴不是马不伦不类,我恐怕地球上各国都将厌恶并抛弃它。

知类第四

【题解】

"知类"为《劝学篇》内篇的第四篇。张之洞在序言中称"知类"篇旨在"闵神明之胄裔,无沦胥以亡,以保种也"。也就是说,张之洞要通过此文勉励作为神明子孙的中国人,以避免完全亡国亡种。

本篇的核心在于论述保国保种以避免亡国亡种的悲惨境地。实际上,张之洞的议论逻辑中包含着中西两种认识的杂糅。一方面,他以中国传统的"君子不以所恶废乡"为理由,征引王猛、钟仪、乐大心、韩非的事例,说明故国之重。另一方面,张之洞又受到现代西方人种学的影响,引入当时流行"人种说",意在表明"亚洲同种",同属于黄种人,并在现代人种学的语境下谈论保种保国。

种类之说,所从来远矣。《易·同人》之象曰①:"君子以类族辨物②。"《左氏传》曰③:"非我族类,其心必异;神不歆非类④,民不祀非族。"《礼记·三年问》曰:"有知之属,莫不知爱其类。"是知"有教无类"之说,惟我圣人如神之化能之,我中华帝王无外之治能之,未可概之他人也⑤。

【注释】

①《易·同人》：《易》六十四卦之一，意谓和同于人。象：凡形于外者皆曰象。《易·系辞》："在天成象，在地成形，变化见矣。"

②类族：事物因某种共同性而形成的类别。

③《左氏传》：即《左传》，儒家经典之一，传为春秋时左丘明所撰。

④歆（xīn）：飨，歆享（祭品）。

⑤未可概之他人：不能与其他国家的人相提并论。概，古代量米麦时刮平斗斛的器具。《韩非子·外储说左下》："概者，平量者也。"引申为刮平或削平，再引申为等量齐观。

【译文】

种类的说法，其渊源可以说很久远了。《易·同人》的卦象说："君子通过分析事物的共性来辨别各种事物。"《左传》说："与我不是一个族类，其心肯定不同；神不会歆享异族的供养，民众也不会祭祀异族的神。"《礼记·三年问》说："有智慧的属类，就没有不知道爱自己同类的。"由此可以懂得"有教无类"的说法，只有我们的圣人如神一样的教化能做到，我们中华历代帝王以天下为一家能做到，这一点其他国家的人与我们是不能相提并论的。

西人分五大洲之民为五种：以欧罗巴洲人为白种；亚细亚洲人为黄种；西南两印度人为棕色种①；阿非利加洲人为黑种；美洲土人为红种②。欧洲种类又自有别：俄为斯拉物种③；英、德、奥、荷为日耳曼种；法、意、日、比为罗马种④；美洲才智者由英迁往，与英同为白种。同种者性情相近，又加亲厚焉。

【注释】

①两印度人：指印度人和印度尼西亚人。

②美洲土人：指印第安人。

③斯拉物种：今译作斯拉夫人。

④法、意、日、比为罗马种：此处"日"是"日斯巴尼亚"的略称，"日斯巴尼亚"是西班牙的别译。

【译文】

西方国家将五大洲的民众分为五种：欧洲的人是白种；亚洲的人是黄种；西南的印度与印度尼西亚人是棕色种；非洲是黑种；美洲土著是红种。欧洲内部又有分类：俄国是斯拉夫人；英、德、奥、荷是日耳曼人；法、意、日、比是罗马人；美洲文明程度较高的人是由英国迁往的，与英国一样是白种人。同种人的性情相近，又更加关系亲密、感情深厚了。

　　西起昆仑，东至于海，南至于南海，北至奉天、吉林、黑龙江、内外蒙古①，南及沿海之越南、暹罗、缅甸，东、中、北三印度②，东及环海之朝鲜③，海中之日本，日本地脉与朝鲜连④，仅隔一海峡。其地同为亚洲，其人同为黄种，皆三皇五帝声教之所及，神明胄裔种族之所分。隋以前佛书谓之"震旦"⑤，今西人书籍文字，于中国人统谓之曰"蒙古"，以欧洲与中国通，始于元太祖故⑥。俄国语言呼中国人曰"契丹"，是为亚洲同种之证。

【注释】

①奉天：旧省名，即今辽宁省。

②东、中、北三印度：相当于今之孟加拉、印度和巴基斯坦三国。

③环海之朝鲜：当时朝鲜还未分裂成今之南北对立的朝鲜民主主义人民共和国和大韩民国。

④地脉：土地的脉络。

⑤震旦:古代印度人称中国为 Cinisthāna,在佛教经典中读作"震旦"。

⑥元太祖:成吉思汗庙号。

【译文】

　　西起昆仑山,东至东海,南到南海,北到辽宁、吉林、黑龙江、内外蒙古,向南到沿海的越南、泰国、缅甸,东、中、北三印度,东到三面环海的朝鲜,海中的日本,日本土地的脉络与朝鲜相连,仅仅相隔一个海峡。这些地方同是亚洲,这些人同是黄种,都是三皇五帝声威教化所及的地方,都是圣明子孙种族的归属地。隋代以前佛教典籍中的"震旦",今天西方人书籍记载中,把中国人统一称为"蒙古",这是认为欧洲与中国交流沟通,开始于元太祖的缘故。俄国人称中国人为"契丹",这成为亚洲同种的证据。

　　其地得天地中和之气,故昼夜适均,寒燠得中①。其人秉性灵淑,风俗和厚,邃古以来称为最尊、最大、最治之国②。文明之治,至周而极③,文胜而敝④,孔子忧之。历朝一统,外无强邻,积文成虚,积虚成弱。欧洲各国开辟也晚,郁积勃发⑤,斗力竞巧,各自摩厉⑥,求免灭亡,积惧成奋,积奋成强。独我中国士夫庶民,懵然罔觉⑦,五十年来,屡鉴不悛⑧,守其傲惰,安其偷苟⑨,情见势绌⑩,而外侮亟矣⑪。

【注释】

①寒燠(yù):寒暖。

②邃古:亦作"遂古",远古。

③至周而极:到了周朝达到高峰。

④文胜而敝:文明昌盛一时,但后来却衰败了。胜,繁荣昌盛。敝,

困顿，衰败。

⑤郁积勃发：忧郁积聚，促使人奋发有为。

⑥摩厉：即"磨砺"。

⑦懵（měng）然罔觉：即"懵然无知"。懵然，无知貌。

⑧屡鉴不悛（quān）：屡次儆戒却不悔改。鉴，儆戒。悛，悔改。

⑨苟：苟且偷生。

⑩情见（xiàn）势绌：与《汉书·韩信传》的"隋见力屈"义同。见，同"现"，显现。绌，犹"屈"，不足。

⑪亟：急迫。

【译文】

这片土地得到天地中和之气，因而昼夜平均，寒暖适中。这里的人本性聪慧秀美，风俗温和敦厚，远古以来被称为最尊贵、最大、最安定的国家。文明礼治，到周朝达到了高峰，文明昌盛一时，但后来却衰败了，孔子为此忧心不已。历朝大统一，在外没有强大的邻国，文治发达而虚饰渐多，虚饰渐多而逐渐弱小。欧洲各国的兴起比较晚，忧郁愤懑积聚而奋发有为，相互角逐比拼，又各自磨砺，以求免于灭国亡种，恐惧的累积成为奋发向上的动力，奋发向上动力的积累而成为强国。单单我们中国的士大夫与百姓，懵然无知，五十年来，屡次儆戒却不悔改，守成于自己的骄傲与懒惰，安然地苟且偷生，现在危急的形势已经显现了，来自外国的欺侮更加急迫了。

方今海内之士，感慨发愤，竭智尽忠，求纾国难者①，固不乏人。而昏墨之人②，则视国家之休戚漠然无动于其心③，意谓此非发、捻之比④，中华虽沦，富贵自在，方且乘此阽危⑤，恣为贪黩⑥，以待合西伙⑦，为西商，徙西地，入西籍。而莠民邪说⑧，甚至诋中国为不足有，讥圣教为无用，分同室为畛域⑨,引彼法为同调⑩,日夜冀幸天下有变⑪,以求庇于他人。若此者,仁者谓之悖乱⑫,智者谓之大愚。

【注释】

①纾(shū):解除。

②昏墨:《左传·昭公十四年》:"己恶而掠美为昏,贪以败官为墨……"

③休戚:喜乐和忧郁,福和祸。

④发、捻:指太平天国和捻军两次农民起义。

⑤阽(diàn)危:危险。阽,为近边欲坠之意。

⑥恣为贪黩:肆无忌惮地进行贪污。

⑦待合西伙:待机与西洋人合作。

⑧莠(yǒu)民:坏人,恶人。莠,恶草的通称。

⑨分同室为畛(zhěn)域:使一家人分裂成为敌人。畛域,范围,界限,这里引申为敌人。

⑩同调(diào):音乐的调子相同,这里比喻志趣或主张相同。

⑪冀幸:希望,期待。

⑫悖乱:错乱。悖,谬误。

【译文】

现在中华有志之士,感慨国事、发愤图强,想要竭尽自己的才华来尽对国家的忠心,希求解除国难,固然不乏其人。然而那些昏聩贪婪之人,则视国家的福与祸和他无关,漠然不动心,认为这和太平军和捻军的起事不可相比,中华虽然沦亡,但仍然富贵自在,而且还要趁此危险之际,肆无忌惮地进行贪污,等待机会与西洋人合作成为西方商人,移民西方国家,加入西方国籍。这些恶人邪说,甚至诋毁中国不足以做出成绩,讥讽儒教没有什么用处,使一家人分裂成为敌人,把西法当做自己的志趣与主张,日夜期待着中国发生变乱,渴求受他人庇护。像这样的人，仁者将其称为错乱，智者将其称为愚蠢至极。

印度属于英矣，印度土人为兵为弁[1]，不得为武员[2]，不得入学堂也。越南属于法矣，华人身税有加[3]，西人否也。华人无票游行有禁[4]，西人否也。古巴属于西班牙矣，土人不能入议院也。美国开辟之初，则赖华工，今富盛之后，则禁华工，而西工不禁也。

【注释】

①弁（biàn）：旧时称武官为弁，后来指管杂务的武职。

②武员：武官。

③身税：即人口税。

④无票：没有得到当局发的身份证。

【译文】

印度属于英国了，印度本地人去当兵和管杂务，不能成为正式的武官，不得进入学堂学习。越南属于法国了，华人的人丁税增加，当地西方人则没有。华人没有当局发的身份证进行游行则被禁止，当地西方人则没有。古巴属于西班牙了，土著不能进入议院。美国国土开辟之初，则依赖华工；现在富强了以后，就禁止华工，本地的工人却不被禁止。

近年有道员某[1]，吞蚀公款数十万金[2]，存于德国银行。其人死后，银行遂注销其帐，惟薄给息而已。夫君子不以所恶废乡[3]，故王猛死不伐晋[4]，钟仪囚不忘楚[5]。若今日不仁、不智、不耻为人役之人，君子知乐大心之卑宋[6]，必亡其家；韩非之覆韩[7]，必杀其身矣！

【注释】

①道员：官名，与道台同。

②金：这里指货币。

③废乡：背弃故乡。废，废弃。

④王猛（325—375）：十六国时前秦大臣，出身贫寒，后为苻坚谋士，甚见信任，累迁司徒、录尚书事。功业显赫，位至丞相。他在前秦建元十一年（375）病危时，曾认为东晋无隙可乘，建议苻坚不宜攻晋，但未被采纳。

⑤钟仪：春秋楚人，为郧公。尝为郑所获，以献于晋，但始终不忘楚国，常奏琴操南音（楚国音乐）。后世乃以钟仪奏楚乐喻不忘旧。事见《左传·成公九年》。

⑥乐大心：春秋时宋国大夫。

⑦韩非（前280—前233）：战国时韩国贵族，与李斯同师事荀卿。曾建议韩王变法图强，不见用，著《孤愤》《五蠹》《说难》等十余万言，受到秦王政的重视，被邀出使秦国。不久因李斯、姚贾陷害，自杀于狱中。

【译文】

近年来有一个道员，吞噬公款数十万，存于德国银行。这个人死了以后，银行就注销了他的账户，只是给点利息而已。君子不会因为厌恶而背弃故乡，因而前秦王猛到死也不愿讨伐东晋，楚人钟仪被囚于晋而不忘楚。像今天那些不仁义、不智慧、没有廉耻而成为别人役使之人，那么君子就会明白宋国大夫乐大心轻视宋国，最终必定会败亡其家；韩国贵族韩非践踏韩国，一定遭受杀身之祸的原因了！

　　《左传·昭公二十五年》："春，叔孙婼聘于宋①，桐门右师见之②，杜注③：右师乐大心，居桐门。语卑宋大夫而贱司城氏④。昭子告其人曰⑤：'右师其亡乎！君子贵其身，而后能及人，是以有礼。今夫子卑其大夫而贱其宗⑥，是贱其身也。能有礼乎？无礼必亡！'"《定公九年·传》："逐桐门右师。"注：终叔孙昭子之言。

【注释】

①叔孙婼(chuò)：春秋鲁国人。叔孙豹之庶子，谥昭子。豹卒后，竖牛立昭子而相之。事见《左传·昭公七年》。

②桐门：复姓。《万姓统谱》："桐门，子姓。《左传》：宋乐大心为右师，食采桐门，因氏焉。"右师：春秋官名。宋有左师、右师之官，分四乡为左右，左师掌管左二乡，右师掌管右二乡。

③杜注：指杜预(222—284)著《春秋左氏传集解》，为流传至今最早的《左传》注解，收入《十三经注疏》中。杜预，官河南尹、度支尚书。力赞伐吴，继羊祜为都督荆州诸军事、镇南大将军，镇襄阳。征发民工，兴修水利，灌田万余顷，被称"杜父"。太康元年(280)率兵灭吴，以功封当阳县侯。

④大夫：古代统治阶级，在国君之下有卿、大夫、士三级，又为一般任官职者之称。司城：复姓。原本春秋宋国官名，即司空之官，掌水土之事。宋武公讳司空，改为司城。公子荡为司城，其后曰荡氏，世为司城，因以为氏。

⑤昭子：即叔孙婼。

⑥贱其宗：轻贱他们的宗族。

【译文】

《左传·昭公二十五年》："春，叔孙婼到宋国访问，居住在桐门的右师乐大心会见他，杜预注：右师乐大心居住在桐门。说了轻视宋国大夫和轻贱司城氏的话。叔孙婼对其他人说：'右师要败亡！君子尊重自身，而后能尊重他人，这才是有礼。现在他轻视宋国大夫又轻贱其宗族，就是轻贱他自己。这是有礼吗？没有礼一定败亡！'"《定公九年·传》："放逐了桐门右师乐大心。"注：印证了叔孙婼的话。

　　《左传·哀公八年》："吴为邾故①，将伐鲁，问于叔孙辄②。叔孙辄对曰：'鲁有名而无情③，伐之，必得志焉。'退而告公山不狃④。公山不狃曰：'非礼也。君子违，不适仇国。未臣而有伐之⑤，奔命焉，死之可也。所托也则隐⑥。且夫人之行也，不以所恶废乡。今子以小恶而欲覆宗国，不亦难乎⑦？'"

【注释】

①邾（zhū）：古国名，即邹国。

②叔孙辄：鲁国人。

③情：实情。

④公山不狃（niǔ）：春秋鲁国人，季氏家臣。

⑤有：同"又"。

⑥所托也则隐：吴国托付给你的事情你应该辞却。隐，隐藏，隐伏。这里当"辞却"讲。

⑦不亦难乎：这是困难的事情。

【译文】

　　《左传·哀公八年》："吴国为了邾国的缘故，将要讨伐鲁国，向叔孙辄请教。叔孙辄回答说：'鲁国徒有虚名而无实力，讨伐一定可以成功的。'叔孙辄退下告诉了公山不狃。公山不狃说：'不合礼义。君子要离开，不前往与祖国为仇敌的国家。你尚未臣服吴国，遇有吴国伐鲁，应为鲁君奔命，为之死难才对。吴国托付给你伐鲁的事应该辞却。且虽对家乡之人有所厌恶，但不该因此祸害乡土。

现在你因为自己的一点厌恶而想要倾覆祖国,这难道不是很困难吗?'"

《通鉴》卷六①:"秦王下吏治韩非②,非自杀。臣光曰③:'臣闻君子亲其亲,以及人之亲,爱其国,以及人之国,是以功大名美而享有百福也。今非为秦画谋,而首欲覆其宗国④,以售其言⑤,罪固不容于死矣,乌足愍哉⑥!'"

【注释】

①《通鉴》:即《资治通鉴》。下面引文,对原文有删节。

②下吏:吏谓法官,下吏谓交法庭惩治。

③光:指司马光。

④宗国:同姓的诸侯国家。这里指韩国。

⑤以售其言:以实现他的主张。售,达到,实现。

⑥愍:悯。

【译文】

《资治通鉴》卷六:"秦王让法庭惩治韩非,韩非自杀。臣司马光说:'我听说君子亲近自己的亲人长辈,进而可以把别人当做亲人,热爱自己的国家,进而热爱其他国家,因此才能功勋卓著,名声美好,从而享有百福。如今韩非为秦国出谋划策,首先就是要以倾覆其祖国来实现他的主张,犯下如此罪行,本来就死有余辜,哪里还值得怜悯呢!'"

宗经第五

【题解】

本篇以"宗经"为篇名,体现了张之洞的儒学治学立场。在他看来,儒家之道大而能博,言非一端,具有超越其他诸子百家的地位。他在文中对儒家之外的其他诸子经典,一一进行了扼要的点评,在承认诸子之学在某方面具有"偏胜"之处的前提下,话锋一转,更多的是指出诸子的弊端和害事、害政之处,认为诸子之学不能用于今日应对时局之中。在诸家学问中,他特别指出老子之学的害处最大,认为中华积弱之病,与老学有很大关系。张之洞之所以用如此的态度"贬斥"诸子之学,是因为他站在儒家正统的立场上,以是否合于儒家大道、合于六经之义作为评判标准,合者"文章可观,义理可法",不合者驳杂讹谬。

对于儒家内部的群经取舍和学术流派的演变态度,张之洞兼采汉学、宋学,驳斥谶纬学说,对于以《春秋公羊传》为代表的今文经学也不以为然,其中暗含着他对"近儒"康有为在今文经学立场上所撰述的《孔子改制考》的批判。在张之洞看来,以《论语》《孟子》折中儒家群经,方是正道。

衰周之季,道术分裂,诸子蜂起,判为九流十家①。惟其意在偏胜,故析理尤精,而述情尤显。其中理之言②,往往足以补经义、乾嘉诸儒以诸子证经文音训之异同③，尚未尽诸子之用。应世变，然皆有钓名侥利之心④。故诡僻横恣⑤，不合于大道者亦多矣⑥。即如皇子贵衷⑦，田子贵均⑧，墨子贵兼⑨，料子贵别⑩，王廖贵先⑪，儿良贵后⑫，此不过如扁鹊适周则为老人医⑬，适秦则为小儿医⑭，聊以适时自售耳，岂其情哉⑮？

【注释】

①判为：分为。判，分开。九流十家：泛指战国时的学术流派。九流即儒家、道家、阴阳家、法家、名家、墨家、纵横家、杂家、农家。又有小说家，合为十家。

②中理之言：符合中道义理的言论。

③乾嘉诸儒：清代乾隆、嘉庆间的考据学者。音训：训诂学术语，亦叫"声训"。取声音相同或相近的字来解释字义，这种方法叫做音训。

④钓名：钓者取鱼必以饵，故形容用欺诈的手段获取名誉的谓之"钓名"。侥利：求取功利。侥，求。

⑤诡僻横恣：诡僻，违反（正道）。横恣，强横恣肆。

⑥大道：这里指儒家的思想和主张。

⑦皇子贵衷：指"子莫执中"。衷，同"中"。《孟子·尽心上》："杨子取为我，拔一毛而利天下，不为也。墨子兼爱，摩顶放踵，利天下为之。子莫执中，执中为近之。"

⑧田子贵均：田子主张事物均齐，同一。田子：战国齐国人，彭蒙的学生。据《庄子·天下》记载，他和彭蒙、慎到同为一派，主张"贵齐"，"齐万物以为首"，认为"万物皆有所可，皆有所不可"。要求人们放弃一切是非的考虑，"与物宛转"，不持己意。所著《田子》二十五篇，已全散佚。

⑨墨子贵兼：墨子主张"兼爱"。墨子，即墨翟。春秋战国之际思想家，墨家学派的创始者。鲁国人，做过宋国大夫，死于楚国。他主张兼爱（"兼相爱，交相利"，不应有亲疏贵贱之别）、非攻、尚贤、尚同，反对儒家的繁礼厚葬，提倡薄葬、非乐。他的学派叫墨家，墨家具有严密的组织。上语又见《尸子·广泽》："墨子贵兼，孔子贵公，皇子贵衷，田子贵均，列子贵虚，料子贵别囿。"

⑩料子贵别：出自《尸子·广泽》："料子贵别囿。"料子，即宋子，名宋钘（xíng），战国时宋国人。与尹文同为宋尹学派的代表人物，主张"接万物以别囿为始"，实行宽恕、去斗、非攻。《汉书·艺文志》录《宋子》十八篇，已佚。

⑪王廖贵先：王廖主张先发制人。王廖，战国人，善用兵。《吕氏春秋·不二》载："王廖贵先，兒良贵后，……此十人者，皆天下之豪士也。"

⑫兒良贵后：兒良主张后发制人。兒良，战国时人，著《兒良》一篇，《汉书·艺文志》列入兵家，今散佚。参见上注。

⑬扁鹊：战国时名医。姓秦，名越人。

⑭适：往，到。

⑮岂其情哉：这哪里是出于他们的真情呢？

【译文】

周王室衰微的末年，学术分离在天下，诸子蜂拥而起，分为九流十家。由于诸子之学的本意是在某方面有优长之处，所以剖析事理十分精密，论述世情也十分明白。其中符合中道义理的言论，往往足以补充经籍的义理、清代乾嘉时期的考据学者用诸子著作考证经文音训的异同，尚未穷尽诸子的可用之处。应对世事的变化，但（他们）都有求取声名功利之心。所以（诸子著作）违反正道、强横恣肆，不符合儒家大道的就很多了。就比如子莫主张中道而行，田子主张事物均齐、同一，墨子主张兼爱，料子主张万物有区分，王廖主张先发制人，兒良主张后发制人，这都不过是像扁鹊到了周地便为老人看病（因为周人爱老人），到了秦地便为小儿看病（因为秦人爱小儿），姑且顺应时势使自己引起注意自我推销罢了，哪里是出于真情呢？

自汉武始屏斥百家，一以六艺之科为断。今欲通知学术流别①，增益才智，针起喑聋跛躄之陋儒②，未尝不可兼读诸子。然当以经义权衡而节取之。刘向论《晏子春秋》曰③："文章可观，义理可法，合于六经之义。"斯可为读诸子之准绳矣。《汉书·艺文志》曰："若能修六艺之术，观九家之言，舍短取长，则可以通万方之略矣。"意与此同。

【注释】

①通知：沟通。

②喑（yīn）聋跛躄（bì）：哑巴、聋子、跛子、瘸腿。这里形容"陋儒"的少见寡闻。

③刘向（前77？—前6）：西汉经学家、目录学家、文学家。《晏子春秋》：旧题春秋齐晏婴撰，实系后人依托并采缀晏子言行而作。有内外篇共八卷，二百十五章。《汉书·艺文志》儒家列《晏子》八篇。

【译文】

自从汉武帝开始罢斥百家，天下的学问都以六艺作为判断依据。现在想要沟通各个学术流派，增长才华智慧，医治像哑巴、聋子、跛子、瘸腿一样的陋儒们，未尝不能同时读诸子的著作。但是应该用儒家经籍义理进行权衡考量再从中选取一些。刘向评论《晏子春秋》说："文章有可以看的地方，义理有可以学习的地方，与六经之义相合。"这就可以是读诸子之书的准则了。《汉书·艺文志》写道："如果学习六艺的学问，看诸子九家的言论,抛弃其短处,学习其长处,就可以通晓多方面的谋略了。"意思与此相同。

盖圣人之道,大而能博,因材因时,言非一端,而要归于中正。故九流之精,皆圣学之所有也;九流之病,皆圣学之所黜也。

【译文】

大概圣人之道,宏大而博通,根据不同的材质与时势而变化,所言并非一个方面,而最为关键的是归于中正平和。所以诸流派的长处,都是圣人的学问所含有的;而诸流派的短处都是圣人学问所贬斥的。

诸子之驳杂,固不待言,兹举其最为害政、害事而施于今日必有实祸者:如老子尚无事则以礼为乱首①;主守雌则以强为死徒②;任自然则以有忠臣为乱国。庄子齐尧桀③,黜聪明,谓凡之亡不足以为亡,楚之存不足以为存。此不得以寓言为解。《列子·杨朱》篇,惟纵嗜欲,不顾毁誉。《管子》谓"惠者民之仇雠,法者民之父母",其书羼杂④,伪托最多,故兼有道、法、名、农、阴阳、纵横之说。《墨子》除《兼爱》已见斥于《孟子》外,其《非儒》《公孟》两篇至为狂悍;《经》上下、《经说》上下四篇,乃是名家清言,虽略有算学、重学、光学之理,残不可读,无裨致用。《荀子》虽名为儒家,而非十二子,倡性恶,法后王,杀诗书⑤,读"隆杀"之杀⑥。一传之后⑦,即为世道经籍之祸。申不害专用术⑧,论卑行鄙,教人主以不诚。《韩非子》及他书所引。韩非用申之术⑨,兼商之法⑩,惨刻无理⑪，教人主以不任人、不务德。商鞅暴横，尽废孝弟仁义，无足论矣！此外，若《吕览》多存古事⑫，大致近儒；《晏子》兼通儒墨⑬，瑕瑜互见；刘向谓其中诋孔子者为辩士伪托。《战国策》考见世变⑭，势不能废。晁公武以《战国策》入子部⑮，今入史部⑯。《孙》《吴》《尉缭》⑰，兵家专门，尚不害道；《孙子》惟《用间》篇末有谬语，《尉缭》惟《兵令》篇末有谬语。尹文、慎到、鹖冠、尸佼⑱，可采无多。至于公孙龙⑲，巧言无实；鬼谷阴贼可鄙⑳，皆不足观。又如《关尹子》㉑，多剿佛书，并有后世道书语㉒。《文子》全袭《淮南》㉓，皆出作伪。西汉儒家诸子，如贾长沙、董江都、刘子政㉔，皆为儒家巨子㉕。《说苑》《新序》最为纯正㉖；《新书》已多残缺；《春秋繁露》精义颇多㉗；惟董治《公羊》㉘，多墨守后师之说，几陷大愚之诛㉙，宜分别观之；《法言》文藻而已㉚；《孔丛》《家语》甚多精言㉛，兼存孔门行事，虽有附益，要皆有本，近人概斥为王肃诸人伪作，未免太苛；道家如《淮南》，可资考古，间有精理。

【注释】

①尚无事：即崇尚无为。以礼为乱首：把礼当做一切祸乱产生的原由。

②雌：柔弱。

③庄子（前369—前286）：战国时哲学家，道家代表人物。名周，宋国人。齐尧桀：庄子把尧和桀等量齐观，故曰"齐尧桀"。尧，古代传说中的贤明帝王，实系氏族社会后期部落联盟的领袖。姓陶唐氏，名放勋，史称唐尧。桀，夏代国王，名履癸。残酷剥削，暴虐荒淫，是古代有名的暴君。

④其书羼（chàn）杂：《管子》共二十四卷，原本八十六篇，今存七十六篇。内容庞杂，包含有道、名、法等家的思想以及天文、历数、

舆地、经济和农业等知识。羼杂，掺杂。

⑤杀(shài)：简省。

⑥隆杀(shài)：隆重和简省。

⑦一传：一经传开。

⑧申不害(约前385—前337)：战国时郑国人。韩昭侯任为相，内修
政教，外应诸侯，十五年中，国治兵强。申子之学，本于黄、老而
立刑名。专用术：申不害主张法治，尤着重谈"术"。所谓术就是
"因任而授官，循名而责实，操杀生之柄，课群臣之能者也"(转引
自《韩非子·定法》)。

⑨申之术：申不害提倡的术。

⑩商之法：商鞅制定的法。商鞅(前390—前338)，战国卫人。姓公
孙名鞅。因封于商，也称商鞅、商君。仕魏，为魏相公叔痤家臣。
痤死，入秦，历任左庶长、大良造。相秦十九年，辅助秦孝公变
法，提出"治世不一道，便国不法古"的主张，废井田，开阡陌，奖
励耕战，使秦国富强。孝公死，公子虔等诬陷鞅谋反，车裂死。

⑪惨刻：残暴苛严。

⑫《吕览》：即《吕氏春秋》，战国末秦相吕不韦集合门客共同编写而
成，为杂家代表著作。

⑬《晏子》：即《晏子春秋》。

⑭《战国策》：战国时游说之士的策谋和言论的汇编，西汉末刘向编
订为三十三篇。

⑮晁公武：南宋藏书家。藏书甚富，并校雠异同，论述大旨，编成
《郡斋读书志》，为宋有名的提要目录。子部：也称"丙部"。我国
古代图书分四部(甲、乙、丙、丁，或曰经、史、子、集)，子部收诸子
百家及释道宗教的著作。

⑯史部：也称"乙部"。收各种体裁的历史著作。

⑰《孙》《吴》：指孙武所著《孙子兵法》和吴起所著《吴起兵法》两本

兵书。孙武,春秋时兵家,齐国人。吴起(前?—前381),战国时兵家,卫国人。《尉缭》:即《尉缭子》,古兵书名。尉缭,战国中期军事家。曾对魏惠王讲论用兵取胜的政策。《汉书·艺文志》兵形势家有《尉缭》三十一篇,今存二十四篇。

⑱尹文:战国时人,和宋钘齐名,同游稷下,善名辩。《汉书·艺文志》著录《尹文子》一篇,列名家。现存《尹文子》上下两篇,或疑系后人伪托。慎到(约前395—约前315):战国时法家,赵国人,曾在齐国的稷下学宫讲学,负有盛名。其著作《慎子》,《汉书·艺文志》著录四十二篇,《崇文总目》作三十七篇,已失传,现仅存其辑录七篇。内容从"贵势"和"齐万物"思想出发,提出作者的法治主张。鹖(hé)冠:即鹖冠子,相传战国时楚人,姓名不详。隐居深山,用鹖羽为冠,因以为号。据传他"初本黄老而末流迪于刑名"(北宋陆佃《鹖冠子序》)。《汉书·艺文志》著录《鹖冠子》一篇。尸佼(前390—约前330):战国时法家,晋国人,一说鲁国人。曾参与商鞅变法的策划。商鞅被杀后,逃亡入蜀。主张"令名自正,令事自定,赏罚随名,民莫不敬",要求确立并根据法律制度进行统治。著作有《尸子》,已佚。

⑲公孙龙:战国时哲学家,名家的代表人物。传说字子秉,赵国人。曾做过平原君的门客,反对诸侯间兼并战争。他的名辩论题有"离间白"、"白马非马"等多条。在讨论中,他着重分析了概念的规定性和差别性,对古代逻辑思维的发展,有一定贡献。但由于过分夸大这种差别性,而看不见概念反映事物的具体同一性,不免陷入形而上学的诡辩。著作有《公孙龙子》。

⑳鬼谷:即鬼谷子,相传战国时楚人。姓名传说不一。隐于鬼谷,因以自号。长于养性持身和纵横捭阖之术。《史记》载苏秦、张仪"俱事鬼谷先生学术"(见《苏秦列传》《张仪列传》)。《鬼谷子》旧题周楚鬼谷子撰。今本系南朝梁陶弘景注,内容多述"知性寡

累"和揣摩、捭阖等术。

㉑《关尹子》：关尹，相传曾为函谷关尹，随老子出关西去。道教尊
为"无上真人"、"文始先生"。《关尹子》为道家的著作，道教中称
为《文始真经》，旧本作周尹喜撰，一卷九篇。《汉书·艺文志》载
有《关尹子》九篇。原书已佚。今传《关尹子》一书掺有佛家语，
显系汉以后人所杜撰。

㉒道书：道家著作。

㉓《文子》：书名，二卷。撰人失名。《汉书·艺文志》录《文子》九
篇，注："老子弟子，与孔子并时；而称周平王问，似依托者也。"书
中各章均冠"老子曰"，以老子道的思想为宗，杂糅名、法、儒、墨，
亦多剽窃《淮南子》之处。唐柳宗元《辨文子》称为"驳书"。唐玄
宗诏号之为《通玄真经》，列为道教经典之一。《淮南》：即《淮南
子》，西汉淮南王刘安及其门客苏非、李尚、伍被等著。

㉔贾长沙：即贾谊（前200—前168），西汉政治家、文学家。由廷尉
吴公荐于文帝，被任为博士，不久迁太中大夫，受人排挤，贬为长
沙王太傅，后为梁怀王太傅，在长沙居三年，故称贾长沙。董江
都：即董仲舒。曾任博士、江都相和胶西王相，故称董江都。刘
子政：即刘向，本名更生，字子政。治《春秋谷梁传》。曾任谏大
夫、宗正、光禄大夫、中垒校尉等职。校阅群书，撰成《别录》，为
我国目录学之祖。

㉕巨子：大人物，大家。

㉖《说苑》：书名，刘向撰。原二十卷，后仅存五卷，经宋曾巩搜辑，
复为二十卷。内分君道、臣术、建本、立节等二十门，分类纂辑先
秦至汉代史事，杂以议论，借以阐明儒家的政治思想和伦理观
念。《新序》：书名，刘向撰，性质与《说苑》相似。今本十卷，系宋
曾巩所校定，较原本三十卷已有残缺。内《杂事》五卷，《刺奢》一
卷，《节士》二卷，《善谋》二卷，采集舜、禹至汉代史实，分类编纂，

所记事实与《左传》《战国策》《史记》等颇有出入。《新书》：亦称《贾子》，西汉贾谊的政论著作。共十卷，包括《过秦论》等五十八篇。内容主要是"惩秦之失"，对汉初统治者建议各项治安策。《汉书·艺文志》将此书列为儒家，所载篇数与现行本同，惟谊书隋、唐以来本多散佚，疑后人取谊传所载之文，割裂其章段，各为标题，以足五十八篇之数。

㉗《春秋繁露》：董仲舒著。共十七卷，八十二篇。内容推崇公羊学，阐发"春秋大一统"之旨，并杂凑阴阳五行学说，对自然和人事作各种牵强比附，建立"天人感应"论的神秘主义体系，其中包括"三纲"、"五常"、"三统"、"性三品"等说，为加强君主专制统治提供理论根据。

㉘《公羊》：即《春秋公羊传》，儒家经典之一，专门阐释《春秋》。旧题战国时公羊高撰。它是今文经学之重要经典，着重阐释《春秋》"大义"，史实记载较简略。是研究战国、秦、汉间儒家思想的重要资料。

㉙几陷大愚之诛：几乎陷于智术短浅的境地。大愚之诛，义稍重于"诛愚"。诛愚，愚昧无知或智术短浅。

㉚《法言》：书名，西汉扬雄摹拟《论语》体裁写成，共十三卷。内容以儒家传统思想为中心，具有无神论倾向。

㉛《孔丛》：《孔丛子》简称，托名秦代孔鲋编，疑系三国魏王肃伪作，今本七卷，搜集并臆造孔子以下子思、子上、子高、子顺等人言论，以及孔鲋、孔臧的事迹、文章。《家语》：亦作《孔子家语》。原书久佚，今本依托。清《四库全书》总目子部，著录《孔子家语》十卷，魏王肃注。计有《相鲁》《始诛》《王言解》《大婚解》《儒行解》《问礼》等四十四篇。

【译文】

诸子的驳杂，固然不用多说，以下列举它们最有害于政治、行事，并且在今日施行必然招致灾祸的(几点)：比如老子崇尚无为，将礼当做一切祸乱产生的原由；主张保持柔弱，将逞强视为容易夭折；听任自然，将有忠臣视为乱国的根源。庄子将尧与桀等量齐观，贬斥聪明，说凡国的灭亡不足以丧失凡君的存在，凡国的灭亡也就不足以称得上灭亡，楚国的存在也称不上存在。这不能用寓言来解释了。《列子·杨朱》篇中，只顾放纵欲望，而不顾名誉。《管子》写道"恩惠是民众的仇人，法度是民众的父母"，此书内容庞杂，伪托极多，所以道家、法家、名家、农家、阴阳家、纵横家的学说均被收录其中。《墨子》除了《兼爱》已经被孟子所批评外，它的《非儒》《公孟》两篇极为狂妄蛮横；《经》上下和《经说》上下四篇，是名家的清谈之言，虽然略微有算学、力学、光学原理，但是支离破碎无法阅读，无益于实用。《荀子》虽然名义上是儒家，却对子思、孟轲等人作了批判，主张性恶论，师法后王，简省诗书，读作"隆杀"(隆重和简省)中的杀。一经传开之后，就成为了世道经籍的灾祸。申不害着重谈法家的"术"，论说卑下、行为鄙陋，用不诚来教导君主。《韩非子》及其他书所引用。韩非用申不害提倡的"术"，加上商鞅的"法"，残暴苛严，没有天理，教导君主不信任别人、不修习德行。商鞅暴虐蛮横，全部废除了孝悌仁义，就没什么好说的了！此外，如《吕览》多保存古时之事，大致接近儒家；《晏子》兼通儒家与墨家，好处与坏处并存；刘向认为其中诋毁孔子的部分是辩士伪托所作。《战国策》中可以考察世变，肯定不可废弃。晁公武将《战国策》归入子部，如今归入史部。《孙》《吴》《尉缭》，是兵家专门的学问，尚不危害儒家大道；《孙子》只有《用间》篇末有谬论，《尉缭》只有《兵令》篇末有谬论。尹文、慎到、鹖冠、尸佼，可采信有价值的内容不多。至于公孙龙，言辞巧妙而无实际意义；鬼谷阴险残忍，令人鄙夷，都没有什么可取之处。又如《关尹子》，多抄袭佛教著作，并且有后世道家著作的言论。《文子》全部抄袭《淮南子》，都是出于作伪。西汉儒家的学者，比如贾谊、董仲舒、刘向，都是儒家的杰出人物。《说苑》《新序》最为纯正；《新书》已经多有残缺；《春秋繁露》有很多精妙的义理；只是董仲舒所研究、解释的《公羊传》,大多拘泥于后世经师的观点,几乎陷于智术短浅的境地,应该分别看待;《法言》只是文采辞藻而已;《孔丛》《家语》里有很多精妙的言论,又保存了儒家师徒的言行事迹,虽有附会处,大体上都有根据,近人一概斥责为王肃等人的伪作,未免太过严苛;道家中比如《淮南子》有助于考证古事,不时也有精深的义理。

　　大抵诸家纰缪易见①,学者或爱其文采,或节取一义,苟非天资乖险②,鲜有事事则效、实见施行者。独老子见道颇深③,功用较博,而开后世君臣苟安误国之风,致陋儒空疏废学之弊,启猾吏巧士挟诈营私、软媚无耻之习④,其害亦为最巨。功在西汉之初,而病发于二千年之后,是养成顽钝积弱、不能自振之中华者,老氏之学为之也。"大巧若拙"一语最害事⑤。此谓世俗趋避钻刺之巧,则可矣;若步天测地、工作军械⑥,巧者自巧,拙者自拙,岂有巧拙相类之事哉?数十年来,华人不能扩充智慧者,皆为此说所误。故学老者病痿痹⑦,学余子者病发狂⑧。董子曰:"正朝夕者视北辰⑨,正嫌疑者视圣人。"若不折衷于圣经⑩,是朝夕不辨而冥行不休⑪,坠入于泥,亦必死矣。

【注释】

①纰缪(pī miù):错误。

②乖险:慧敏狡诈。

③见道:佛家语,犹"见地"、"见解"。

④挟诈:摆设圈套。诈,诈谋。

⑤大巧若拙:大黠大慧的人,很像是极笨拙的。《老子》:"大直若屈,大巧若拙,大辩若讷。"讷,迟钝。

⑥工作:制造。

⑦痿痹:患了肢体不能动作的病。

⑧余子：除老子以外的上述各个流派。

⑨正：按时。朝夕：朝见与暮见。《诗经·小雅·雨无正》："邦君诸
　侯，莫肯朝夕。"北辰：北极星。

⑩折衷：调和二者，取其中正，无所偏颇。

⑪冥行：暗中摸索行走。语出《春秋繁露》。

【译文】

　　大概诸家的错误容易发现，学者有的喜爱他们的文采，有的只节取
其中某方面的意思，除非他们天资慧敏敏狡诈，少有事事师法他们、实际
施行他们的主张的情况。只有老子很有见地，功用广泛，而开启了后世
君臣苟安误国的风气，导致了鄙陋儒者空疏而不学习的弊病，加剧了狡
猾的官吏、佞巧之士摆设圈套营私舞弊、谄媚无耻的习气，老子害处是
最大的。老子在西汉初年发挥功用，弊病却在两千年之后爆发，使中华
变得顽固迟钝、积弱而不能振作奋发的，就是老子的学说啊。"大巧若
拙"这句话最有害。如果这里说的是世俗之人趋利避害、钻营探取的技巧，还是
可以的；如果是测量天地、制作军械，精巧的就是精巧的，拙笨的就是拙笨的，哪
有巧拙相同的事呢？数十年以来，华人无法扩充智慧，都是被此说法所误。所
以学习老子学说的人患上肢体不能动作的病，学习其他各流派的人的
问题在于变得狂妄。董仲舒说："按时朝见与暮见的人视北极星而定
（校正时间的人要看北极星），辨别事情的疑惑视圣人而定（要仿效圣
人）。"如果不调和于儒家的圣贤经典，就会像无法辨别朝夕而在暗中摸
索行走不停一样，坠入泥潭，一定会死的。

　　不独诸子然也，群经简古，其中每多奥旨异说，或以篇
简摩灭①，或出后师误解。汉兴之初，曲学阿世②，以冀立学。
哀、平之际③，造谶益纬④，以媚巨奸。于是非常可怪之论益
多⑤，如"文王受命"、"孔子称王"之类，此非七十子之说，乃
秦汉经生之说也，而说《公羊春秋》者为尤甚。新周王鲁，以

《春秋》为新王。乾嘉诸儒，嗜古好难，力为阐扬，其风日肆，演其余波⑥，实有不宜于今之世道者，如禁方奇药，往往有大毒，可以杀人。假如近儒《公羊》之说，是孔子作《春秋》，而乱臣贼子喜也。

【注释】

①摩灭：消灭，湮灭。

②曲学阿世：邪曲的学术阿谀世俗。

③哀、平：西汉哀帝、平帝，时间约在公元前7—前1年。

④造谶（chèn）益纬：编造谶书和纬书。谶，是巫师或方士制作的一种隐语或预言，作为吉凶的符验或征兆。"纬"对"经"而言，是方士化的儒生编集起来的附会儒家经典的各种著作。益，增长，引申为制造。

⑤非常：非同一般。

⑥演：推衍，推广。

【译文】

不仅诸子是这样，儒家群经简洁古奥，其中常常有深奥义旨的不同说法，有的出于篇章简牍湮灭，有的出于后世经师的误解。汉代初年，邪曲的学术阿谀世俗，从而希望儒家学术能用得上。汉哀帝、平帝之际，学者编造谶纬之书，用来向大奸臣献媚。在这种情况下非同一般的奇怪言论越来越多，比如"文王受命"、"孔子称王"之类，这都不是七十子的学说，而是秦汉经生的学说，尤其以解释《公羊春秋》的人为甚。"新周王鲁"说认为《春秋》建立了新的王道。乾隆、嘉庆年间的学者，喜爱古代而好辩难，大力阐发宣扬，风气日益肆虐，推衍其余波，实在有不适宜于今日世道的内容，像禁方奇药往往毒性很大，足以杀人。如果按照近世儒者的《公羊》之说，则孔子作成《春秋》，乱臣贼子应该高兴。

　　窃惟诸经之义，其有迂曲难通、纷歧莫定者，当以《论语》《孟子》折衷之。《论》《孟》文约意显，又群经之权衡矣。伊川程子曰①："穷得《语》《孟》自有要约处②，以此观他经，甚省力。《语》《孟》如丈尺权衡相似。"道光以来，学人喜以纬书、佛书讲经学；光绪以来，学人尤喜治周秦诸子。其流弊恐有非好学诸君子所及料者，故为此说以规之③。

【注释】

①伊川程子：即程颐（1033—1107）。字正叔，世称伊川先生，理学大师。

②穷得：寻根究源。

③规：规劝，谏诤。

【译文】

　　我认为诸经的义理，有深奥难通、众说纷纭的，应该用《论语》《孟子》折衷调和。《论语》《孟子》文辞简约、意旨浅显，可以用来权衡群经。程颐说："对《论语》《孟子》寻根究源，自然有关键之处，凭借这些看其他经书就很省力了。《论语》《孟子》就像丈尺权衡一样。"道光以来，学者喜好用纬书、佛书讲解经学；光绪以来，学者尤其喜好研究周秦时代诸子之学。它们的弊端恐怕有好学的君子没有预料到的地方，所以我写这篇文章来规劝他们。

正权第六

【题解】

　　"民权"这一概念在近代中国具有颇为特殊的含义,它既不同于中国传统政治中的"民本"思想,也与西方所说的"民主"不尽相同。晚清之际,随着西方政治思想传入中国,王韬、郑观应等人开始提倡创设议院,此为近代民权思想的开端。甲午之后,维新派鼓天下之气进行变革的舆论宣传,吸收传统的民本思想,明确提出相对于君权的"民权",认为"人人皆有自主的权利",振兴中国,必须兴民权。

　　张之洞本篇作"正权",实际上就是反对民权这一提法。在他看来,民权之说会祸乱中国,有百害而无一益。此时的张之洞乃是封疆大吏,食朝廷的俸禄,其对政治的认知还停留在忠君爱国的层面,对于强调人民权利的民主和自由思想,自然难以接受。在文中,他通过逐一反驳设议院、办公司、开学堂、练兵来说明中国不需要"民权"。又以己意论述西方的民权之说并非如维新派所提倡的那样,"里勃而特"并非是"自由"而是"公论党"等等,显示了他对民权一说的否定态度。何启、胡礼垣针对张之洞的"正权"说发表了长篇的驳斥文章,认为张"见解谬妄"。

　　今日愤世疾俗之士,恨外人之欺凌也,将士之不能战也,大臣之不变法也,官师之不兴学也[1],百司之不讲求工商也^②，于是倡为民权之议，以求合群而自振。嗟乎！安得此召乱之言哉！民权之说，无一益而有百害。

【注释】

①官师：百官。

②百司：诸执事者，百官。

【译文】

　　如今愤世嫉俗的人，痛恨外人的欺凌，痛恨将士不能战斗，大臣守旧不变法，百官不创办学校、不探求发展工商业，在这种情况下倡议民权，来谋求顺应民意，团结在一起振兴国家。哎呀，怎么能有这样招致祸乱的言论啊！民权的说法，没有一点好处而有很大的害处。

　　将立议院欤？中国士民至今安于固陋者尚多，环球之大势不知，国家之经制不晓^①，外国兴学、立政、练兵、制器之要不闻^②，即聚胶胶扰扰之人于一室^③，明者一，暗者百，游谈呓语，将焉用之？且外国筹款等事重在下议院，立法等事重在上议院。故必家有中资者^④，乃得举议员。今华商素鲜巨资，华民又无远志，议及大举筹饷，必皆推诿默息^⑤，议与不议等耳。此无益者一。

【注释】

①经制：国家的制度。

②制器：制作器物。

③胶胶扰扰：形容动乱的样子。

④中资：中等的资产。

⑤推诿：今作"推委"，把责任推给别人。默息：沉默不语。

【译文】

将要设立议院吗？中国的官民如今安于顽固无知的依然很多，不知道全球的发展趋势，不了解国家的制度，对外国创办学校、设立政制、训练兵士、制作器物的大致情况都不知道，就将纷乱不一的各类人等聚在一起，明智的人极少，昏聩的人众多，信口乱说一些胡话，有什么用呢？况且外国筹款等事务，主要在下议院，立法等事务，主要在上议院。所以必须是拥有中等资产的人，才能被选举为议员。现在中国的商人一向少有巨额资产，民众又没有远大的志向，议论到大规模的筹集饷银，一定推诿沉默，议政与不议政就没什么区别了。这是不好之处的第一点。

将以立公司、开工厂欤？有资者自可集股营运，有技者自可合伙造机，本非官法所禁，何必有权？且华商陋习，常有藉招股欺骗之事，若无官权为之惩罚，则公司资本无一存者矣。机器造货厂无官权为之弹压，则一家获利，百家仿行，假冒牌名，工匠哄斗，谁为禁之？此无益者二。

【译文】

将要设立公司、开设工厂吗？有资产的人自然可以集资营运，有技术的人自然可以合伙制造机器，本来就不是官方法律所禁止的，何必要有权利？况且以中国商人的陋习，常有凭借招股行骗的事，如果没有官方的权力来惩罚他们，公司的资本就完全留不下来了。如果机器生产厂没有官方权力的保障，则一家生产获利，许多家模仿，假冒品牌，工匠争斗，谁来禁止呢？这是不好之处的第二点。

将以开学堂欤？从来绅富捐资创书院，立义学①，设善堂②，例予旌奖③，岂转有禁开学堂之理④？何必有权！若尽废官权，学成之材既无进身之阶，又无饩廪之望⑤，其谁肯来学者？此无益者三。

【注释】

①义学：旧时由私人集资或用地方公益金创办的免费学校。

②善堂：施舍救济贫苦者的慈善机构。

③例予旌奖：按例予以表彰、奖励。旌，表彰。

④转：这里作"反而"讲。

⑤饩(xì)廪：(获得)粮食之类生活物资。饩，生食。廪，米粟之类。

【译文】

将要开设学堂吗？从前都是绅士富人捐资，创设书院、义学、善堂，按例予以表彰奖励，哪里反而有禁止开设学堂的道理？何必要有权利！如果全部废除官方权力，学有所成的人既没有提升自身地位的途径，又没有获得粮食等生活物资的希望，谁愿意来学习呢？这是不好之处的第三点。

将以练兵御外国欤？既无机厂以制利械，又无船澳以造战舰①，即欲购之外洋，非官物亦不能进口，徒手乌合，岂能一战？况兵必需饷，无国法岂能抽厘捐②，非国家担保岂能借洋债？此无益者四。

【注释】

①船澳：造船及船舶修缮的地方。澳，海边弯曲可以停船的地方。

②厘捐：清末于水陆要隘分设卡局，以抽取行商货物税，大致照物值抽若干厘，故曰厘捐，亦称厘金。

【译文】

将要练兵抵御外国吗？既没有机器工厂制造锋利的军械，又没有船厂制造战舰，即使想从外国购买，不是官方物品也无法进口，赤手空拳的乌合之众，难道可以作战吗？况且练兵一定需要军饷，没有朝廷法律怎么抽取厘金，没有国家的担保，怎么向外国借债？这是不好之处的第四点。

方今中华诚非雄强，然百姓尚能自安其业者，由朝廷之法维系之也。使民权之说一倡①，愚民必喜，乱民必作②，纪纲不行，大乱四起，倡此议者岂得独安独活？且必将劫掠市镇，焚毁教堂，吾恐外洋各国必藉保护为名，兵船陆军深入占踞，全局拱手而属之他人。是民权之说固敌人所愿闻者矣。或谓：朝廷于非理要求，可诿之民权不愿，此大误也！若我自云国家法令不能制服，彼将自以兵力胁之。昔法国承暴君虐政之后，举国怨愤，上下相攻，始改为民主之国。我朝深仁厚泽，朝无苛政，何苦倡此乱阶③，以祸其身而并祸天下哉！此所谓有百害者也。

【注释】

①使：假如。

②作：兴起。

③乱阶：祸乱的来由。

【译文】

现在的中华并不强大，然而百姓还能安居乐业，是由于朝廷法度的维系。假如民权的说法被倡导，愚民一定十分喜悦，作乱的人将兴起，国家纲纪不能实行，到处动乱，倡导此议的人哪能独自安稳存活呢？而且乱民一定会劫掠市镇,焚毁教堂,我害怕外国必然借保护名义,军舰和陆军深入中国、占据各地,全国就拱手送给外人了。这样民权的说法就是敌人愿意听到的了。有的人说:朝廷对于(外国的)无理要求,可以以民权不希望如此而拒绝,这是很大的错误! 如果自己说本国的法令不能制服民众,他们会用兵力相威胁的。从前法国在暴君残虐统治之后,全国怨恨愤怒,上下互相攻击,才改为民主国家。我朝仁义恩泽深厚,没有苛政,何苦倡导这祸乱的根源,为自己和天下招来灾祸呢? 这就是所谓的有百害啊。

考外洋民权之说所由来,其意不过曰国有议院,民间可以发公论、达众情而已,但欲民申其情,非欲民揽其权。译者变其文曰"民权",误矣! 美国人来华者,自言其国议院公举之弊,下挟私,上偏徇①,深以为患。华人之称羡者,皆不加深考之谈耳。近日撮拾西说者②,甚至谓人人有自主之权,益为怪妄! 此语出于彼教之书,其意言上帝予人以性灵,人人各有智虑聪明,皆可有为耳。译者竟释为"人人有自主之权",尤大误矣!

【注释】

①偏徇:偏,不公正。徇,曲从。

②撮(zhí)拾:拾,捡(多指袭用现成的事例或词句)。

【译文】

考察外国民权之说的来由,意思不过是说国家有议院,民间可以公开发表言论、表达民意民情而已,只是想要民众向上说出情况,而不是想要民众掌握权力。翻译的人翻译歪曲为"民权",这是错误的! 从美国来华的人,自己说他们国家的议院选举的弊端,在下者各藏私心,上位者又不公正,是很大的祸患。华人所称羡的都是没有经过细致了解的议论罢了。近来谈论西方学说的人,甚至说人人都有自主的权利,更是奇怪的说法! 这句话出自基督教的经书,意思是上帝给予人性灵,人人都有智慧,都可以有所作为。翻译的人竟然解释为"人人都有自主的权利",是很大的错误!

泰西诸国,无论君主、民主、君民共主,国必有政,政必有法,官有官律,兵有兵律,工有工律,商有商律,律师习之,法官掌之,君民皆不得违其法。政府所令,议员得而驳之;议院所定,朝廷得而散之。谓之人人无自主之权则可,安得曰"人人自主"哉?

【译文】

西方的国家,无论是君主、民主、君民共主,国家必定有政治体制,政体必定有宪法,官方有官方的法律,军队有军队的法律,工业有工业的法律,商业有商业的法律,律师修习它们,法官掌管它们,君主和民众都不能违反法律。政府的法令,议员可以驳回;议院的决定,政府可以解散。说这是人人都没有自主的权利是可以的,怎么能说"人人自主"呢?

夫一哄之市必有平①,群盗之中必有长。若人皆自主,家私其家,乡私其乡,士愿坐食,农愿蠲租②,商愿专利,工愿高价,无业贫民愿劫夺,子不从父,弟不尊师,妇不从夫,贱不服贵,弱肉强食,不尽灭人类不止。环球万国必无此政,生番蛮獠亦必无此俗。至外国今有自由党③,西语实曰"里勃而特",犹言事事公道,于众有益。译为"公论党"可也,译为"自由"非也。

【注释】

①哄：哄抬，起哄。平：平抑价格的人。

②蠲(juān)租：免除租税。

③自由党：19 世纪 30 年代由辉格党转化而成，代表英国工商业资产阶级利益。曾和保守党同为英国的两大政党。

【译文】

有哄抬价格的市场必定有平抑价格的人，一群盗贼中必定有首领。如果人人都自主，私爱自己的家族、乡土，士人想不劳而获，农民想免除租税，商人想垄断利权，工匠想抬高价格，无业的贫民想抢劫强夺，儿子不听从父亲，弟子不尊重老师，妇人不顺从丈夫，地位低的不服从地位高的人，弱肉强食，不全部毁灭人类都不会停止。全球所有国家必定没有这种政治，生番蛮獠也必定没有这种习俗。至于外国现在有自由党，西方语言实际上说的是"里勃而特"，就像是说事事公道，对大众有益。译为"公论党"是可以的，译为"自由"就错了。

    若强中御外之策，惟有以忠义号召合天下之心，以朝廷威灵合九州之力，乃天经地义之道，古今中外不易之理。昔盗跖才武拥众①，而不能据一邑；田畴德望服人②，而不能拒乌桓③；祖逖智勇善战④，在中原不能自立，南依于晋，而遂足以御石勒⑤；宋弃汴京而南渡⑥，中原数千里之遗民人人可以自主矣，然两河结寨、陕州婴城⑦，莫能自保⑧，宋用韩、岳为大将⑨，而成破金之功；八字军亦太行民寨义勇也⑩，先以不能战为人欺，刘锜用之⑪，而有顺昌之捷⑫；赵宗印起义兵于关中⑬，连战破敌，王师败于富平⑭，其众遂散，迨宋用吴玠、

吴璘为将⑮，而后保全蜀之险。盖惟国权能御敌国⑯，民权断
不能御敌国，势固然也。

【注释】

①盗跖：即"跖"，"盗"是旧时诬蔑的称呼。跖，春秋战国之际起义
　领袖。《庄子·盗跖》说他率"从卒九千人，横行天下，侵暴诸
　侯"，所到之处，使"大国守城，小国入保（堡）"。

②田畴：三国时人，字子泰。汉末兵起，田畴率宗族附从避居徐无
　山中。百姓归之，数年间至五千余家。曹操北征乌桓，田畴为向
　导有功，封亭侯，畴不受。见《三国志·魏书·田畴传》。

③乌桓：我国古民族名，东胡别支。秦末匈奴冒顿强盛，灭其国，避
　徙至乌桓山以自保，遂称乌桓。东汉建安十二年（207），曹操破
　乌桓，徙万余落户中原，余众于那河（今嫩江）之北，自称乌
　丸国。

④祖逖（266—321）：字士稚，少孤，轻财好侠，慷慨有节操，博览古
　今书籍。累迁太子中舍人、豫章王从事中郎。时晋室大乱，逖率
　部曲百余家渡江，中流击楫而誓曰："祖逖不能清中原而复济者，
　有如大江！"元帝时为豫州刺史，自募军，收复黄河以南失地。

⑤石勒（274—333）：十六国时后赵的创建者，羯族，上党武乡人。
　东晋太兴二年（319）建立政权，称赵王。后俘刘曜，灭前赵，统一
　中国北方大部分地区。东晋咸和五年（330）称帝，改元建平，史
　称后赵。见《晋书·石勒载记》。

⑥汴京：五代梁、晋、汉、周，及北宋皆以汴州为京都，故称汴京。在
　今河南开封。

⑦两河：河南、河北。结寨：设置防卫工事。寨，防卫用的栅栏。

⑧陕州：地名，即今河南陕县。婴城：环城固守。《战国策·秦策》：
　"小黄、济阳婴城，而魏氏服矣。"宋鲍彪注："婴，犹萦也，盖二邑
　环兵自守。"

⑨韩、岳：指韩世忠、岳飞。皆为南宋抗金名将。

⑩八字军：南宋初河北、河东地区人民抗金自卫的武装组织。宋李心传《建炎以来朝野杂记》甲集十八："八字军者，河北土人也。建炎初，王观察彦为河北制置使，聚兵太行山，皆涅其面曰：'誓竭心力（或作"誓杀金贼"），不负赵王。'故号八字军。"太行：山名，绵延山西、河北、河南三省界的山脉。

⑪刘锜（1098—1162）：字信叔。绍兴十年（1140），任东京副留守，率领王彦旧部八字军，在顺昌大败金兀术主力。与韩世忠、岳飞等并称中兴名将。

⑫顺昌：府名。宋政和六年（1116）改颍州为顺昌府，属京西北路。金复为颍州。治所在今安徽阜阳市。

⑬赵宗印：宋孝义人，少为僧，还俗后授河东制置使，举义兵抗金，兵败入华山，不知所终。

⑭富平：县名，属陕西省。

⑮迨（dài）：等到。吴玠（1093—1139）：知兵法，善骑射，隶泾原军，与弟吴璘屡败金兵。绍兴五年（1135）大败金兀术兵于仙人关，保全了四川。吴璘（1102—1167）：吴玠弟。官至四川宣抚使。玠卒，璘继守蜀二十余年。

⑯国权：政府或国君的权力、权势。

【译文】

　　至于中国自强、抵御外国的方法，只有用忠义为号召，使天下同心，用朝廷的威严，使九州合力，才是天经地义的大道，是古今中外不可改变的道理。从前盗跖以才能武力聚集众人，但不能占据一座城池；田畴以德行威望使人信服，但无法抵抗乌桓；祖逖智勇善战，不能在中原立足，向南依靠东晋，才足以抵御石勒；宋代放弃汴京而南渡，中原广袤地区的遗民就可以人人自主了，但是河南河北设置防御工事，陕州环城固守都无法自保，南宋起用韩世忠、岳飞为大将，才成就了击败金国的功绩;八字军也是太行山民寨的义勇军,开始因为不能战斗为人所欺,刘锜统领他们,才有了顺昌的胜利;赵宗印在关中领导义军,连续取得胜利,朝廷的军队在富平战败,他的军队就解散了,等到吴玠、吴璘作为将领,才保全了蜀地的天险。大概只有国家的权势能够抵御敌国,民权一定不能抵御敌国,形势一向如此。

曾文正名为起家办团练矣①,其实自与发匪接战以来,皆是募勇营、造师船②,济以国家之饷需,励以国家之赏罚,而以耿耿忠义、百折不回之志气,激励三军,感发海内,故能成戡定之功。岂团练哉? 岂民权哉?

【注释】

①团练:就地选取丁壮加以军事训练的地主武装。

②营:清咸丰年间,太平军兴,曾国藩在湘乡原籍,招集乡勇,编成勇营,与太平军战,时称湘军。李鸿章在江淮各处招集者,称淮军。均为勇营。

【译文】

曾国藩起家名义上是在地方办团练,实际上他自从与太平军开始战斗以来,都是召集乡勇,编成勇营,建造战船,用国家的军饷军需供应,用国家的赏罚激励,又用耿耿忠义、百折不回的志气,激励将士,感召全国,所以能够成就平定太平军的功绩。难道是团练(的功劳)吗? 难道是民权吗?

或曰:民权固有弊矣,议院独不可设乎? 曰:民权不可僭①,公议不可无。凡遇有大政事,诏旨交廷臣会议,外吏令绅局公议②,中国旧章所有也。即或咨询所不及,一省有大事,绅民得以公呈达于院司道府,甚至联名公呈于都察院③。国家有大事,京朝官可陈奏,可呈请代奏。

【注释】

①僭(jiàn):超越本分。

②吏:地方官员。绅局:由地方绅士组成的团体或协会。

③都察院:明、清官署名,专门监察弹劾官吏,参与审理重大案件。

【译文】

　　有人说:民权固然有弊端,议院难道不能设立吗? 我说:民权不能超越本分,公议不能没有。一旦遇到有重要政事,皇帝下诏令让大臣讨论,地方官员令绅局公开讨论,是中国旧制度中所有的。即使有时咨询不到的,一省有重要事务,绅士民众可以向政府部门递交公呈,甚至联名向都察院递交公呈。国家有重要的事情,京朝官可以陈奏,可以呈请代奏。

　　方今朝政清明,果有忠爱之心、治安之策,何患其不能上达? 如其事可见施行,固朝廷所乐闻者。但建议在下,裁择在上,庶乎收群策之益,而无沸羹之弊①,何必袭议院之名哉! 此时纵欲开议院,其如无议员何? 此必俟学堂大兴,人才日盛,然后议之,今非其时也。

【注释】

①沸羹:比喻言语嘈杂。《诗经·大雅·荡》:"如蜩如螗,如沸如羹。"疏:"其笑语沓沓又如汤之沸,如羹之方熟。"

【译文】

如今的朝政清明，如果有忠君爱国的心思、治政安民的策略，有什么担心不能上达于君上呢？如果所建议的事有可行性，那固然是朝廷所愿意看到的。在下的人可以建议，裁决选择就由在上的人决定了，这样得到众多建议的好处，又没有众说纷纭的弊端，何必袭用议院的名义呢！现在纵然想要开设议院，没有议员又怎么办？就必须等到学堂广泛兴起，人才日益繁盛，然后才能议论政事，现在还不是时候。

循序第七

【题解】

"循序"篇言及学习中学、西学的顺序。开篇点明讲求西学必须先以中学巩固根基，指出英国报纸讥笑中国因专信孔教之弊而不肯变法自强是极大的谬误。进而从正反两方面阐释孔门之学、孔门之政的真谛。所谓孔门之学，并非浅陋的讲义、迂腐的八股文、繁杂的考据、荒诞的词章，而是"博文而约礼、温故而知新、参天而尽物"。所谓孔门之政，不是韩非、李斯的暴政思想、老子的避事生息，而是"尊尊而亲亲、先富而后教、有文而备武、因时而制宜"。因此，求学之人必须按照通经、考史、涉猎子集的顺序学习中学，再选择有用之西学、西政加以补充。"西学必先由中学"，这样才彰显有序和爱国。反之，若西学广博却不通晓中学，西学造诣越深就会越敌视中国，最终也不会成为国家的有用之才。

今欲强中国，存中学，则不得不讲西学。然不先以中学固其根柢，端其识趣，则强者为乱首，弱者为人奴。其祸更烈于不通西学者矣。

【译文】

现在要想使中国强大，使中学留存，就不得不讲求西学。然而不先以中学巩固根基,端正志趣认识,那么强者就会成为祸乱之首,弱者就会被人奴役。那祸患比不通西学更大。

　　近日英国洋文报讯中国不肯变法自强,以为专信孔教之弊,此大误也! 彼所翻四书五经,皆俗儒村师解释之理,固不知孔教为何事,无责焉耳①。浅陋之讲章②,腐败之时文,禅寂之性理③,杂博之考据,浮诞之词章,非孔门之学也。簿书文法,以吏为师,此韩非、李斯之学④,暴秦之政所从出也。俗吏用之,以避事为老成,以偷惰为息民⑤,以不除弊为养元气,此老氏之学⑥,历代末造之政所从出也,巧宦用之,非孔门之政也。

【注释】

①无责:没有什么可责怪的。

②讲章:讲义。

③禅(chán)寂:僧侣坐禅寂定。

④李斯(前? —前208):吕不韦舍人,后被秦王政任为客卿,又任为廷尉。秦统一六国后,任丞相。他反对分封制,主张焚《诗》《书》,禁私学,以加强专制主义中央集权统治。

⑤息民:使人民得到休息。

⑥老氏之学:老子(老聃)的学术思想。

【译文】

　　近日英国洋文报纸讥笑中国不肯变法自强,认为是中国专信孔教的弊端,这是极大的谬误! 他们所翻译的四书五经,都是庸俗的儒家和乡村塾师解释的道理,本来就不知道孔教是怎么回事,没有什么可责怪的。浅陋的讲义,腐败的应试时文,僧侣坐禅寂定的性理,繁杂广博的考据，虚浮荒诞的词章，并非儒家的学术思想。学习簿书文法，以政府官吏为老师，这是韩非、李斯的学术思想，秦国的暴政就是从这些学问中产生的。庸俗的官吏所运用的，把躲避事务当做老成持重，把偷闲懒惰当做使百姓得到休息，把不清除弊端当做调养元气，这是老子的学术思想，历代末年的乱政就是从这些学问中产生的，投机取巧的官宦运用的，并非儒家的为政思想。

　　孔门之学，博文而约礼，温故而知新，参天而尽物。孔门之政，尊尊而亲亲①，先富而后教，有文而备武，因时而制宜。孔子集千圣②，等百王③，参天地④，赞化育⑤，岂迁陋无用之老儒，如盗跖所讥、墨翟所非者哉？

【注释】

①尊尊而亲亲：尊其所当尊，亲其所当亲。《礼记·中庸》："仁者人也，亲亲为大。义者宜也，尊贤为大。"《孟子·尽心上》："亲亲，仁也。敬长，义也。"儒家言仁，由亲及疏，故以亲亲为仁之本。

②集千圣：言孔子能集纳先圣之道，以成己之圣德。《孟子·万章下》："孔子之谓集大成。集大成也者，金声而玉振之也。"

③等百王：《孟子·公孙丑上》："由百世之后，等百世之王，莫之能违也。"等，比较，衡量。

④参（sān）天地：即"参天两地"，为《易》卦立数之义。《易·说卦》："参天两地而倚数。"这里引申为孔子之德可与天地相比。

⑤赞化育：《礼记·中庸》："能尽物之性，则可以赞天地之化育。"赞，辅佐，帮助。化育，自然生成和长育万物。

【译文】

儒家的学术思想，广泛学习各种经籍文章，以礼来约束，温习旧的知识而获得新的理解,德与天相配而穷尽事物的本性。儒家的为政思想,尊重应当尊重的,仁爱应当仁爱的,先使百姓富裕而后教化他们,有礼乐教化并军事完备,根据不同时期的具体情况而采取合宜的措施。孔子能集纳先圣之道来成就自己的圣德,与百世之王相衡量,德与天地相比较,辅助万物生长,哪里是迂腐浅陋毫无用处的老儒,像盗跖所讥讽、墨翟所非议的呢?

今日学者,必先通经,以明我中国先圣先师立教之旨。考史,以识我中国历代之治乱、九州之风土;涉猎子集,以通我中国之学术文章。然后择西学之可以补吾阙者用之,西政之可以起吾疾者取之^①,斯有其益而无其害。如养生者先有谷气^②,而后可饫庶羞^③;疗病者先审藏府^④,而后可施药石^⑤。西学必先由中学,亦犹是矣。华文不深者,不能译西书。

【注释】

①起:竖起,扶持。这里引申为克服。疾者:毛病,缺点。

②养生者:摄养身心,以期保健延年的人。谷气:谓五谷营养人体。《后汉书·华佗传》:"人体欲得劳动,但不当使极耳,动摇则谷气不得销,血脉流通,病不得大盛。"

③饫(yù)庶羞:吃得多,用富于营养的食物来滋补身体。饫,饱食。庶,众多。羞,美味的食物。

④藏府:同"脏腑"。

⑤药石:药物的总称。药,方药。石,砭石,即针灸。

【译文】

今日求学之人必须先通览经义,来明白我中国先圣先师创立孔教的宗旨。考察历史,来了解我中国历代的治世和乱世、九州的风俗和地理;涉猎子集,来通晓我中国的学术文章。在这之后选择西学中可以补充中学缺失的学问并运用它,西政中可以克服中国政治缺点的留取它,这是有益而无害的。就像摄养身心以期保健延年之人先食五谷,而后才能用更多富于营养的食物滋补身体;治疗疾病之人先检查脏腑,而后才能施以药物针灸。学习西学必须先经由中学,也是这个道理。对中文造诣不深的人,不能翻译西方书籍。

外国各学堂每日必诵《耶稣经》[①],示宗教也;小学堂先习蜡丁文[②],示存古也;先熟本国地图,再览全球图,示有序也;学堂之书多陈述本国先君之德政,其公私乐章多赞扬本国之强盛,示爱国也。如中士而不通中学,此犹不知其姓之人,无辔之骑[③],无舵之舟,其西学愈深,其疾视中国亦愈甚[④],虽有博物多能之士,国家亦安得而用之哉!

【注释】

①《耶稣经》:即《圣经》,为基督教的经典,包括《旧约全书》和《新约全书》。后者是基督教本身的经典,包括记载耶稣言行的《福音书》、叙述早期教会情况的《使徒行传》、使徒们的书信和《启示录》。

②蜡丁文:即"拉丁文"。

③辔(pèi):驾驭牲口的缰绳和嚼子。

④疾:憎恶。视:敌视。

【译文】

外国各学堂每天必须诵读《圣经》,这是昭示宗教;小学堂先学习拉丁文,这是昭示存留古代文化;先熟悉本国地图再看全球地图,这是昭示有秩序;学堂的书籍多陈述本国以前君主的德政,公私的乐曲文章多赞扬本国的强盛,这是昭示爱国。如果中国人不通晓中学,这就像不知道自己姓氏的人,没有缰绳的坐骑,没有舵的船,他的西学造诣越深,他敌视中国越厉害,即使有学识广博、才能出众的人,国家怎么能用他呢?

守约第八

　　"守约"篇首先强调儒学已出现危机，因其"博而寡要，劳而少功"，逐渐形成了中学繁难无用的说法。而想要拯救儒学，作者提出"守约"之法，也就是学习各门中学要掌握要领。十五岁以前记诵《孝经》、四书五经之正文，此后整合学习中学各门，再之后讲求时政、研习西法。学问分专门著述之学和学堂教人之学。前者求博求精，能者为之即可；后者贵在举要致用，人人必须了解。而所谓举要致用，具体来说，经学大义应根据明例、要旨、图表、会通、解纷、阙疑、流别七点分类寻求，择其关键之处取之。解经之书则应根据韩昌黎提要钩元之法加以编纂、讲解。此外，史学考治乱典制、诸子知取舍、理学看学案、词章读有实事者、政治书读近今者、地理考今日有用者、算学各随所习之事学之、小学但通大旨大例等，都是作者分门提出的通今致用、举要守约之法。

　　值得注意的是，张之洞"以约存博"的守约之法，对于当下学习国学也有很深的启发意义。

　　儒术危矣[①]！以言乎迩，我不可不鉴于日本；以言乎远，我不可不鉴于战国。昔战国之际，儒术几为异学诸家所轧[②]，吾读司马谈之《论六家要指》而得其故焉[③]，其说曰："儒家者流,博而寡要,劳而少功。"何以寡要少功? 由于有博无约。如此之儒,止可列为九流之一耳,焉得为圣? 焉得为贤? 老诟儒曰④:"绝学无忧⑤。"又以孔子说十二经为大谩⑥。墨诟儒曰:"累寿不能尽其学⑦。"墨子又教其门人公尚过不读书。法诟儒曰:"藏书策,修文学,用之则国乱。"韩非子语。大率诸子所操之术,皆以便捷放纵,投世人之所好,而以繁难无用诬儒家,故学者乐闻而多归之。

【注释】

①儒术:儒家的道术。

②轧(yà):排挤。

③司马谈(前?—前110):司马迁之父。武帝时任太史令,论著阴阳、儒、墨、名、法、道六家要旨,而崇尚道家,认为道家"立俗施事,无所不宜"(《史记·太史公自序》)。

④老诟儒:老、庄批评儒家。诟,詈骂。下文"墨诟儒",墨子批评儒家;"法诟儒",韩非子批评儒家。

⑤绝学无忧:弃绝学问学业,就不会产生忧愁。语出《老子》。

⑥孔子说十二经:《庄子·天道》:"(孔丘)于是繙十二经以说。"十二经,儒家的十二部经典。说法不一。唐开成刻石国子学,以《易》《诗》《书》《礼记》《周礼》《仪礼》《左传》《公羊》《谷梁》《孝经》《论语》《尔雅》为十二经。亦有其他说法。大谩:极漫,漫无边际。谩,通"漫"。《庄子·天道》:"老聃中其说。曰:'太谩,愿闻其要。'"大,通"太"。

⑦累寿:加大寿命。累,重叠。语出《墨子》。

【译文】

儒家的道术危险啊! 就近而言,我们不能不借鉴日本;就远而言,我们不能不借鉴战国。过去战国的时候，儒家的道术几乎被异学诸家所排挤掉，我读司马谈的《论六家要指》找到了儒术被排挤的原因。司马谈说："儒家这一学术流派，学识丰富但不得要领，花费力气但功效微小。"为什么不得要领且功效微小呢？因为知识广博却没有要领。像这样的儒学，只能列为各学术流派之一，怎能成为圣人之学？怎能成为贤良之学？老、庄批评儒家说："弃绝学问学业就不会产生忧愁。"又认为孔子讲说十二部儒家经典漫无边际。墨子批评儒家说："加大寿命也不能穷尽儒家学问。"墨子又教导他的门人公尚过不要读书。韩非子批评儒家说："收藏书籍，修习文学，运用它们就会国家混乱。"韩非子的话。大概就是诸子所具有的学术思想，都因为便捷放纵，迎合世人的喜好，而以繁杂困难毫无用处诬蔑儒家，所以求学之人喜欢听诸子的思想并多有认同。

　　夫先博后约，孔孟之教所同。而处今日之世变，则当以孟子守约施博之说通之①。且孔门所谓"博"，非今日所谓"博"也。孔孟之时，经籍无多，人执一业，可以成名；官习一事，可以致用。故其博易言也。今日四部之书汗牛充栋，老死不能遍观而尽识。即以经而论，古言古义，隐奥难明，讹舛莫定，后师、群儒之说解纷纭百出，大率有确解定论者，不过什五而已②。

【注释】

①守约：掌握要领。施博：推及其他。《孟子·尽心下》："守约而施博者，善道也。"

②什五：十分之五。

【译文】

先广博后简约,是孔孟之教所认同的。但处在今日世事变化之际,就应当以孟子所说的掌握要领进而推及其他来进行贯通。况且儒家所说的"博",并非今日所说的"博"。孔子、孟子的时代,经书典籍不多,人们掌握一种技能,可以成就功名;官员学习一种本领,可以付诸实用。所以当时"博"很容易说。今日四部之书,汗牛充栋,即使到老死也不能全部阅览并穷尽认识。就以经书来论说,古字古意,隐讳深奥而难以明悉,讹误错乱不能确定,后来的经师、群儒对儒家经典的解说众说纷纭,大概有确切解释和定论的,不超过一半罢了。

沧海横流,外侮洊至①,不讲新学则势不行;兼讲旧学则力不给。再历数年,苦其难而不知其益,则儒益为人所贱。圣教儒书寝微寝灭②,虽无嬴秦坑焚之祸,亦必有梁元文武道尽之忧③。此可为大惧者矣!尤可患者,今日无志之士,本不悦学,离经畔道者,尤不悦中学,因倡为中学繁难无用之说,设淫辞而助之攻④,于是乐其便而和之者益众,殆欲立废中学而后快。是惟设一易简之策以救之,庶可以间执雠中学者之口⑤,而解畏难不学者之惑。

【注释】

①洊(jiàn):再,一次又一次。

②寝(jìn)微寝灭:逐渐衰微,逐渐消亡。寝,逐渐。

③梁元:即梁元帝,梁武帝第七子,名绎。初封湘东王,侯景作乱,命王僧辩讨平之,遂即帝位于江陵。时州郡大半入魏,地狭民稀,国势衰弱,在位三年,卒为西魏所灭,被杀。文武道尽:梁元帝萧绎喜读书。西魏兵至,犹讲《老子》于龙光殿,百官戎服以

听,城陷,焚图书十四万卷。叹曰:"读书万卷,尚有今日!"文武
道尽指此。

④淫辞:浮夸失实的言辞。

⑤间:间隔,引申为堵塞。执雠:结成仇怨。

【译文】

时局动荡不安,外辱一次又一次到来,不讲求新学则不符合时势发
展;同时讲求旧学则精力不够。再经过数年,苦于儒学艰深不知道它的
好处,那么儒学更加被人轻贱。儒家礼教和圣贤经典就会逐渐衰微消
亡,即使没有秦始皇焚书坑儒的祸患,也必定有梁元帝文武道尽的忧
虑。这可以说是最让人害怕的了!尤其令人担忧的是,今日没有志向
的人,本来就不喜欢学习,离经叛道的人,尤其不喜欢中国固有的学问,
因此倡言说中国学问繁难无用,还用浮夸失实的言辞进一步攻击,于是
喜欢其说便利而随声应和的人越来越多,大概想要立刻废弃中学才痛
快。所以只有想出一个简略容易的办法来挽救儒学,才可以堵上那些
对中学仇视的人的嘴,解决那些畏惧困难不学儒学之人的疑惑。

今欲存中学,必自守约始,守约必自破除门面始。爰举
中学各门求约之法①,条列于后,损之又损,义主救世②,以致
用当务为贵③,不以殚见洽闻为贤④。十五岁以前,诵《孝
经》、"四书"、"五经"正文⑤,随文解义,并读史略、天文、地
理、歌括、图式诸书⑥,及汉、唐、宋人明白晓畅文字有益于今
日行文者⑦。自十五岁始,以左方之法求之⑧,统经史、诸子、
理学、政治、地理、小学各门⑨,美质五年可通⑩,中材十年可
了⑪。若有学堂专师,或依此纂成学堂专书,中材亦五年可
了,而以其间兼习西文。过此以往,专力讲求时政,广究西
法。其有好古研精、不骛功名之士,愿为专门之学者,此五

年以后,博观深造,任自为之。然百人入学,必有三、五人愿为专门者,是为以约存博^⑫,与子夏所谓"博学近思"^⑬,荀子所谓"以浅持博",亦有合焉。大抵有专门著述之学,有学堂教人之学。专门之书,求博求精,无有底止,能者为之,不必人人为之也。学堂之书,但贵举要切用,有限有程^⑭,人人能解,且限定人人必解者也。西人天文、格致^⑮,一切学术皆分专门学堂与普通学堂为两事。将来入官用世之人^⑯,皆通晓中学大略之人^⑰。书种既存^⑱,终有萌蘖滋长之日^⑲,吾学吾书,庶几其不亡乎!

【注释】

①爰:于是。

②义主:大意是主张。

③致用:尽其所用。当务:当前应作之事。

④殚见洽闻:见多识广,知识渊博。班固《西都赋》:"元元本本,殚见洽闻。"张铣注:"殚,尽也;洽,遍也。"

⑤《孝经》:宣扬孝道和孝治思想的儒家经典。有今文、古文两本。今通行的《十三经注疏》本,用唐玄宗注和宋邢昺疏。

⑥歌括:即"歌诀"。

⑦行文:官署间的文书往还,谓之"行文"。

⑧左方之法:后面的方法。左方,左面,后面。古代汉文下行,先右后左,故称。

⑨理学:指宋、明儒家哲学思想。宋儒附会经义而说天人性命之理,故谓"理学"。小学:文字训诂之学的专称。隋、唐以后,小学类的书籍分为训诂学、文字学、音韵学三类。

⑩美质:天赋聪颖的人。

⑪中材:具有中等才能的人。了:明白。

⑫存:保全,引申为达到。

⑬子夏:卜商(前507—前400),字子夏,春秋卫人,孔子弟子。长于文学,相传曾讲学于西河,序《诗》传《易》,为魏文侯师。博学近思:《论语·子张》:"子夏曰:'博学而笃志,切问而近思,仁在其中矣。'"近思,谓就习知易见的事物加以思考。

⑭有限有程:有规定的范围,有进行的程序。

⑮格致:格物致知(语出《大学》)的简称。谓穷究事物的原理而获得知识。清末对西方传入的声、光、电、化等自然科学统称为"格致学"。

⑯用世:见用于世,为世所用。

⑰大略:大概,大要。

⑱书种:世代相承的读书人,犹言读书种子。省作"书种"。

⑲萌蘖(niè):生出旁芽。蘖,老枝旁出的新芽。

【译文】

现在想要保存中学,必须从掌握要领开始,掌握要领必须从破除门面开始。于是列举中学各门追求要领的方法,逐条列在后面,减之又减,大意是主张挽救时局,以尽其所用应对当前之事为目的,不以见多识广、知识渊博为目的。十五岁以前,诵读《孝经》、"四书"、"五经"的正文,依据文章中的话来了解文章的意思,同时阅读史略、天文、地理、歌诀、图式各类书籍,以及有利于今日官署间文书往还的汉、唐、宋人容易理解且流畅的文字。从十五岁开始,以后面的方法追求要领,整合经史、诸子、理学、政治、地理、小学各门,天赋聪颖的人五年就可以通晓,具有中等才能的人十年可以明白。如果有学堂专门的老师,或者据此编纂为学堂专门的教科书,中等才能的人五年也可以明白,而且学习期间同时学习西文。从此以后,专心竭力讲求时政,广泛研究西法。其中有爱好古学研究精深、不追求功名的求学之士,愿意探索专门学问的,这五年以后，广泛阅读深入研究，任其发展。然而百人入学，必定有三五个人愿意研究专门之学，这就是以约保存博，与子夏所说的广泛地学习，就当前的事物进行思考，荀子所说的把握关键的，掌握全局，也有契合之处。大概有专门著述的学问，有学堂教人的学问。专门学问的书籍，追求广博精深，没有止境，有才能的人研究，不必人人研究。学堂的书籍，注重抓住要领切近致用，有规定的范围和进行的程序，人人能了解，并且限定在人人必须了解。西方天文学、格致学，一切学术都分专门学堂和普通学堂为两种。将来进入仕途为世所用的人，都是通晓中学大要的人。读书种子既然存在，终有萌芽滋长的时日，我们儒家的学问和书籍，大概就不会灭亡了。

　　一经学通大义①。切于治身心、治天下者谓之大义。凡大义，必明白平易，若荒唐险怪者，乃异端，非大义也。《易》之大义，阴阳消长②；《书》之大义③，知人安民；《诗》之大义④，将顺其美，匡救其恶；《诗谱》序⑤："论功颂德，所以将顺其美；刺过讥失，所以匡救其恶。"《春秋》大义⑥，明王道，诛乱贼；《礼》之大义⑦，亲亲、尊尊、贤贤⑧；《周礼》大义⑨，治国、治官、治民，三事相维⑩。太宰建邦之六典⑪：治典⑫，——经邦国、治官府、纪万民，其余教典、礼典、政典、刑典、事典⑬，皆国、官、民三义并举，盖官为国与民之枢纽，官不治，则国、民交受其害，此为《周礼》一经专有之义。故汉名《周官经》，唐名《周官礼》。此总括全经之大义也。如"十翼"之说《易》⑭，《论》《孟》《左传》之说《书》，大、小序之说《诗》⑮，《孟子》之说《春秋》，《戴记》之说《仪礼》⑯，皆所谓大义也。欲有要而无劳，约有七端：一明例，谓全书之义例⑰；《毛诗》以训诂音韵为一要事⑱。熟于

《诗》之音训，则诸经之音训皆可隅反⑲。一要指，谓今日尤切用者，每一经少则数十事，多则百余事。一图表。诸经图表皆以国朝人为善⑳。谱与表同㉑。一会通㉒，谓本经与群经贯通之义。一解纷㉓，谓先儒异义各有依据者，择其较长一说主之㉔，不必再考，免耗日力。大率国朝人说而后出者较长。一阙疑㉕，谓隐奥难明、碎义不急者㉖，置之不考。一流别㉗，谓本经授受之源流㉘，古今经师之家法㉙。考其最著而今日有书者。以上七事，分类求之，批郤导窾㉚，事半功倍。大率群经以国朝经师之说为主；《易》则程传与古说兼取㉛；并不相妨。《论》《孟》《学》《庸》以朱注为主㉜，参以国朝经师之说；《易》止读程传及孙星衍《周易集解》㉝；孙书兼采汉人说及王弼注㉞。《书》止读孙星衍《尚书今古文注疏》；《诗》止读陈奂《毛诗传疏》㉟；《春秋左传》止读顾栋高《春秋大事表》㊱；《春秋公羊传》止读孔广森《公羊通义》㊲；国朝人讲《公羊》者，惟此书立言矜慎，尚无流弊。《春秋谷梁传》止读钟文烝《谷梁补注》㊳；《仪礼》止读胡培翚《仪礼正义》㊴；《周礼》止读孙诒让《周礼正义》㊵；已刊未毕。《礼记》止读朱彬《礼记训纂》㊶；钦定《七经传说义疏》㊷，皆学者所当读，故不备举。《论》《孟》除朱注外，《论语》有刘宝楠《论语正义》㊸，《孟子》有焦循《孟子正义》㊹，可资考证古说，惟义理仍以朱注为主；《孝经》即读通行注本，不必考辨；《尔雅》止读郝懿行《尔雅义疏》㊺；《五经总义》止读陈澧《东塾读书记》、王文简引之《经义述闻》㊻；《说文》止读王筠《说文句读》㊼。兼采段、严、桂、钮诸家㊽，明白详慎，段注《说文》太繁而奥，俟专门者治之。以上所举诸书，卷帙已不为少，全读全解亦须五年，宜就此数书中择其要义，先讲明之，用韩昌黎提要钩元之法㊾，就元本加以钩乙标识㊿。但看其定论，其引征、辨驳之说，不必措意。若照前说七端，节录纂集以成一书，皆采旧说，不参臆说一语，小经不过一卷，大经不过二卷，尤便学者。此为学堂说经义之书，不必章释句解，亦不必录本经全文。盖十五岁以前，诸经全文已读，文义大端已解矣。师以是讲，徒以是习，期以一年或一年半毕之。如此治经，浅而不谬，简而不陋，即或废于半涂[51]，亦不至全无一得。有经义千余条以开其性识，养其本根[52]，则终身可无离经畔道之患。总之，必先尽破经生著述之门面，方肯为之，然已非村塾学究、科举时流之所能矣[53]。

【注释】

①大义：正道，大谊。

②阴阳消长：《易》主要通过象征天地风雷水火山泽八种自然现象的八卦形式，推测自然和人事的变化；以阴阳二气的交感作用为产生万物的本源。

③《书》：《尚书》的简称，是我国现存最古的典章文献的汇编，儒家列为经典之一。其中保存了商及西周的一些重要史料。

④《诗》：即《诗经》，我国最早的诗歌总集。先秦称为《诗》，汉尊为经典，始称《诗经》。共收西周初至春秋中叶的民歌和朝庙乐章三百零五篇。

⑤《诗谱》:汉郑玄作。

⑥《春秋》:为编年体史书,相传孔子据鲁史修订而成。所记起鲁隐公元年,迄鲁哀公十四年,凡十二公,二百四十二年。叙事简练,旧称它"字寓褒贬"。

⑦《礼》:儒家经典《周礼》《仪礼》《礼记》的合称。汉初所谓《礼》,指十七篇之《仪礼》,又称《礼经》;合记而言,称《礼记》。后专称四十九篇之记为《礼记》,十七篇之《礼经》为《仪礼》,又以《周官经》为《周礼》,合称"三礼"。汉郑玄兼注"三礼"。

⑧贤贤:尊重德才兼备的人。前一"贤"字,用为动词。

⑨《周礼》:原名《周官》,也称《周官经》。西汉末列为经而属于礼,故有《周礼》之名。分《天官》《地官》《春官》《夏官》《秋官》《冬官》六篇。

⑩相维:互相联系。维,系,连结。

⑪太宰:又名"大宰",官名。相传殷始置大宰,周亦名冢宰,为天官之长。《周礼·天官·大宰》:"大宰之职,掌建邦之六典,以佐王治邦国。"六典:《周礼·天官·冢宰第一》:"大宰之职,掌建邦之六典。"六典为治典、教典、礼典、政典、刑典、事典。

⑫治典:治国的法典。《周礼·天官·大宰》:"一曰治典,以经邦国,以治官府,以纪万民。"

⑬教典:教育的法典。《周礼·天官·大宰》:"二曰教典,以安邦国,以教官府,以扰万民。"礼典:礼法。《周礼·天官·大宰》:"三曰礼典,以和邦国,以统百官,以谐万民。"统,综理,总领。政典:治国的典章法制。《周礼·天官·大宰》:"四曰政典,以平邦国,以正百官,以均万民。"刑典:刑法,法典。《周礼·天官·大宰》:"五曰刑典,以诘邦国,以刑百官,以纠万民。"事典:治事的法规。《周礼·天官·大宰》:"六曰事典,以富邦国,以任百官,以生万民。"

⑭十翼:《易》的《上彖》《下彖》《上象》《下象》《上系》《下系》《文言》《说卦》《序卦》《杂卦》称为十翼。

⑮大、小序:《毛诗》各篇之前,解释此诗主题者为小序。在首篇《关雎》之前,概论全书者为大序。诗序的作者,郑玄《诗谱》说:"大序为子夏作,小序子夏、毛公合作。"

⑯《戴记》:指《小戴礼记》,即今本《礼记》。小戴指戴圣,大戴指戴德。均为汉梁人。德与侄圣同师后仓学《礼》,德删《礼记》为八十五篇,称《大戴礼记》;圣又删为四十九篇,称《小戴礼记》。《仪礼》:春秋、战国时代一部分礼制的汇编。古只称《礼》,对记言则曰《礼经》,合记言则曰《礼记》。自西晋初,以戴圣四十九篇称《礼记》。因称《礼经》为《仪礼》。

⑰义例:著书的主旨和体例。

⑱《毛诗》:即《诗经》。以其书为毛公所传,故称《毛诗》。毛公当指大毛公毛亨,西汉鲁人。

⑲隅反:犹类推。物有四隅,故举一隅则可知三隅。隅,方角。

⑳国朝:本朝。

㉑谱与表同:谱、表,亦合称谱表,即按事物类别编成的表册。如年谱、年表、史谱、史表等。

㉒会通:会合变通。

㉓解纷:排解纷乱,理出头绪。

㉔说:解释,解说,犹"疏"。

㉕阙疑:对疑难未解者不妄加评论。阙,同"缺"。

㉖碎义:枝节微末之义。不急:不急需。

㉗流别:流派。

㉘本经:最早的经书。授受:给予和接受,犹交接。

㉙经师:讲授经书的教师。家法:汉初儒生传授经学,都由口授,各有一家之学。师所传授,弟子一字不能改变,界限甚严,称为

家法。

㉚批郤(xì)导窾(kuǎn)：从骨头接合处批开，无骨处则就势分解。比喻善于从关键处入手，顺利解决问题。批，击。郤，通"隙"，空隙。窾，骨节空处。《庄子·养生主》："批大郤，导大窾。"郭象注："有际之处，因而批之令离，节解窾空，就导令殊。"

㉛程传：指程颐的著作《易传》。

㉜《论》《孟》《学》《庸》：《论语》《孟子》《大学》《中庸》的简称。朱注：指朱熹《四书章句集注》。

㉝孙星衍(1753—1818)：清经学家。撰有《尚书今古文注疏》《周易集解》《寰宇访碑录》等书。

㉞王弼(226—249)：三国魏玄学家。著有《周易注》《周易略例》《老子注》《老子指略》等书。

㉟陈奂(1786—1863)：清经学家。治《毛诗》，撰有《诗毛氏传疏》。另有《毛诗说》《毛诗音》等。

㊱顾栋高(1679—1759)：编有《春秋大事表》五十卷、舆图一卷，附录一卷，将春秋列国史事、天文历法、世系官制、疆域地理等列表说明。另有《大儒粹语》等。

㊲孔广森(1752—1786)：清经学家、音韵学家、数学家。山东曲阜人，戴震弟子。撰《春秋公羊通义》，不专主今文经学，采集汉、晋以来注释《春秋》之书，兼取《左传》《谷梁传》，凡是经义"通于公羊"的，都予著录。

㊳《春秋谷梁传》：省称《谷梁传》。战国谷梁赤撰。内容以释《春秋经》的义例，与《公羊》《左传》合称"《春秋》三传"。钟文烝(zhēng)：清嘉善人。学问博洽，通小学。治郑氏三礼和《春秋》，著《谷梁补注》。

㊴胡培翚(huī,1782—1849)：曾任内阁中书、户部主事。传祖匡衷之学，长于《礼》，以为唐贾公彦疏解《仪礼》，多有失误，乃积四十

余年从事《仪礼正义》的撰述,未成而卒,由其弟子杨大堉续成。该书包罗古今,兼列异同,基本上申明郑玄注,但也有订正郑注之处。

⑩孙诒让(1848—1908):清经学家、文字学家。总结旧说,撰《周礼正义》,是解释《周礼》较备之书。另有《墨子闲诂》《契文举例》《尚书骈枝》等书。

⑪朱彬:清宝应人,乾隆举人。从事经传训诂、声音文字之学,著有《经传考证》《礼记训纂》等书。

⑫七经:清康熙《御纂七经》以《易》《书》《诗》《春秋》、三礼(《周礼》《仪礼》《礼记》)为七经。

⑬刘宝楠(1791—1855):曾任直隶文安(今属河北)知县。其治《论语》,以为宋代邢昺疏解《论语》颇多芜陋,于是杂采各家之说,并吸取清代学者考订训释的成果,撰《论语正义》,由其子恭冕续成。

⑭焦循(1763—1820):清哲学家、数学家、戏曲理论家。著作有《里堂学算记》《易章句》《易通释》《孟子正义》《剧说》《花部农谭》《雕菰集》等。

⑮《尔雅》:我国最早解释词义的专著。由汉初学者缀辑周、汉诸书旧文,递相增益而成。今本十九篇。为考证词义和古代名物的重要资料。后世经学家常用以解说儒家经义,至唐文宗时,遂为“十三经”之一。郝懿行(1755—1823):清经学家、训诂学家。长于名物训诂考据之学,于《尔雅》用力最久。撰《尔雅义疏》《山海经笺疏》,援引各书,考释名物,订正讹谬。

⑯陈澧(1810—1882):清学者、文学家。治经不为汉、宋门户所限,广涉天文、地理、乐律、音韵、算术等学。著有《东塾读书记》《声律通考》《切韵考》等书。王文简(1766—1834):清训诂学家。继承其父念孙音韵训诂之学,世称高邮王氏父子。著有《经传释

词》《经义述闻》等，是研究训诂的重要参考书。

㊼《说文》：即《说文解字》。文字学书，东汉许慎撰。本文十四卷，
又叙目一卷。收字九千三百五十三，又重文一千一百六十三。
按文字形体及偏旁构造，分列五百四十部，首创部首编排法。是
我国第一部系统地分析字形和考究字源的字书，也是世界最古
的字书之一。王筠（1784—1854）：清文字学家，山东安丘人，道
光举人。在《说文》研究上，综合分析诸家之说，为后人指示门
径。著有《说文句读》《说文释例》《说文系传校录》《文字蒙
求》等。

㊽段、严、桂、钮：段玉裁（1735—1815），清文字训诂学家、经学家，
江苏金坛人，著《说文解字注》，为研究文字训诂学的重要参考
书。严可均（1762—1843），清文字学家。撰有《说文声类》《说文
校议》。桂馥（1736—1805），清文字训诂学家。取《说文解字》与
古代诸经典文义相参校，撰《说文义证》五十卷。钮树玉（1760—
1827），清文字训诂学家。著有《说文新附字考》《续考》《说文解
字校录》《段氏说文注订》。

㊾韩昌黎：韩愈。提要钩元之法：举出重点、探索精微的方法。韩
愈《进学解》："记事者必提其要，纂言者必钩其玄。"元，同"玄"，
清代避康熙帝玄烨讳，改"玄"作"元"。

㊿元本：根本，首脑。钩乙标识：钩乙，画上"乙"字形状的符号。旧
时读书用以标志暂时停止的地方。标识，即"标志"，作记号。

51半涂：半途。

52本根：草木的根茎，比喻事物的根基。

53时流：犹时人。

【译文】

　一经学通大义。贴近修身诚意、治理天下的称为大义。凡是
大义，必须浅近易懂。如果荒唐怪异，就是异端，并非大义。《易》

的大义,是通过天地风雷水火山泽八种自然变化的八卦形式推测自然和人事变化,以阴阳二气的交感作用为产生万物的本源;《尚书》的大义,是能体察人的品行并使百姓安居乐业;《诗经》的大义,是顺势成全美德、美事,纠正过失;《诗谱》序言说:"论说功劳颂扬德行,因此顺势成全美德、美事;讽刺错误讥讽过失,因此匡救恶行。"《春秋》的大义,是彰明圣王之道,诛灭乱臣贼子;《礼》的大义,是爱自己的亲属,尊敬应该尊敬的人,尊重德才兼备的人;《周礼》的大义,是治理国家、治理官员、治理百姓,三件事互相联系。太宰掌管建立国家的六典:治典,——管理国家、治理官府、规范百姓,其余为教典、礼典、政典、刑典、事典,都是国家、官府、百姓三义并列,大概官员为国家和百姓之间的枢纽,如果官员治理不好,那么国家和百姓都要被其所害,这是《周礼》特有的大义。所以汉代称为《周官经》,唐代称为《周官礼》)。以上总括了全部经书的大义。此外像"十翼"说《易》,《论》《孟》《左传》说《书》,大、小序说《诗》,《孟子》说《春秋》,《小戴礼记》说《仪礼》,都是所谓的大义。想要掌握要领又不费过多功夫,大概有七点:一为明确体例,说的是全书的主旨和体例;《毛诗》以训诂音韵为主旨。熟悉《诗经》的音韵训诂,那么各种经书的音韵训诂都能类推了。一为掌握要旨,说的是今日尤其迫切需用的,每一经书少有数十条,多有百余条。一为制定图表。各种经书的图表都以本朝人做得好。谱和表是一样的。一为会合变通,说的是本经和其他经书融会贯通的大义。一为排解纷乱,说的是先儒有不同见解但各有依据之处,选择其中较有道理的一种解说为主,不必再加考据,以免消耗时间精力。大概本朝人后来出现的解说较有道理。一为对疑难未解者不妄加评论,说的是对隐讳、深奥难以明白、有细枝末节之处,放在一边不必考据。一为辨别流派,说的是最早的经书世代流传的源流,古今经师传授经书的家法。考察其中最著名的,并且现在还存留有经书的典籍。以上七点,分类寻求,从关键处入手顺利解决问题,费力小而收获大。大概各种经书以本朝经师的解说为主;《易》以程颐的《易传》和古代学说同时选取;并不互相妨碍。《论语》《孟子》《大学》《中庸》以朱熹的《四书章句集注》为主,参考本朝经师的解说;《易》只读程颐的《易传》和孙星衍的《周易集解》;孙星衍的《周易集解》同时选取了汉代解说和王弼的注释。《尚书》只读孙星衍的《尚书今古文注疏》;《诗经》只读陈奂的《毛诗传疏》;《春秋左传》只读顾栋高的《春秋大事表》;《春秋公羊传》只读孔广森的《公羊通义》;本朝人讲解《公羊》,只有这本书立论持重谨慎,尚无弊端。《春秋谷梁传》只读钟文烝的《谷梁补注》;《仪礼》只读胡培翚的《仪礼正义》;《周礼》只读孙诒让的《周礼正义》;已经刊刻印刷但尚未完成。《礼记》只读朱彬的《礼记训纂》;皇帝亲自裁定的《七经传说义疏》,都是求学之人所应当阅读的,所以不列举。《论语》《孟子》除去朱熹《四书章句集注》外,《论语》有刘宝楠的《论语正义》,《孟子》有焦循的《孟子正义》,可以帮助考证古有解说,只是义理仍以朱熹《四书章句集注》为主;《孝经》读通行注解的版本,不必考据辨别;《尔雅》只读郝懿行的《尔雅义疏》;《五经总义》只读陈澧的《东塾读书记》、王文简引之的《经义述闻》;《说文解字》只读王筠的《说文句读》。同时选取段玉裁、严可均、桂馥、钮树玉几家,各家的学说明白详细严谨,段玉裁注释《说文解字》太繁杂深奥,等待专门之人研究。以上所列举的各种书籍,册数已经不少,全部阅读理解,也需要五年,应该从这些书中选取重要义理之处,先讲解明确,用韩愈所说的举出重点、探索精微的方法,从根本上加以标志。只看这些书中明的结论,那些引证、辩驳的解说,不必在意。如果按照前面提到的七点,节录重点编纂集成一部书,都采用旧说,不参杂一句臆想,小经不超过一卷,大经不超过两卷,尤其方便求学之人。这是学堂讲说经籍义理的教科书,不必章章注释句句解说,也不必抄录本经的全文。因为十五岁以前,各种经书的全文已经阅读,文义大概已经了解了。教师根据这种教科书讲解,学生根据这种教科书学习,期望一年或一年半完成。像这样学习经书,浅显但不错谬,简单但不粗劣,即使有时半途而废,也不至于一点收获也没有。有千余条经义来开启学生的性识,培养学生的根基,那么终身可以消除离经叛道的忧患了。总而言之,必先尽破研治经学的书生所写著作的门面,才能去施行,然而这就已经不是村中塾师、迂腐的读书人、科举时人所能做的了。

　一史学考治乱典制①。史学切用之大端有二:一事实,一典制。事实择其治乱大端有关今日鉴戒者考之,无关者置之。典制择其考见世变可资今日取法者考之,无所取者略之。事实求之《通鉴》。《通鉴》之学,《资治通鉴》《续通鉴》《明通鉴》②。约之以读纪事本末。典制求之正史、二通③。正史之学,约之以读志及列传中奏议。如汉郊祀④,后汉舆服⑤,宋符瑞礼乐⑥,历代天文五行⑦,元以前之律历⑧,唐以后之艺文⑨,可缓也。地理止考有关大事者,水道止考今日有用者⑩,官制止考有关治理者,如古举今废,名存实亡,暂置屡改,寄禄虚封⑪,闲曹杂流⑫,不考可也。二通之学,《通典》《通考》约之以节本⑬,不急者乙之⑭。《通考》取十之三,《通典》取十之一,足矣。国朝人有《文献通考详节》,但一事中最要之原委条目有应详而不详者,内又有数门可不考者。《通志二十略》知其义例可也⑮。考史之书,约之以读赵翼《廿二史劄记》⑯。王氏《商榷》可节取⑰,钱氏《考异》精于考古⑱,略于致用,可缓。史评,约之以读《御批通鉴辑览》⑲。若司马公《通鉴》论,义最纯正⑳,而专重守经;王夫之《通鉴论》《宋论》识多独到㉑,而偏好翻案;惟《御批》最为得中㉒,而切于经世之用。此说非因尊王而然,好学而更事者读之自见②。凡此皆为通今致用之史学。若考古之史学,不在此例。

【注释】

①制:典章制度。

②《资治通鉴》:北宋司马光领衔编撰,神宗制序赐名。二百九十四卷。全书上起周威烈王二十三年(前 403),下迄后周世宗显德六年(959)。内容以政治、军事为主,略于经济、文化。目的在于供统治者从历代治乱兴亡中取得鉴戒,为历史研究工作提供了较系统而完备的编年史资料。《续通鉴》:清毕沅撰。二百二十卷。乾隆末年编成,嘉庆六年(1801)全部刊行。编年体的宋、辽、金、元史,上与《资治通鉴》相衔接,取材比较完备。《明通鉴》:编年体明代史,清夏燮撰。九十卷,又前编四卷,附编六卷。编者以二十年精力旁收博采,搜辑野史多至数百种,立说不完全根据《明史》,并别传考异,分注正文之下。内容比《明纪》为详。

③二通:指《通典》和《通考》(即《文献通考》)。

④郊祀:古于郊外祭祀天地。郊谓大祀,祀谓群祀。《史记》有《封禅书》,《汉书》改为《郊祀志》。《后汉书》《元史》有《祭祀志》。

⑤舆服:车服。车乘衣冠章服的总称。古代有车服之制,以表明等级。《后汉书》有《舆服志》。

⑥符瑞:祥瑞的征兆,犹言吉兆。《史记·封禅书》:"未有睹符瑞见而不臻乎泰山者也。"

⑦五行:水、火、木、金、土,古代称构成各种物质的五种元素。《尚书·洪范》:"初一曰五行。"又:"五行:一曰水,二曰火,三曰木,四曰金,五曰土。"

⑧律历:历法。古人推音律以定历法。《大戴礼·曾子天圆》:"圣人慎守日月之数,以察星辰之行,以序四时之顺逆,谓之历。截

十二管,以宗八音之上下清浊,谓之律也。律居阴而治阳,历居阳而治阴,律历迭相治也。"

⑨艺文:六艺群书之文。六艺为礼、乐、射、御(驭)、书、数,是古代学校的教学内容。

⑩水道:河流。

⑪寄禄:寄禄官的省称。寄禄,即阶官,指只食禄而不任职事的官员,与职事官相对。虚封:假封。

⑫闲曹:闲散的地方官员。曹,古代州郡所置的属官。杂流:杂职之官,未入流的官。唐代官员品级,曾在九品外设有流外勋品一至九品。明、清官员品级,自正一品至从九品。不到从九品的,如典史、驿丞等官为未入流。

⑬《通典》:唐杜佑撰,二百卷。记载历代典章制度的沿革,上起传说中的唐虞,下迄唐肃宗、代宗时。分为食货、选举、职官、礼、乐、兵刑、州郡、边防八门。每门又分若干子目。作者综合群经诸史和历代文集、奏疏等,分类编纂,极有条理。《通考》:即《文献通考》,宋元之际马端临撰。三百四十八卷。记载上古到宋宁宗时典章制度的沿革。分类较杜佑《通典》详细,计有田赋、钱币、户口、职役、征榷、市籴、土贡、国用、选举、学校、职官、郊社、宗庙、王礼、乐、兵、刑、经籍、帝系、封建、象纬、物异、舆地、四裔等二十四门。除因袭《通典》外,兼采经史、会要、传记、奏疏、论议及其他文献等,资料较《通典》为详。

⑭乙之:暂搁置不读。

⑮《通志》:书名,南宋郑樵撰,二百卷。高宗绍兴三十一年(1161)完成。综合历代史料而成的通史。分本纪、年谱、略、世家、列传。纪传自三皇至隋,依各史抄录,有今失传之本,可供校勘。略共二十,自上古至宋,计氏族、六书、七音、天文、地理、都邑、礼、谥、器服、乐、职官、选举、刑法、食货、艺文、校雠、图谱、金石、

灾祥、昆虫草木等。其中多袭用《通典》旧文,惟氏族、六书、七音、都邑、昆虫草木五略,为旧史所无。二十略为作者用力之作,也是本书的精华。

⑯赵翼(1727—1814):清史学家、文学家。长于史学,考据精赅。所著《廿二史札记》,三十六卷。所考实系二十四史,因《旧唐书》《旧五代史》未计入数内,故称二十二史。作者意在总贯群史,故对每史,先述著作沿革,详介得失,然后提出若干问题,从原书排比史实,考核比较,提出己见,为清代史学重要著作。

⑰王氏:指王鸣盛(1722—1797),清史学家、经学家。以汉学的考证方法治史,撰《十七史商榷》(简称《商榷》),是清代史学名著之一。

⑱钱氏:指钱大昕(1728—1804),清学者。治学方面颇广。在史学上,长于校勘考订,撰有《廿二史考异》(简称《考异》)。该书一百卷。所考二十二史,即从二十四史中除去《旧五代史》《明史》。作者对各史记载出入、矛盾、错误之处,以及历代典章制度、地理沿革和辽金国语、蒙古世系等,作了部分考订,为清代史学重要著作。

⑲《御批通鉴辑览》:书名,清乾隆年间官修。一百十六卷,附南明唐、桂二王三卷。兼采《纲目》和《通鉴》体例,编年纪事,从上古到明末为止。本书由清高宗亲自核定稿件,并加论断,用意在于加强其思想统治。

⑳司马公:对司马光的尊称。

㉑王夫之(1619—1692):明清之际思想家、史学家。所著《读通鉴论》《宋论》阐述了"势、理、天"合一的历史哲学。

㉒《御批》:《御批通鉴辑览》的简称。

㉓更事者:经历丰富的人。

【译文】

一史学考治乱典制。史学切实可用的重要部分有两点：一为事实，一为典章制度。事实，选择历史上安定与动乱史实的主要部分，对今天有借鉴意义的详细加以考察，无关的放在那里不管。典章制度方面，选择那些可以从中察见世事变迁，又可以为今天所效仿的去考察它，没有什么可取之处的就省略它。事实从《通鉴》中寻求。《通鉴》的学问，《资治通鉴》《续通鉴》《明通鉴》。要领在于阅读纪事本末。典章制度从正史、《通典》和《通考》中寻求。正史的学问，要领在于阅读志及列传中的奏议。像汉代的郊祀志、后汉的舆服志、宋的符瑞礼乐，历代的天文五行，元代以前的历法，唐代以后的六艺群书之文，可以暂缓。地理只考察相关的大事，河流只考察今日有用的，职官制度只考察有关治理的，像古代实行现今废弃，名称存在实际消亡，暂时设置多次更改，阶官假封，闲散的地方官及不入流的杂官，不考察也可以。二通的学问，《通典》《通考》要领在于读删节后的版本，不急用的暂时搁置不读。《通考》选取十分之三，《通典》选取十分之一就足够了。本朝人有《文献通考》详细的节录，但一事中最重要的原因条目有应该详细却并不详细的，其中又有数门可以不考察的。《通志二十略》知道它的主旨和体例就可以了。考证历史的书籍，要领在于读赵翼的《廿二史札记》。王鸣盛的《十七史商榷》可以部分选取，钱大昕的《廿二史考异》精于考据古史，忽略付诸实用，可以暂缓阅读。历史评论，要领在于读《御批通鉴辑览》。像司马光的《通鉴》论说义理最为纯正，但侧重固守常法；王夫之《通鉴论》《宋论》见识广博且独到，但偏好翻案；只有《御批通鉴辑览》最为适合，而且贴近于治理国家的用途。这种说法不是因为维护君主而如此，喜好学习并且经历丰富的人阅读后可以自己体会到。以上这些都是通晓当今、付诸实用的史学。像考据古史的史学，不在这一范围内。

一诸子知取舍。可以证发经义者及别出新理而不悖经义者[①]，取之；显悖孔孟者，弃之。说详《宗经篇》。

【注释】

①证发：验证，阐发。

【译文】

一诸子知取舍。可以验证阐发经义以及在义理方面有所创新但不违背经义的，选取它；明显违背孔孟学说的，抛弃它。这一说法在《宗经篇》较为详细。

一理学看学案①。五子以后②，宋、明儒者递相沿袭，探索幽渺，辨析朱、陆③，掊击互起④，出入佛老，界在微茫⑤，文体多仿宗门语录⑥，质而近俚，高明者厌倦而不观，谨愿者惝恍而无得⑦，理学不绝如线焉耳。惟读学案可以兼考学行⑧，甄综流派⑨。黄梨洲《明儒学案》成于一手⑩，宗旨明显而稍有门户习气。全谢山《宋元学案》成于补辑⑪，选录较宽而议论持平，学术得失瞭然易见。两书甚繁，当以提要钩元之法读之，取其什之二即可。通此两书，其余理学家专书可缓矣。惟《朱子语类》原书甚多⑫，学案所甄录者未能尽见朱子之全体真面，宜更采录之。陈兰甫《东塾读书记·朱子》一卷最善⑬。

【注释】

①学案：记述学派内容、师递传授、学说发展的书。

②五子：这里指宋周敦颐、程颢、程颐、张载、朱熹五位理学家。

③辨析朱、陆：辨析朱熹和陆九渊的思想差异。陆九渊（1139—1193），南宋哲学家、教育家。提出"心即理"说。在"太极"、"无极"问题和治学方法上，和朱熹进行长期辩论。他的学说后由明王守仁继承发展，成为陆王学派。著作经后人编为《象山先生全

集》。

④捂(pǒu)击:打击,抨击。

⑤界:境域,区划。

⑥宗门:佛教名词。本为佛教诸宗的通称,后为佛教禅宗的自称,
　而称其他各宗为"教门"。宗,宗旨。门,法门。

⑦谨愿者:诚实的人。惝恍(tǎng huǎng):迷迷糊糊,不清楚。

⑧学行:学问与操行。

⑨甄综:综合分析,鉴别品评。

⑩黄梨洲:即黄宗羲(1610—1695),明清之际思想家、史学家。所
　著《明儒学案》,六十二卷,内容根据明代学者的文集语录,分析
　宗派,立学案十九,叙述学者两百余人。每人先列小传,后载语
　录。对各人生平经历、著作、思想以及学术的传授,都有扼要叙
　述,为中国最早的学术史专著。还著有《明夷待访录》《南雷文
　案》等。

⑪全谢山:即全祖望(1705—1755),清史学家、文学家。曾补辑黄
　宗羲《宋元学案》,编成百卷。又经后人努力,始得完成。内容将
　宋元两代学术思想,按不同派别加以系统地总结。每个学案先
　列一表,列举师友弟子,以明学术渊源;其次叙述生平、著作、思
　想,末附逸事及后人评论。是研究宋、元学术思想的重要资料。

⑫《朱子语类》:南宋朱熹讲学语录。原有池州、饶州、建安所刊三
　种《语录》,眉州、徽州所刊二种《语类》,后经黎靖德合并,编辑成
　为今本。共一百四十卷,分"理气"、"鬼神"、"性理"、"学"等二十
　六门。内容涉及自然科学、哲学、政治、史学等各方面,为研究朱
　熹思想的重要材料。

⑬陈兰甫:即陈澧(1810—1882),经学家、学者。

【译文】

一理学看学案。周敦颐、程颢、程颐、张载、朱熹五位理学家以后,

宋明儒者相互传授沿袭,探索幽深玄妙之理,辨析朱熹和陆九渊的思想差异,相互抨击,掺杂佛老之学,境域逐渐变得小而迷茫,文体多仿照佛教禅宗语录体,质朴接近俚语,高明的人厌倦而不想阅读,诚实的人迷糊而没有收获,理学衰落形势危急。阅读学案可以同时考察学问与操行,综合鉴别、品评学问流派。黄宗羲的《明儒学案》成于一人之手,宗旨明显,但稍有门派作风。全祖望的《宋元学案》成于补充辑录,选录范围较为宽广,并且议论持守公平,学术得失清晰易见。这两部书非常繁杂,应当采取举出重点、探索精微的方法阅读,选取其中十分之二就可以了。通晓这两部书,其他理学家专门书籍可以暂缓阅读了。只有《朱子语类》原书内容非常多,学案所鉴别辑录的不能完全看到《朱子语类》的全部真实面貌,应该重新选取辑录。陈澧的《东塾读书记·朱子》一卷最好。

　　一词章读有实事者。一为文人,便无足观。况在今日,不惟不屑,亦不暇矣。然词章有奏议、书牍、记事之用,不能废也。当于史传及专集、总集中,择其叙事述理之文读之,其他姑置不读。若学者自作,勿为钩章棘句之文^①,勿为浮诞诡琐之诗^②,则不至劳精损志矣。朱子曰:"欧、苏文好处,只是平易说道理,初不曾使差异底字换却寻常底字。"又曰:"作文字须是靠实说,不可架空细巧,大率七八分实,二三分文。欧文好者,只是靠实而有条理。"均《语类》一百三十九。

【注释】

①钩章棘句:形容文辞的艰涩。

②浮诞诡(wéi)琐:轻浮、荒诞、奸险、诡诈。

【译文】

一词章读有实事者。一旦成为酸腐自傲的文人，就一无是处了。况且在今日，不仅是不屑去看文人的诗文，也是没有空闲的时间。然而诗文有奏议、书信、记事的用途，不能都废弃。应当在史传及专集、总集中，选择那些叙事阐述道理的文章阅读，其他姑且放置不读。如果学者自己写作，不要作文辞艰涩的文章，不要作轻浮、荒诞、诡诈的诗词，就不至于劳费精神损伤志气了。朱子说："欧阳修、苏轼文章的好处，只是平实浅易地论说道理，不会使用有分歧的文字代替平常的文字。"又说："做文章须依据事实论说，不能结构空洞细致精巧，大概七八分事实，二三分文饰。欧阳修文章的好处，只是依据事实并且有条理。"均出自《语类》一百三十九。

一政治书读近今者。政治以本朝为要，百年以内政事，五十年以内奏议，尤为切用。

【译文】

一政治书读近今者。政治以本朝为要领，百年以内的政事，五十年以内的奏议，尤其切实可用。

一地理考今日有用者。地理专在知今，一形势，一今日水道，先考大川。一物产，一都会，一运道，水道不尽能行舟。一道路，一险要，一海陆边防，一通商口岸。若《汉志》之证古[1]，《水经注》之博文[2]，姑俟暇日考之可也。考地理必有图，以今图为主，古图备考，此为中学地理言。若地球全形，外洋诸国，亦须知其方域广狭，程途远近，都会海口，寒暖险易，贫富强弱，按图索之，十日可毕。暂可不必求详，重在俄、法、德、英、日本、美六国，其余可缓。

【注释】

①《汉志》:《汉书》中《地理志》《艺文志》等志的总称,为最早系统叙述我国地理、疆域、政区、学术著作源流的著作。后来有关地理及学术沿革的书,引用《汉书》两志,往往省称为《汉志》。

②《水经注》:《水经》旧题汉桑钦撰,但从所记的地理情况看,可能为三国时人所作。记我国河流水道,共一百三十七条。至北魏郦道元为之作注,补充记述河流一千二百五十二条,注文比原书多出二十倍。注以水道为纲,描述范围自地理情况至历史事迹、民间传说,内容丰富,文章生动多彩,引用书籍多至四百三十七种。

【译文】

一地理考今日有用者。地理专重知晓现今,一为地形地势,一为今日河流,先考察大的河流。一为物产,一为都会,一为运河水道,水道不全能通船。一为道路,一为险峻要冲,一为海陆边防,一为通商口岸。像考证古代地理的《汉志》,内容广博的《水经注》,姑且等待空闲时间考察也可以。考察地理必须有图,以今日地图为主,古代地图备用考察,这是针对中学地理而言。像整个地球的地形地势,外洋各国,也须知道他们的疆域大小,路途的远近,都会海口,气候的冷热,险阻和平坦,贫富强弱,按照地图索引,十日可以完成。暂时可不必追求详尽,重点在于俄国、法国、德国、英国、日本、美国六个国家,其他国家可以暂缓。

一算学各随所习之事学之。西人精算,而算不足以尽西艺,其于西政更无与矣①。天文、地图、化、力、光、电②,一切格致制造,莫不有算,各视所业何学,即习何学之算,取足应用而止。如是则得实用而有涯涘③。今世学人治算学者,如李尚之、项梅侣、李壬叔诸君④,专讲算理,穷幽极微,欲卒其业,皓首难期。此专家之学,非经世之具也。算学西多中少,因恐求备求精有妨中学,故附于此。

【注释】

①无与:无关。

②化、力:化学与力学。

③涯涘(sì):界限,边际。涘,水边。

④李尚之:即李锐(1768—1817),清数学家,字尚之。精通数学,对古代成就,继承又有发展。著有《天元勾股细草》《弧矢算术细草》《开方说》等。项梅侣:即项名达,清数学家,字梅侣,号下学斋。道光进士。著有《下学斋算术》。李壬叔:即李善兰(1813—1884)。清数学家,字壬叔。通辞章训诂之学,尤精算术。著有《则古昔斋算学》,译补《几何原本》后九卷。

【译文】

一算学各随所习之事学之。西方人精于算学,但算学不足以穷尽西方科学,它和西方政治更无关了。天文、地图、化学、力学、光学和电学,一切自然科学和制造的学问,都涉及算学,各自视所学的是什么学科,就专习什么学科的算学,选取足以应用为止。像这样就能既实用又有边界。现今学人中研究算学的,像李锐、项名达、李善兰各位,专门讲求算学义理,穷尽深奥的道理,阐发微妙之处。想要完成他们的研究,头发花白也难以期待。这是专家的学问,不是治理国家的工具。算学西方研究得多中国研究得少,因为担心追求全面精深而妨碍中学,所以附加在这里。

一小学但通大旨大例。中学之训诂犹西学之翻译也。欲知其人之意,必先晓其人之语。去古久远,经文简奥,无论汉学、宋学,断无读书而不先通训诂之理。近人厌中学者,动诋训诂,此大谬可骇者也。伊川程子曰:"凡看文字,先须晓其文义,然后可求其意,未有文义不晓而见意者也。"二程遗书《近思录》引。朱子曰:"训诂则当依古注。"《语类》卷七。又曰:"后生且教他依本子认得训诂文义分明为急。今人多是躐等妄作①,诳误后生,其实都晓不得也。"《答黄直卿书》②。又曰:"汉儒可谓善说经者,不过只说训诂,使人以此训诂玩索经文③。"《答张敬夫书》④。又曰:"向议欲刊《说文》⑤,不知韩丈有意否? 因赞成之为佳。"《答吕伯恭书》⑥,此外言训诂为要者尚多。朱子所注各经,训诂精审,考据《说文》者甚多。《潜夫论》⑦:"圣为天口,贤为圣译。"可谓善譬。若不通古音古义而欲解古书,何异不能译西文而欲通西书乎?惟百年以来,讲《说文》者终身钻研,汩没不反⑧,亦是一病。要之,止须通其大旨大例,即可应用。大旨大例者,解六书之区分⑨,通古今韵之隔阂,识古籀篆之源委⑩,知以声类求义类之枢纽⑪,晓部首五百四十字之义例。至名物无关大用。如水部自有专书,示部多列祭礼,舟车今制为详,草虫须凭目验,皆不必字字深求者也。说解间有难明,义例偶有抵牾,则阙之不论。许君书既有脱逸⑫,复多奥义⑬,但为求通六书,不为究极许学,则功力有限断矣。得明师说之,十日粗通,一月大通。引申触类,存乎其人,何至有废时破道之患哉⑭! 若废小学不讲,或讲之故为繁难,致人厌弃,则经典之古义茫昧,仅存迂浅俗说,后起趣时之才士,必皆薄圣道为不足观,吾恐终有经籍道熄之一日也。

【注释】

①躐(liè)等：不循次序，越级而进。

②黄直卿：宋长溪人，字尚质，又字直卿。师事朱熹，著述甚多。兼事饶鲁、李鉴等。官直学士。著有《五经讲义》《四书纪闻》。

③玩索：体味，思索。

④张敬夫：即张栻(1133—1180)，南宋学者，字敬夫。与朱熹、吕祖谦齐名，时称"东南三贤"。

⑤刊：刊刻出版。

⑥吕伯恭：即吕祖谦(1137—1181)，南宋理学家、文学家。字伯恭，学者称东莱先生。博通史传，著述甚丰。

⑦《潜夫论》：书名，凡十卷，东汉王符撰。王以耿直忤俗、志意蕴愤，乃隐居著书以议当时得失，不欲彰显其名，故号曰《潜夫论》。今本合叙录为三十六篇。

⑧汩(gǔ)没不反：埋没进去，跳不出来。汩没，沉沦、埋没。

⑨六书：汉代学者分析小篆的形、音、义而归纳出来的六种造字条例。许慎《说文解字·叙》对六书(指事、象形、形声、会意、转注、假借)首为定义，并举实例，对后世影响最大。

⑩籀篆：籀和篆是我国古代的两种书体。籀即大篆，因史籀所作，载于《史籀篇》，故称籀文。这里说的篆当指小篆，也叫秦篆。是在籀文的基础上省改而来，字体较籀文简化，其形体匀圆整齐，存世有《琅琊台刻石》和《泰山刻石》残石，可代表其风格。

⑪声类：音韵学术语，包括声母和韵母两部分。清陈澧《切韵考》、孔广森《诗声类》、严可均《说文声类》都是研究古声韵的书。义类：训诂学术语，按义分类的词语。

⑫许君：指许慎。脱逸：遗漏。

⑬奥义：高深的含义。

⑭废时破道：虚掷光阴，违背学理。

【译文】

一小学但通大旨大例。中国学问里的训诂就像西学中的翻译。想要知道人家的意思，必须先知晓人家的语言。距离古代久远，经文简古深奥，无论汉学、宋学，断然没有读书却不先通晓训诂的道理。近来厌弃中学的人，经常诋毁训诂，这是极大的错误，令人惊骇。程颐说："但凡看文字，首先须知晓文字的意思，这之后才能探求它的深层用意，没有不知晓文意却能看到深层用意的。"二程遗书《近思录》引。朱熹说："训诂就应当依据古有注疏。"《语类》卷七。又说："年轻人姑且教导他根据书本认得训诂，把文字的意思分辨明白是关键。今人多越级而进任意胡为，欺骗误导学生，其实根本都不明白。"《答黄直卿书》。又说："汉代儒学可以说是善于解说经书，不过只解说训诂，让人只是通过训诂体味经文。"《答张敬夫书》。又说："以前议论想要刊刻出版《说文解字》，不知韩元吉有意向吗？赞成这种做法为好。"《答吕伯恭书》，此外说训诂重要的话还有很多。朱熹所注的各种经书，训诂精确详细，考据《说文解字》的非常多。《潜夫论》："圣人为上天开口，贤人为圣人翻译。"可以说是好的比喻。如果不通晓古音古义却想解说古书，与不能翻译西方文字却想通晓西方书籍有什么不同呢？但是百年以来，讲解《说文解字》的人毕生钻研，埋进去跳不出来，也是一大弊端。要而言之，只需通晓经书的主要旨意和体例，就可以应用。主要旨意和体例，是解说六书的分别，通晓古今音韵的隔阂，认识古代大篆和小篆的源流本末，知道根据音韵寻求按义分类词语的关键，通晓五百四十个部首的意义和体例。至于事物名称、特征无关大用。像水部自有专门书籍，示部多列举于祭礼之中；舟车现今形制很详细，草虫须依据眼睛检验，都不必字字深入追求。解说中有难以明白之处，主旨体例偶然有矛盾之处，就省略不再讨论。许慎的书既然有遗漏，又多深奥义理，但为追求通晓六书，不为穷尽许学，那么使用的功力就会有限。得到高明的老师的解说，十日粗略通晓，一个月大体通晓。由一事物延展推广到同类事物，在于个人的领会了，何至于有虚掷光阴、违背学理的忧患呢！如果废弃小学不讲解，或者讲解故意繁杂艰涩，致使人人厌弃，那么儒家经典的古义模糊不清，仅仅存留迂腐浅显的庸俗解说，后来兴起的与时势相适应的有才之士，必然都鄙薄圣道认为圣道不值得一提，我担心终有经籍圣道灭亡的一天。

　　如资性平弱，并此亦畏难者，则先读《近思录》《东塾读书记》《御批通鉴辑览》《文献通考详节》①。果能熟此四书，于中学亦有主宰矣。

【注释】

①《近思录》：书名，宋朱熹、吕祖谦合撰。十四卷，分十四门，共六百二十二条。集宋代学者周敦颐、程颢、程颐和张载主要言论而成，取《论语·子张》记子夏"切问而近思"之义为书名，为阐述儒家性理的概论之作。

【译文】

　　如果资质平庸，并且对以上所列举的也感觉很困难，就先读《近思录》《东塾读书记》《御批通鉴辑览》《文献通考详节》。果真能熟读这四部书，对于中国固有的学问也能有所掌握了。

去毒第九

【题解】

　　"去毒"篇是《劝学篇》内篇的最后一篇。在此篇中,张之洞议论了当时中国的鸦片问题并提出解决之道。他开篇即感叹了鸦片为害之深,不仅耗费财力,又荒废人才。随后引经据典,认为鸦片流毒问题是出于教育不到位导致的懒惰无事,如此则依靠严刑峻法并无效果,而需依靠道德与教育,所以他提倡以兴学作为戒烟的途径。随后,他批评了当时上海、扬州的戒烟会各自管理手下之人,只能约束愚贱之人而无法约束富贵之人,从而提倡创立学会的同时附设戒烟会,着力教育年富力强者,待其成为社会栋梁之材时,各自约束手下之人,如此三十年可禁绝鸦片。篇末,张之洞又引孔孟知耻之说,认为在中国陷溺鸦片之中、沦入贫弱灭亡之时,一定要以戒烟作为开始,再次强调其重要性。

　　悲哉!洋烟之为害,乃今日之洪水猛兽也。然而殆有甚焉。洪水之害,不过九载[①];猛兽之害,不出殷都[②];洋烟之害,流毒百余年,蔓延二十二省,受其害者数十万万人,以后浸淫[③],尚未有艾。废人才,弱兵气,耗财力,近年进口洋货价八千余万,出口土货可抵五千余万,洋药价三千余万,则漏卮也[④]。是中国不贫于通商,而贫于吸洋烟也。遂成为今日之中国矣。

而废害文武人才，其害较耗财而又甚焉。志气不强，精力不充，任事不勤，日力不多，见闻不广，游历不远，用度不节，子息不蕃⑤，更数十年，必至中国胥化而为四裔之魑魅而后已⑥。

【注释】

①洪水之害，不过九载：相传尧时洪水泛滥，鲧治之，无功被殛。鲧子禹复治之，九年始平。

②猛兽之害，不出殷都：《孟子·滕文公下》："昔者禹抑洪水，而天下平；周公兼夷狄，驱猛兽，而百姓宁。"殷都，商朝的国都，在今河南安阳小屯村。

③浸淫：积渐而扩及。

④漏卮：渗漏的酒器。这里比喻权力外溢。

⑤子息不蕃：子孙不繁殖昌盛。子息，子孙。

⑥胥化：退化，奴化。胥，古代官府中的小吏。与胥徒并称，泛指在官府中供役使的人。四裔之魑魅：四裔，四方极远的地方。魑魅，古代传说中山泽的鬼怪。

【译文】

悲哀啊！鸦片的祸害是今天的洪水猛兽。然而它的害处更为严重。洪水之害，最多不过九年的时间；猛兽之害，也不会超过整个殷都；鸦片的害处，流毒百余年，蔓延到了二十二省，受其害者有十万万人，这之后积渐而扩及的，还没有终止。鸦片的害处，使人才颓废，让兵力衰弱，使财力损耗，近年进口的洋货价值八千余万，出口的土货可抵五千余万，洋药价值三千余万，那么利润就外流了。中国并不是因通商而贫穷，是因为吸鸦片而贫穷。于是就成了现在的中国。而让文武人才颓废，其害处要比使财力损耗更严重。没有强大的志向与气力，精力不充沛，做事不勤快，时间不多，见闻不广，出外考察也走不远，花费没有节制，子孙不繁殖昌盛,这样下去数十年,一定会使中国退化成为边远地方的山泽鬼怪才罢休。

　　昔者国家尝严刑峻法以禁之而不效,天祸中国,谁能除之? 然而吾意以为不然。《论语》曰:"齐之以刑,免而无耻;齐之以礼,有耻且格。"是法所不能治者,名得而治之。顾亭林曰:"以法治人,不若以名治人。"《学记》曰①:"君子如欲化民成俗,其必由学乎!"是政所不能化者,学得而化之,何也? 中国吸烟之始,由于懒惰,懒惰由于无事,无事由于无所知,无所知由于无见闻。士之学,取办于讲章墨卷;官之学,取办于例案②;兵之学,取办于钝器老阵③,如是已足。近日宋学、汉学、词章百家之学④,亦皆索之故纸,发为空言,不必征诸实事,考诸万物。农无厚利,地无异产,工无新器,商无远志,行旅无捷涂⑤,大率皆可以不勤动、不深思、不广交、不远行而得之。陋生拙,拙生缓,缓生暇,暇生废,于是嗜好中之。此皆不学之故也。若学会广兴文武道艺,城乡贵贱无有不学,弱者学之于阅报,强者学之于游历,其君子胸罗五洲,其小人思穷百艺,方且欲上测行星,下穷地隔⑥,旁探南北极,岂尚有俾昼作夜、终老于一灯一榻者⑦? 导之且不为,况禁之哉! 故曰:兴学者,戒烟之药也。

【注释】

①《学记》:《礼记》篇名。杂记秦汉以前贵族的教育制度、教学内容和方法,阐述了教学相长、循序及时、长善救失等教育经验,是中国教育史上著名的论著。

②案：例为颁定的成例，案为已成的旧案。合称为例案。

③钝器：不锐利的兵器。老阵：过时的交战队列。

④学：宋儒理学，称为宋学。东汉以来治经专重训诂，宋儒则以义理为主，故有理学之称。宋学以"理"为天地万物的本源，以三纲五常为核心，虽标榜孔孟之道，但亦兼参佛、道之说。汉学：汉儒治经，多注重训诂，考订名物制度。清代乾隆、嘉庆间称其学为汉学，与宋、明理学相对，又称朴学。汉学重实证而轻议论，整理古籍自群经至于子史，辨别真伪，往往突过前人。

⑤捷涂：通畅的道路。涂，通"途"。

⑥地隔：这里指地球上难以到达的地方。

⑦俾（bǐ）昼作夜：把白昼当做夜晚。俾，使。

【译文】

过去国家曾用严刑峻法来禁止却没有效果，上天降祸中国，又有谁能够改变呢？然而我不是这样看的。《论语》说："使用刑罚来整顿他们，人民只是暂时地免于罪过，却没有廉耻之心；如果用道德来引导他们，使用礼教来整顿他们，人民不但有廉耻之心，而且人心归服。"刑罚所不能治理的，道德能够治理。顾炎武说："用刑法来管理人，不如用道德约束人。"《礼记·学记》说："君子如果要教化人民，形成良好的风俗习惯，一定要从教育入手。"政治不能教化的，通过教育可以教化，原因何在？中国人开始吸食鸦片，是由于懒惰，懒惰是由于无事可做，无事可做是因为无知，无知是因为没有见闻。士人所学，取材于讲义和应试考题；官吏所学，取材于颁定的成例和旧案；兵士所学，取材于弩钝的兵器和过时的交战队列。像这样就已经满足了。近日宋儒理学、汉儒训诂考订之学、词章百家之学，也都是索求于旧纸堆，发表一些空言论，用不着从事实中去借鉴，考究万物中获得。农业没有丰厚的利润，土地没有稀有的物品，工业没有新的机器，经商的没有远大的志向，行旅没有通畅的道路，大都可以不用辛勤劳动、不用深入思考、不用广泛交游、不用远行就可以得到。简陋生出拙劣，拙劣生出缓慢，缓慢生出闲暇，闲暇生出颓废，因此恰好符合吸食鸦片的嗜好。这些都是不受教育的缘故。如果学会能广泛地兴起，文武之道和各式技艺广泛学习，城市和乡里无论贵贱没有不学习的，身体弱的人从阅报中学习，身体强的人从游历中学习，在上的君子心有世界五大洲，在下的普通人会想着穷尽各种技艺，会想着仰望星空观测行星，向下穷究地球深处，探究南北两极，哪能还有把白昼当做黑夜、终老在一盏油灯和卧榻上的人呢？诱导尚且不这样做，况且用法令禁止呢！因此说：兴办教育，是戒吸食鸦片的良药。

　　近日海内志士，伤时念乱，怵然有人类灭绝之忧①。上海、扬州均有戒烟会，其说大抵各自治其所属之人。如吸烟者，主不以为仆，师不以为士，将不以为兵，田主不以为佣，商贾不以为伙，匠师不以为工。凡以治愚贱之人而已。夫不治富贵智能之人，则将吏、师长、田主、工师不乏吸烟者，彼恃有逃墨归杨之薮②，犹不戒也。且官师皆无常职，彼视其官师如传舍③，亦不戒也。吾谓惟在以学治智能少壮之人，愚贱者视吾力所能及者治之，衰老者听之。十年之后，此智能少壮之士，大率皆富贵成立，或有位，或有家，因以各治其所属之人，三十年而绝矣。今各省多创立学会，谓宜即以戒烟会附之而行。无论何学会，皆列此一条：四十岁以上，戒否听其便；四十岁以下者，不戒烟不得入会。家训训此，乡约约此，学规规此，剥穷则反④，此其时乎！

【注释】

①怵（chù）然：恐惧的样子。

②逃墨归杨：《孟子·尽心下》："逃墨必归于杨，逃杨必归于儒。"
　　逃，离去。墨，墨翟。杨，杨朱，战国时魏人，后于墨翟，前于孟
　　轲，其说重在爱己，不以物累，不拔一毛以利天下，与墨子的兼爱
　　相反，同被当时儒家斥为异端。薮：水浅草茂的泽地，这里比喻
　　人或物聚集的地方。
③传舍：古代供来往行人休止住宿的处所。
④剥穷则反：犹"物极必反"之意。

【译文】

　　近日，国内的有志之士，感伤时局、忧念变乱，怵然有人类灭绝的担
忧。上海、扬州均有戒烟会，戒烟会的说法大概是要各自管理所在地方
的人。如果有吸食鸦片的人，主人不把他当做仆人，师者不把他当做读
书人，将领不把他当做士兵，地主不把他当做雇农，商人不和他合伙做
生意，匠师不把他当做工匠。以上这些措施都是来管理愚昧贫贱的人
罢了。不管理富贵、聪明的人，那么将吏、师长、地主、工师当中不乏吸
烟片的，他们仰仗着有可以逃避的聚集地，也不会戒烟的。而且地位低
微的官员没有固定的职务，他们将官职看做是一个如同可以歇脚的地
方，也不戒烟。我认为惟有用教育来治理聪明而年富力强的人，至于愚
昧贫贱的人，则要看力所能及的就去管理，衰老的人就听之任之。十年
之后，这些聪明而年富力强的人士，大都富贵独立，有的有权位，有的有
家室，趁此来管理各自所属的人群，三十年后就没有吸鸦片的人了。现
在各省多创立学会，说应当立即以戒烟会附带实行。无论什么样的学
会，都列有这一条：四十岁以上的，戒烟与否听从其个人意愿；四十岁以
下的，不戒烟则不得入学会。家训这样训导，乡约如此约束，学规如此
规定，物极必反，这正是时候啊！

　　孔子曰："知耻近乎勇①。"孟子曰："不耻不若人，何若人
有②！"夫以地球万国鄙恶不食之鸩毒③，独我中华乃举世寝

馈湛溺于其中④,以自求贫弱死亡,古今怪变,无过于此。使孔孟复生,以明耻教天下,其必自戒烟始矣!

【注释】

①知耻近乎勇:语出《礼记·中庸》。

②不耻不若人,何若人有:语出《孟子·尽心上》。

③鸩(zhèn)毒:极毒的药酒。这里指鸦片。

④寝馈湛(chén)溺:睡觉与吃饭时都沉溺于其中。寝馈,睡觉与吃饭。湛溺,即"沉溺"。

【译文】

孔子说:"知道廉耻近似于勇敢。"孟子说:"不以赶不上别人为羞耻,怎么能赶上别人呢?"地球上各国鄙夷厌恶而不吸食鸦片,单单我中华举国无论睡觉与吃饭都沉溺在其中,以此来自求贫弱与死亡,古今没有比这更奇怪的变化了。假使让孔子和孟子复生,用懂得廉耻来教化天下,他们一定会从戒食鸦片开始的!

外 篇

益智第一

【题解】

"益智"为《劝学篇》外篇的开篇之作。因应世变,强调"西用"的价值,打破闭塞自守,适度向西方学习是整个外篇的基调。"益智"篇首点出自强的力量来自于智识的增加,如何增加智识?一是要去妄。即改变虚骄愚昧的态度,不能一味循旧法守旧学,而是要虚心向西学学习新知和实政。一是去苟。即改变陋习,时不我待,振作精神从速进行改革和学习。农需益智,工需益智,商需益智,士需益智,四民之中,张之洞认为士益智最为重要。

在"愚民辨"中,尽管作者批评面对未有之变局,士大夫普遍茫昧如故,闭关自守,不知向西方学习。但是他也不同意激进者对中国历代统治者愚民的指责,枚举了各朝各代的史实,特别是有清一代"觉世牖民"的种种事例,来反驳愚民说。作者的观点十分鲜明:新学新知固然可益智、可学习,但也不能轻易否定中土之学和本朝的种种努力。

自强生于力,力生于智,智生于学。孔子曰:"虽愚必明,虽柔必强。"未有不明而能强者也。人力不能敌虎豹,然而能禽之者[①],智也;人力不能御大水、堕高山,然而能阻之、开之者,智也。

【注释】

①禽：同"擒"。

【译文】

自强来自于力量，力量来自于智慧，智慧来自于学习。孔子说："即使愚钝也定会变得聪明，即使柔弱也定会变得刚强。"还没有不明智却能变强的。人的力量不与虎豹相当，然而能擒拿虎豹，是因为智慧；人的力量不能抵御大水、毁坏高山，然而能阻止大水、开拓大山，是因为智慧。

岂西人智而华人愚哉？欧洲之为国也多，群虎相伺，各思吞噬，非势均力敌不能自存，故教养富强之政，步天测地、格物利民之技能，日出新法，互相仿效，争胜争长。且其壤地相接，自轮船、铁路畅通以后，来往尤数①，见闻尤广，故百年以来焕然大变，三十年内进境尤速。如家处通衢，不问而多知；学有畏友，不劳而多益。

【注释】

①数（shuò）：频繁。

【译文】

难道西方人聪明而中国人愚钝吗？欧洲有很多国家，像群虎一样伺机而动，各自想着吞噬（别国），除非势均力敌，否则就不能够自存，所以教导培养富强的政治，登天量地（指天文地理）、穷究事理便利民众的技能，几乎每天都有新的方法产生，各国之间互相模仿效法，彼此竞争胜负较量短长。而且欧洲各国相互接壤，自轮船、铁路畅通后，来往次数更多，了解的事物更广博，所以一百年来有了巨大改变，近三十年的进步尤其迅速。如同家处在四通八达的交通要道上，不用请教便能获得许多知识；学习中有品德端正、让人敬畏的朋友，不用太用力便有许多获益。

中华春秋、战国、三国之际，人才最多。累朝混一以后①，儌然独处于东方，所与邻者，类皆陬澨蛮夷②，沙漠蕃部③，其治术、学术无有胜于中国者。惟是循其旧法，随时修饬，守其旧学，不逾范围，已足以治安而无患。迨去古益远④，旧弊日滋，而旧法、旧学之精意渐失。今日五洲大通，于是相形而见绌矣。假使西国强盛开通，适当我圣祖、高宗之朝⑤，其时朝廷恢豁大度⑥，不欺远人，远识雄略，不囿迂论，而人才众多，物力殷阜，吾知必已遣使通问，远游就学。不惟采其法，师其长，且可引为外惧，藉以儆我中国之泄沓⑦，戢我中国之盈侈⑧，则庶政百能⑨，未必不驾而上之。乃通商用兵，待至道光之季，其时西国国势愈强，中国之才愈陋，虽被巨创⑩，罕有儆悟；又有发匪之乱，益不暇及。林文忠尝译《四洲志》《万国史略》矣⑪，然任事而不终；曾文正尝遣学生出洋矣，然造端而不寿⑫；文文忠创同文馆⑬，遣驻使，编西学各书矣，然孤立而无助。迂谬之论，苟简之谋⑭，充塞于朝野，不惟不信不学，且诟病焉⑮。一儆于台湾生番⑯，再儆于琉球⑰，三儆于伊犁⑱，四儆于朝鲜⑲，五儆于越南、缅甸⑳，六儆于日本。祸机急矣，而士大夫之茫昧如故，骄玩如故。天自牖之㉑，人自塞之，谓之何哉！

【注释】

①累朝：历朝。混一：统一。

②陬澨(zōu shì)蛮夷:(生活在)山脚水滨的落后的民族。陬,山脚。澨,水滨。蛮夷,泛指四方的少数民族。

③蕃部:古时对外族的通称。蕃,通"番"。

④迨(dài):等到。

⑤圣祖、高宗之朝:这里泛指清初几个帝王当政的时期。圣祖,即爱新觉罗·玄烨,年号康熙,1661—1722 年在位。高宗,即爱新觉罗·弘历,年号乾隆,1735—1796 年在位。

⑥恢豁:恢弘豁达。

⑦泄沓:办事怠缓。

⑧戢(jí):止息,制止。盈侈:奢侈,浪费。

⑨庶政百能:各种政务和各种才艺技能。

⑩巨创:道光二十二年(1842),清政府在鸦片战争中战败,与英国侵略者签订了丧权辱国的中英《南京条约》。道光二十四年(1844),清政府与法国侵略者签订了中法《黄埔条约》(即《中法五口贸易章程》)。

⑪林文忠:林则徐追谥"文忠"。他在广东时为了解西方情况,派人翻译外文书报,编成《四洲志》《万国史略》等书。

⑫造端:发端,开创。

⑬文文忠:即文祥,清满洲正红旗人。道光进士,累擢工部侍郎、军机大臣,创立总理衙门,设南北口岸大臣,立神机营。清廷洋务派首领之一,谥文忠。同文馆:亦称"京师同文馆"。清末培养译员的学校。同治元年(1862)在北京成立,附属于总理各国事务衙门。

⑭苟简:苟且简略。

⑮诟病:辱骂。

⑯儆:危急。后五个"儆"义同。台湾生番:1871 年,琉球船只在台湾触礁,台湾土著少数民族杀死琉球船水手五十余人。日本自

认琉球为其属国,倡言出兵台湾。此为日本兼并琉球、侵占台湾的端绪。

⑰琉球:原为中国朝贡国,1877年,日本阻止琉球王向清廷朝贡,并于19世纪80年代改琉球王为县令,兼并琉球。

⑱伊犁:鸦片战争后至1882年,沙俄通过多次出兵占领和强迫清政府签订不平等条约,吞并了东北和西北的大片土地。1881年签订的《中俄伊犁条约》规定中国割去伊犁西面、南面及斋桑湖以东的大片领土。

⑲朝鲜:1895年签订的中日《马关条约》规定了若干使中国丧失领土主权的条款,其中之一为中国承认藩属朝鲜"完全无缺之独立自主"。从此朝鲜沦为日本帝国主义的殖民地。

⑳越南、缅甸:两国原系中国藩属。中法战争(1883—1885)结束之际签订的《中法会订越南条约十款》,承认法国在越南的殖民统治。经过1824—1826年、1852年、1885年三次英缅战争,缅甸雍笈牙王朝被灭,沦为英国殖民地,成为英领印度的一省。

㉑牖:通"诱"。启迪,开导。

【译文】

中国在春秋、战国、三国的时候,人才最为丰富。历朝统一之后,萎靡不振地独处在东方,所比邻的国家,大抵都是山脚水边的落后民族,和沙漠之地的外族部落,他们的治国方法和学问没有超过中国的。只因这样,中国便沿袭过去固有的一套制度方法,随时加以整顿,固守旧学说,不超出过去的范围,足以长治久安而没有祸患。等到离古代渐远,旧有的弊病日益滋长,且旧做法、旧知识的精深意旨逐渐丧失。如今世界上五大洲之间大为通畅,中国在与其他国家相互比较中明显能看出差距了。假如西方国家的强盛开通,恰好处在我圣祖、高宗的朝代,那时朝廷胸怀宽广、恢弘豁达,不欺凌远方的异族,有远见和雄谋,不局限于不合实际的空论,而且人才众多,物产丰富,我认为必然会派遣使者互相往来访问,远去交流和学习。不只采用外国的规则方法,学习他们的长处,而且可以将他们视为来自国外的巨大压力,用来警惕我们中国办事怠缓的状态,克服改正我们中国骄奢淫逸的风气,那么各种政务和许多技能未必不在西方之上。到了道光皇帝年间,中国与西方国家之间开始通商和战争,那个时候西方国家国力愈发强盛,中国的人才愈发见识浅陋,即使遭受重创,也少有警醒和觉悟的;再加上发生太平天国叛乱,更没有精力顾及。林则徐曾经主持翻译《四洲志》《万国史略》,然而却在两广总督任上被革职,导致他所开创的翻译事业没能继续进行下去;曾国藩曾经派遣学生出国,然而刚刚开始曾就去世了;文祥创立同文馆、派遣驻外公使、编撰西方各类书籍,然而独自经营没有援助。迂腐荒谬的言论,苟且浅薄的计谋,充斥在朝廷与民间,不仅不相信不学习,还指责辱骂。第一次危机来源于台湾少数民族事件,第二次危机来源于琉球,第三次危机来源于伊犁,第四次危机来源于朝鲜,第五次危机来源于被法国侵占的越南和被英国侵占的缅甸,第六次危机来源于日本。灾祸已到了危急时刻,然而士大夫仍旧像过去一样愚昧无知,像过去一样骄傲轻慢。上天本来要给予启发,众人却自我闭塞,能怎么办呢?

　　夫政刑兵食,国势邦交,士之智也;种宜土化^①,农具粪料,农之智也;机器之用,物化之学^②,工之智也;访新地,创新货,察人国之好恶,较各国之息耗^③,商之智也;船械营垒,测绘工程,兵之智也。此教养富强之实政也,非所谓奇技淫巧也。华人于此数者,皆主其故常^④,不肯殚心力以求之。若循此不改,西智益智,中愚益愚,不待有吞噬之忧,即相忍相持,通商如故,而失利损权,得粗遗精,将冥冥之中,举中国之民已尽为西人之所役矣。役之不已,吸之朘之不已^⑤,

则其究必归于吞噬而后快⑥。是故智以救亡，学以益智，士以导农、工、商、兵。士不智，农、工、商、兵不得而智也。

【注释】

①种宜：种植之事。土化：使土壤熟化，指施肥改良土壤。

②物化之学：研究万物自然变化的学问。

③息耗：生息和虚耗。

④主其故常：按常例办事。主，坚持。故常，习惯。

⑤吸之朘(juān)之：剥削压榨。吸，吮吸(骨髓)。朘，削弱减少。

⑥究：终极，最后。

【译文】

政事、刑罚、军事、俸禄，国家的实力与对外的交往，这是士的才智；种植之事与土地改良，农具肥料，这是农民的才智；机械器物的使用，研究万物自然变化的学问，这是工匠的才智；探访新的地方，制造新货物，考察他国的好恶，比较各国的生息和虚耗，这是商人的才智；舰船、军械、军营、堡垒，测绘与工程，这是军人的才智。这些都是教育和培养求富求强的实政，而不是所认为的过于奇异而无益的本领与技艺。中国人对于以上这些，都按常例办事，不愿竭尽心力去探求它。如果继续沿袭不加改正，西方智上加智，中国愚上加愚，用不着有被吞并的忧虑，即使双方相互克制忍让和对峙，像过去一样通商，然而我们不断丧失利益和损害权利，得到粗鄙遗失精华，将在不知不觉间，整个中国的民众都要被西方人所奴役了。奴役驱使不停，剥削压榨不停，最后必然是被人家吞并而后快。因此用智识来拯救国家危亡，用学习来增加才智，士来引导农、工、商、兵各业。士没有才智，农、工、商、兵也不会增长智识。

政治之学不讲，工艺之学不得而行也。大抵国之智者，势虽弱,敌不能灭其国;民之智者,国虽危,人不能残其种。印度属于英,浩罕、哈萨克属于俄①,阿非利加分属于英、法、德②,皆以愚而亡。美国先属于英,以智而自立;古巴属于西班牙,以不尽愚而复振。

【注释】

①浩罕:18 世纪初乌兹别克人在中亚费尔干纳盆地建立的封建汗国,首都为浩罕城。19 世纪沙俄侵略中亚,1876 年吞并浩罕汗国。哈萨克:在亚洲中部。大部分地区原属哈萨克汗国,19 世纪上半叶逐步并入俄罗斯帝国;东部巴尔喀什湖以南、以东和斋桑湖一带原为中国领土,19 世纪下半叶被俄罗斯帝国强行割占。

②阿非利加分属于英、法、德:从 15 世纪起,葡、西、荷、英、法、比等国殖民者相继侵入非洲,掠夺贩运奴隶长达 4 个世纪,一亿左右黑人被奴役或被杀害。19 世纪 70 年代以后,英、法、德等国家又几度瓜分非洲。

【译文】

不讲求政治的学问,那么各种工艺、技术的学问,也无法实行。大概有智识的国家,国势即使暂时衰弱,敌人也不能灭亡他们的国家;有智识的民族,国家虽然处于危机之中,外族也不能伤害他们的种族。印度附属于英国,浩罕、哈萨克附属于沙俄,非洲被分割附属于英国、法国、德国,他们都因为愚昧无知而亡国。美国之前附属于英国,凭借智识而独立;古巴附属于西班牙,因不是那么愚昧而重新振兴。

　　求智之法如何? 一曰去妄,二曰去苟。固陋虚憍①,妄之门也;侥幸怠惰,苟之根也。二蔽不除,甘为牛马、土芥而已矣。

【注释】

①憍:同"骄"。

【译文】

获取智识的方法是什么呢? 第一叫做去除狂妄,第二叫做去除苟且。顽固鄙陋虚假骄傲,是狂妄的方法;侥幸松懈懒惰,是苟且的根源。两种弊病不除去,只能甘愿做牛做马成为泥土草芥了。

愚民辨

三年以来,外强中弱之形大著。海滨人士稍稍阅《万国公报》①,读沪局译书,接西国教士,渐有悟华民之智不若西人者,则归咎于中国历代帝王之愚其民。此大谬矣!

【注释】

①《万国公报》:美、英传教士在中国出版的汉文刊物,林乐知等主编,初名《中国教会新报》,1868 年 9 月在上海创刊,每周一期。1874 年 9 月改本名。

【译文】

三年以来,外国强大而中国积弱的形势越来越明显。沿海口岸的人稍微看过《万国公报》,读过江南制造总局所翻译的西方书籍,接触过西方国家的传教士,渐渐就会产生中国民众的智识不如西方人的看法,会把这种情况归咎于中国历代帝王的愚民政策,这是大错特错!

老子曰:"有道者非以明民,将以愚之。"①此李斯、韩非之学,暴秦之政也,于历代何与焉? 汉求遗书②,尊

六经,设博士③,举贤良④,求茂才异等、绝国使才⑤,非
愚民也。唐设科目,多至五十余;宋广立学校,并设武
学⑥;明洪武三年开科,经义以外,兼考书、算、骑、射、
律。《日知录》引《明太祖实录》。非愚民也。自隋以词章
取士,沿袭至今,此不过为荐举公私无凭,词章考校有
据耳。谓立法未善则可,谓之愚民则诬。

【注释】

①"老子曰"几句:引文语出《道德经》。原文为:"古之善为道者,非
　以明民……"

②遗书:散佚之书。《汉书·艺文志》:"至成帝时,以书颇散亡,使
　谒者陈农求遗书于天下。"

③博士:六国时有博士,秦汉相承,诸子、诗赋、术数、方技,都立博
　士。汉武帝建元五年(前136)置五经博士。

④贤良:贤良文学的简称,为汉代选拔官吏的科目之一。《汉书·
　东方朔传》:"武帝初即位,征天下举方正贤良文学材力之士,待
　以不次之位。"

⑤茂才:汉代举用人才的一种科目,即"秀才"。《汉书·武帝纪》元
　封五年"其令州郡察吏民有茂材异等可为将相及使绝国者",注
　引东汉应劭曰:"旧言秀才,避光武讳称茂才。"绝国使才:能出使
　极远邦国的人。

⑥武学:教习军事的学校。始于唐,宋仁宗庆历三年(1043)置武
　学,旋止。宋神宗熙宁五年(1072)复置,生员以百人为额,选文
　武官知兵者为教授,习诸家兵法等。

【译文】

　　老子说:"有道的人,不是教导人民有智识,而是教导人民朴实

无知。"这是李斯、韩非的学说,残暴的秦朝的政治,与历代有什么关系呢?汉代广求散失的书籍,尊崇儒家的六经,设置博士,选拔贤良文学之才,举用德才特出的秀才和能出使极远邦国的人才,这不是愚民。唐代分科取士的名目,多达五十余种;宋代广泛地建立学校,并且设置教习军事的学校;明朝洪武三年开科举考试,阐明经书文句的义理的考试之外,兼考六书(指汉字造字的象形、指事等六书)、算数、骑术、射术、律法。《日知录》引自《明太祖实录》。这不是愚民。自从隋代用文章来选拔人才,沿袭至今,这一做法不过因为推荐选拔是出于公还是出于私无法判断,考核文章则公平有据可依。说所制定的法则不完美是可以的,说它是愚民那就不是事实了。

至我朝列圣,殷殷以觉世牖民为念①,刊布《数理精蕴》《历象考成》《仪象考成》②,教天算西学也③;遣使测经纬度,绘天下地图,教地舆西学也④;刊布《授时通考》⑤,教农学也。纂《七经义疏》,刊布十三经、二十四史、九通⑥,开四库馆修书⑦,分藏大江南北,纵人入读,教经史百家之学也;同治军务敉平以后⑧,内外开同文方言馆⑨,教译也;设制造局,教械也;设船政衙门,教船也;屡遣学生出洋,赴美、英、法、德,学公法、矿学、水师、陆师、炮台、铁路也⑩;总署编刊公法、格致、化学诸书,沪局译刊西书七十余种,教各种西学也。且同文馆三年有优保,出洋随员三年有优保,学堂学生有保奖,游历有厚资。朝廷欲破民之愚、望士之智,皇皇如恐不及。无如陋儒俗吏,动以新学为诟病,相戒不学,故译书不广，学亦不精，出洋者大半志不在学，故成材亦不多。是不学者负朝廷耳。且即以旧制三场之法言之^⑪，虽不能兼西学，固足以通中学。咎在主司偏重^⑫，士人剽窃，非尽法之弊也。

【注释】

①殷殷：恳切貌。

②《数理精蕴》：清何国宗、梅毂成等纂，为康熙敕编《律历渊源》的第二部分，专讲数理，五十三卷。上编五卷，以立纲明体；下编四十卷，以分条致用；表八卷。《历象考成》：清康熙年间官撰，为《律历渊源》的第一部分，四十二卷。上编题《揆天察记》，阐明理论；下编题《明时正度》，详述方法，其后有所增补。《仪象考成》：清乾隆九年（1744）戴进贤等撰。三十二卷，考究岁差，阐明仪器。

③天算：天文算法的简称。清朱骏声著有《天算琐记》四卷，李善兰著有《天算或问》一卷。

④地舆：大地。地载万物，故比作车舆。这里指地理。

⑤《授时通考》：清鄂尔泰等撰。从旧文献中辑录有关农业资料，分类编成。内分天时、土宜、谷种、功作、劝课、蓄聚、农余、蚕桑八门，共七十八卷。

⑥九通：《通典》《通志》《文献通考》旧称三通。清代又以《续通典》《续通志》《续文献通考》《清通典》《清通志》《清文献通考》合称九通。

⑦开四库馆修书：清乾隆三十七年（1772），开馆纂修四库全书，经十年始成。共收书三千五百零三种，七万九千三百三十卷，分经史子集四部，所以称四库，保存整理了大量历史文献。

⑧同治军务：此指清朝统治者对太平军的围剿和对捻军的镇压。敉（mǐ）平：安抚，安定。

⑨同文方言馆：同文馆以英、法、德、俄各国文字及天文、格致、算、医诸学教授生徒。后仿京馆例，在沪设立上海广方言馆，在粤设广东同文馆。

⑩公法：法律术语。规定国家与国民间权力关系的法律，如宪法、刑法、行政法等。水师：水上军队，犹海军。

⑪三场之法：详见《变科举第八》。

⑫主司：主考官。

【译文】

　　我清朝历代皇帝恳切地以启发世人觉悟、开启民智为念，刊印发行了《数理精蕴》《历象考成》《仪象考成》，这是教天文算法的西学；派遣使者测绘经度纬度，绘制天下的地图，这是教地理的西学；刊印发行《授时通考》，这是教农学。编纂《七经义疏》，刊印发行十三经、二十四史、九通，开馆编修四库全书，书编成以后分别收藏在大江南北各地，供人阅读，这是教经史百家的学问；同治年间平灭太平天国和捻军起义后，京师内外开设同文方言馆，这是教翻译的学问；创设各类制造局，这是教机械的学问；创设船政衙门，这是教舰船的学问；多次派遣学生出洋留学，赴美国、英国、法国、德国，学习公法、矿学、海军、陆军、炮台、铁路各种学问；总理各国事务衙门编辑刊印公法、格致、化学各种书籍，江南制造总局翻译刊印西方书籍七十余种，这是教各种西学。在同文馆学习满三年有优先保荐的机会，跟随出国三年也有优先保荐的机会，新式学堂的学生有被举荐、奖励、擢用的机会，出国游历也会给予重金支持。朝廷要打破民众的愚昧习气，期望读书人增长智识，惶惶然就害怕达不到目的。无奈那些学识浅陋的读书人和庸俗的官吏，动不动就对新式学问有所指责，互相提醒不去学习，所以翻译的书不多，新学学的也不好，那些出洋留学的人志向大半也不在学习上，所以能够学有所成的也不多。这是不学的人辜负朝廷啊。就算拿科举旧制三场之法来说，虽然不能兼顾西方的新学，但也足以通晓中国本土之学。过错在于主考官有所偏重，参加考试的士子抄袭他人文章，并非全是科举规则和制度的弊病。

果能经义、策问①，事事博通，其于经济大端、百家学术，必能贯彻，任以政事，必能有为，且必能通达事变，决不至于愚矣！譬如子弟不肖，楹有书而不读②，家有师而不亲，过庭入塾，惟务欺饰，及至颓废负困③，乃怨怼其父母④，岂不悖哉⑤？大率近日风气，其赞羡西学者，自视中国朝政民风无一是处，殆不足比于人数。自视其高、曾、祖、父亦无不可鄙贱者，甚且归咎于数千年以前历代帝王无一善政，历代将相师儒无一人才。不知二千年以上，西国有何学，西国有何政也？

【注释】

①策问：汉以来试士，以政事、经义等设问，写在简策上，使之条对。也称对策。

②楹：计算房屋的单位，一列为楹。这里指屋。

③负困：亏欠，困顿。

④怨怼(duì)：怨望，不满。

⑤悖：不合情理，错误。

【译文】

假如真能在阐明经书文句的义理的考试和对答策问的考试中，事事都渊博通晓，那么对于经世济民的大义、各个流派的学术，一定能贯通，委任给他政治事务，一定能有所作为，而且能够根据当下情势灵活处理问题，绝不可能愚昧无知。比如子孙不贤，没有才能,屋中有书而不读,家中有老师却不尊敬,父辈的教诲、入私塾学习只是一味欺骗掩饰,等到颓废困顿之时,就对父母怨恨不满,这岂不是大错特错吗? 大概近日的风气,那些赞美羡慕西式新学的人,自认为中国的朝政、民风一无是处,大概和西方相比不好的地方太多了。自认为他的高祖、曾祖、祖父、父亲都是可以轻视的,甚至指责数千年以来历代帝王没有什么良善的政策和法令,历代的文武官员和儒者、经师里没有一个人才。不知道两千年以前,西方的国家有什么学术,西方的国家有什么政治?

游学第二

【题解】

本篇强调出洋留学考察的重要性。张之洞认为"出洋一年,胜于读西书五年","入外国学堂一年,胜于中国学堂三年",究其原因,除了"百闻不如一见"之外,更是因为此时中西之间彼强我弱的大形势。为了论证"游学之益",张之洞从中国历史中找出晋文公、赵武灵王、袁崇焕等先代英主与贤士的事例加以佐证;又放眼世界近代历史,以日本明治群雄游学海外,归来让日本雄视东方,俄皇彼得一世乔装学师英、荷船厂,终使俄国为四海第一大国,以及泰国国王变法游学终使国存的例子,来加深论说游学对于国家的重要性。

至于去何国游学,张之洞文中推崇的是"西洋不如东洋"。对留学日本的积极倡议,一方面是通过甲午之战看到日本迅速强盛的学习心理。另一方面,也是张之洞综合当时留学的实际情况所得出的现实之论,他认为游学日本有诸多优长条件。1898 年,清政府派出 56 名赴日留学生学习陆军,其中湖北一省在张之洞力主下派出的人数即达 20名,主要选自两湖书院和湖北武备学堂。张之洞的孙子张厚琨就在这20 名赴日留学的湖北籍学生中。

出洋一年,胜于读西书五年,此赵营平百闻不如一见之说也①。入外国学堂一年,胜于中国学堂三年,此孟子"置之庄岳"之说也②。

【注释】

①赵营平:即赵充国(前137—前52)。善骑射,通兵法,为人沉勇有方略。武帝时,以破匈奴功,拜为中郎将。宣帝时,以定册功封营平侯。西羌起事,充国年七十余,犹驰马金城,招降罕幵,击破先零,罢兵屯田,振旅而还。《汉书·赵充国传》载,充国对宣帝说:"百闻不如一见,兵难隃度,臣愿驰至金城,图上方略。"

②此孟子"置之庄岳"之说也:见《孟子·滕文公下》:"引而置之庄岳之间数年,虽日挞而求其楚,亦不可得矣。"庄岳,春秋齐都临淄城内的街里名。

【译文】

出国学习一年,胜过读西方书籍五年,这符合赵营平"百闻不如一见"的说法。进入外国学堂学习一年,胜过在中国学堂学习三年,这符合孟子"引而置之庄岳"的说法。

游学之益,幼童不如通人①,庶僚不如亲贵②。尝见古之游历者矣,晋文公在外十九年③,遍历诸侯,归国而霸。赵武灵王微服游秦④,归国而强。春秋战国最尚游学,贤如曾子、左邱明⑤,才如吴起、乐羊子⑥,皆以游学闻。其余策士杂家不能悉举。后世英主名臣,如汉光武学于长安⑦,昭烈周旋于郑康成、陈元方⑧。明孙承宗未达之先⑨,周历边塞;袁崇焕为京官之日⑩,潜到辽东⑪。此往事明效也。

【注释】

①通人：指学识渊博的人。

②庶僚：众官。亲贵：王室至亲。

③晋文公（前 671？—前 628）：春秋时晋君，名重耳，献公之子。献公宠骊姬，杀太子申生，重耳在外流亡十九年，以秦穆公之力得返为君。用狐偃、赵衰、贾佗、先轸等为辅，尊周室，平王子带之乱，纳周襄王，救宋破楚，遂霸诸侯。

④赵武灵王（前？—前 295）：战国时赵国君，名雍。前 325—前 299年在位。他于前 302 年进行军事改革，改穿胡服，学习骑射；又曾诈为使者，入秦，观察秦国地形及秦王为人。灭中山国，破林胡、楼烦，国势大盛。微服：为了隐藏自己的身份而改穿平民的服装。

⑤曾子（前 505—前 435）：春秋鲁国人，名参，孔子弟子。其事迹散见《论语》各篇及《史记·仲尼弟子列传》，《大戴礼记》中有《曾子》十篇。左邱明：今作"左丘明"。春秋鲁国人，左氏，名丘明。相传曾任鲁太史，为《春秋》作传，成《春秋左氏传》，省称《左传》；又作《国语》。

⑥乐羊子：战国魏将。曾于路得遗金一饼，其妻谓志士不应拾遗求利，以污其行。于是乐羊子远出从师求学。一年后思家归来，妻子又以织布为喻，织不能中断，学不能中辍。乐羊子感其言，复出，七年不归，终成学业。

⑦汉光武：即刘秀（前 6—57）。高祖九世孙。少长民间，王莽末年，他和兄缜趁机起兵，受命于更始帝刘玄，大破莽军于昆阳。玄既杀缜，秀以行大司马定河北。更始三年（25）即帝位，定都洛阳，是为东汉。

⑧昭烈：即刘备（161—223），三国蜀汉政权的建立者。字玄德。家贫，与母贩履织席为业。东汉末，募兵参加镇压黄巾起义，先后

任安喜尉、高唐令。后依公孙瓒，领豫、徐两州牧。得诸葛亮辅佐，联合孙权，大败曹操于赤壁。因取荆州，并得益州和汉中，与魏、吴成鼎足之势。谥昭烈帝。郑康成：郑玄（127—200），字康成，东汉末年经学家。陈元方：东汉末年名士。《三国志·后主传》引《华阳国志》曰："丞相亮时，有言公惜赦者，亮答曰：'治世以大德，不以小惠，故匡衡、吴汉不愿为赦。先帝亦言吾周旋陈元方、郑康成间，每见启告，治乱之道悉矣。……'"

⑨孙承宗（1563—1638）：万历三十二年（1604）进士。天启初，累官兵部尚书。时清兵攻破辽阳广宁，承宗自请以原官督理诸处军务。既至，练兵屯田，修筑城堡，遣将防守锦州松山和大小凌河。以忤魏忠贤意，去职。清兵入关，攻取高阳，承宗率家人拒守，城破自缢。

⑩袁崇焕（1584—1630）：万历四十七年（1619）进士。慷慨有胆略，好谈兵，以边才自许。天启二年（1622），擢兵部主事，单骑出山海关，查阅形势，还朝具书言之，廷臣称其才。后金兵攻宁远，崇焕激励士卒死守，危解，擢右佥都御史，巡抚辽东。然为魏忠贤所厄，乞归。崇祯立，逐忠贤，复起用崇焕任兵部尚书，督师蓟辽。崇祯二年（1629），清兵越长城陷遵化而西，崇焕急引兵入护京师，被诬通敌，下狱，磔于市。

⑪辽东：都指挥使司名。明置，治所在定辽中卫（今辽宁辽阳）。辖境东至鸭绿江，西至山海关，南至旅顺口，北至开原。

【译文】

出国留学的好处，幼童比不上学识渊博的人，众官比不上王室至亲。曾经在史籍中看到的古代游历者，晋文公在外十九年，遍游诸侯各国，回国后成为霸主。赵武灵王打扮成平民的样子游历秦国，回国后使赵国强大。春秋战国时期最崇尚游学：像曾子、左丘明这样贤能的人，像吴起、乐羊子这样有才华的人，都以游学闻名于世。其他的谋士和杂家不能全部列举。后代英武的君主著名的臣子,像汉光武帝在长安游学;刘备在郑康成、陈元方之间周旋。明代的孙承宗没有到达辽阳之前,周游边塞;袁崇焕做京官的时候,曾一个人到辽东查阅形势。这是古代游学具有的显明效果。

　　请论今事:日本小国耳,何兴之暴也? 伊藤、山县、榎本、陆奥诸人①,皆二十年前出洋之学生也,愤其国为西洋所胁,率其徒百余人,分诣德、法、英诸国,或学政治、工商,或学水、陆兵法。学成而归,用为将相,政事一变,雄视东方。

【注释】

①伊藤:伊藤博文(1841—1909),日本首相。长州藩士出身,早年曾参加"尊王攘夷"和明治维新运动。山县:即山县有朋(1838—1922),日本首相,陆军将领。长州藩士出身,早年参加维新运动。榎(jiǎ)本:即榎本武扬(1836—1908),原为幕府方面的舰队司令、海军副总裁,明治时期任外相、文相、农商务相。陆奥:即陆奥宗光(1844—1897),明治维新参加者,后任外务大臣。

【译文】

　　请允许我讨论现在的事:日本本来是小国,为什么兴起得如此迅速? 伊藤博文、山县有朋、榎本武扬、陆奥宗光这些人,都是二十年前出国的学生,愤怒于他们的国家被西方列强威胁,率领跟随他们的百余人,分别到德、法、英诸国,有的学习政治、工商,有的学习水、陆兵法。学成后回国,被任用为将相,政事一经变革,便称雄东方。

　　不特此也,俄之前主大彼得①,愤彼国之不强,亲到英吉利、荷兰两国船厂,为工役十余年,尽得其水师轮机驾驶之法，并学其各厂制造。归国之后，诸事丕变^②，今日遂为四海第一大国。

【注释】

①大彼得：即彼得一世，又称彼得大帝（1672—1725）。俄国沙皇。

②丕（pī）：大。

【译文】

不仅仅如此，俄国以前的沙皇彼得一世，愤慨于他的国家不强大，亲自到英吉利、荷兰两国的船厂，做工人十余年，学到英荷两国水师轮机驾驶的所有方法，并学会了他们各种工厂制造的技术。回国之后，诸事大变，现在俄国成为世界上第一大国。

　　不特此也，暹罗久为法国涎伺^①，于光绪二十年与法有衅^②，行将吞并矣。暹王感愤^③，国内毅然变法，一切更始，遣其世子游英国学水师^④。去年暹王游欧洲，驾火船出红海来迎者，即其学成之世子也。暹王亦自通西文、西学，各国敬礼有加，暹罗遂以不亡。

【注释】

①涎伺：垂涎窥探。

②光绪二十年：即 1894 年。

③暹王：暹罗国王。暹罗即今泰国。

④世子：这里指暹罗王的嫡长子。

【译文】

不仅仅如此，泰国长期被法国垂涎窥探，在光绪二十年与法国爆发战争，将要被吞并。泰国国王感到愤慨，国内毅然变法，一切重新开始,派遣他的嫡长子游历英国学习水师。去年泰国国王游历欧洲,驾驶火船出红海迎接他的,就是他学有所成的嫡长子。泰国国王自己也通晓西方语言、西方学问,各国对他尊敬礼遇有加,泰国因此没有灭亡。

上为俄,中为日本,下为暹罗,中国独不能比其中者乎^①?

【注释】

①比:并列,紧靠。

【译文】

俄国最强,日本居中,泰国稍弱,中国难道不能与居中的日本并列吗?

至游学之国^①,西洋不如东洋,一路近省费,可多遣;一去华近,易考察;一东文近于中文^②,易通晓;一西书甚繁,凡西学不切要者,东人已删节而酌改之。中东情势风俗相近^③,易仿行,事半功倍,无过于此。若自欲求精求备,再赴西洋,有何不可?

【注释】

①至:至于。

②东文:日文。

③中东:中国和东洋(日本)。

【译文】

至于游学的国家,西洋不如东洋,一者路近节省费用,可以多次派遣;一者距离中国近,容易考察;一者日文与中文相近,容易通晓;一者西方书籍非常繁杂,凡是西学中不切中要害的,日本人已经删节并酌量修改。中国与日本情势风俗相近,容易仿效实行,事半功倍,没有比这更合适的了。如果自己想追求精准追求完备,再赴西洋,有什么不可以的呢?

　　或谓昔尝遣幼童赴美学习矣,何以无效? 曰:失之幼也。又尝遣学生赴英、法、德学水陆师各艺矣,何以人才不多? 曰:失之使臣监督不措意,又无出身明文也①。又尝派京员游历矣②,何以材不材相兼? 曰:失之不选也。虽然,以予所知,此中固亦有足备时用者矣。若因噎废食之谈,豚蹄篝车之望③,此乃祸人家国之邪说,勿听可也。

【注释】

①明文:明确的文字规定。

②京员:京都任职的官员。

③豚蹄篝车:意为予人者少而望厚报和条件虽差却寄予厚望。《史记·滑稽列传》:"今者臣从东方来,见道傍有禳田者,操一豚蹄,酒一盂,祝曰:'瓯窭(lóu)满篝,污邪满车,五谷蕃熟,穰穰满家。'臣见其所持者狭而所欲者奢,故笑之。"豚蹄,猪蹄,设以敬神祈求丰年。篝车,即"瓯窭满篝,污邪满车"的省语。

【译文】

　　有人说昔日曾经派遣幼童赴美国学习,为什么没有效果呢? 说:失误在于派遣之人年幼。又曾经派遣学生赴英国、法国、德国学习海军、陆军各种技艺,为什么人才不多呢? 说:失误在于使臣监督不用心,又没有学历的明确文字规定。又曾经派遣在京中任职的官员外出游历,为什么才能之士与无能者兼有呢？说：失误在于没有选择。即使这样，根据我所知道的，这些人中必然有才能足以被时势选用的人才。像因噎废食的谈论，豚蹄篝车的奢望，这些都是祸害他人家庭、邦国的邪说，不听就可以了。

　　尝考孟子所论，圣贤帝王将相历险难①，成功业，其要归不过曰"动心忍性，增益其所不能"而已②；曰"生于忧患"而已③。夫受侮而不耻，蹙国而不惧④，是"不动"也；冥然罔觉⑤，悍然不顾，以效法人为耻，是"不忍"也；习常蹈故，一唱百和，惮于改作，官无一知，士无一长，工无一技，外不远游，内不立学，是"不增益所不能"也。无心、无性、无能，是将死于忧患矣，何生之足云！

【注释】

①险难：危险灾难。

②动心忍性，增益其所不能：语出《孟子·告子下》。

③生于忧患：语出《孟子·告子下》。

④蹙（cù）国：国事紧迫。蹙，急促，紧迫。

⑤冥然罔觉：昏昧而不觉悟。

【译文】

　　曾经考察孟子所论述的，圣贤、帝王、将相经历危险灾难，成就功业，要点不过称为"动心忍性，增益其所不能"罢了；称为"生于忧患"罢了。受到侮辱却不感到羞耻，国事紧迫却不害怕，是所谓的"不动"；昏昧而不觉悟，蛮横不顾，把效法别人当做耻辱，是所谓的"不忍"；习以为常循规蹈矩，一人唱百人应和，害怕变革，官员没有智慧，读书人没有所长，工匠没有技艺，对外不去远方游学，对内不设立学堂，是所谓的"不增益所不能"。没有进取的心、没有向上的本性、没有才能,这将要死于忧患,活着还有什么可称道的呢!

设学第三

【题解】

　　本篇强调广设学堂的重要性。甲午中日战争之后，清政府意识到传统的科举取士无法选拔到能够应对时局的新式人才，因此下令在各省筹办新式学堂。张之洞认为，新式人才的养成，绝非一朝一夕之事，除了支持士人游学外洋之外，必须要做的就是"非天下广设学堂不可"。

　　在经费短缺、时间紧迫、时局危殆之际如何广设学堂？其一是对传统书院进行改革，使书院向现代学堂靠近；其二是将京师、各府州县的佛寺道观利用起来，使之为大中小学堂服务。事实上，传统书院的改革和庙改学堂，在晚清新式教育的改革中影响深远。张之洞总督两湖时，所创办的经心书院、两湖书院就是此中的典范。

　　筹办新式学堂应注意什么？张之洞从学堂的教学内容、经费筹措、师资聘请方面给出了诸多切中肯綮的建议。在明确学堂教学需新旧兼学的过程中，张之洞提出"旧学为体，新学为用"，这与其著名的"中体西用"观点是一致的。

　　今年特科之诏下①，士气勃然，濯磨兴起②。然而六科之目③，可以当之无愧上幅圣心者，盖不多觏也④。

【注释】

①特科:特设的科举项目。

②濯磨:洗涤磨练。

③六科:中国古代科举取士的六个科目。隋唐有明经、进士、秀才、明法、明书、明算六科。宋景德、天圣时,六科为"贤良方正,能直言极谏;博达坟典,明于教化;才识兼茂,明于体用;详明政理,可使从政;识洞韬略,运筹决胜;军谋宏远,材任边寄"。绍兴年间又以"文章典雅、节操方正、法理该通、节用爱民、刚方岂(恺)弟、智勇绝伦"为六科。明清承之。

④觏(gòu):遇见。

【译文】

今年特设科举项目的诏令下达,士气勃发,加强修养以期有为之风兴起。然而对于六科的条目,可以当之无愧使圣心信服的,大概不多见。

去年有旨,令各省筹办学堂,为日未久,经费未集,兴办者无多。夫学堂未设,养之无素,而求之于仓卒,犹不树林木而望隆栋①,不作陂池而望巨鱼也。游学外洋之举,所费既巨,则人不能甚多,且必学有初基,理已明、识已定者,始遣出洋,则见功速而无弊。是非天下广设学堂不可。各省、各道、各府、各州县皆宜有学。京师、省会为大学堂,道府为中学堂,州县为小学堂,中小学以备升入大学堂之选。府县有人文盛、物力充者,府能设大学,县能设中学,尤善。小学堂习"四书",通中国地理、中国史事之大略,算数、绘图、格致之粗浅者。中学堂各事,较小学堂加深,而益以习"五经"、习《通鉴》、习政治之学、习外国语言文字。大学堂又加深加博焉。

【注释】

①隆栋：高大的栋梁之材。

【译文】

　　去年有旨意下达，令各省筹办学堂，时间不长，经费没有筹集，兴办的省份不多。学堂没有设立，培养人才不在平时，却在仓猝之中希望求得人才，就像不种植林木却期望高大的栋梁之材，不做蓄水池却期望硕大的鱼。到外国游学的举措，所花费的既然巨大，那么派遣之人不能太多，并且必须是已经学习了初级知识、道理已经明晰、认识已经确定的人，才能派遣出国，这样收到的功效快并且没有弊端，因此天下一定要广泛设立学堂。各省、各道、各府、各州县都应该设有学堂。京师、省会为大学堂，道、府为中学堂，州、县为小学堂，中小学用来为升入大学堂做准备。人文繁盛而又物力充沛的府县，府能设立大学堂，县能设立中学堂，尤其好。小学堂讲习"四书"，通晓中国地理、中国史事的大概，算术、绘图、格致的粗浅层次。中学堂所习各科，比小学堂加深，并且加以讲习"五经"、《通鉴》、政治之学、外国语言文字。大学堂比中学堂又更加深刻更加广博。

　　或曰：天下之学堂以万数，国家安得如此之财力以给之？曰：先以书院改为之①。学堂所习，皆在诏书科目之内，是书院即学堂也，安用骈枝为②？

【注释】

①书院：宋至清私人或官府所立讲学肄业之所。宋代书院以讲论经籍为主，元代书院遍及各路、州、府，明清书院益增，但多为习

举业而设。光绪二十七年(1901)后，改全国省县书院为学堂，书院之名遂废。

②骈枝(qí)：谓两指合而为一或指旁歧生一个，喻多余而无用。枝，旁出。《庄子·骈拇》："是故骈于足者，连无用之肉也；枝于手者，树无用之指也。"骈，谓足大拇指与第二趾相连合为一趾。枝，谓手大拇指旁歧生一指成六指。亦称"骈拇枝指"。

【译文】

有人说："天下的学堂数以万计，国家哪里有如此巨大的财力供给学堂呢？"说："先将书院改为学堂。学堂所讲习的，都在诏书科目之内，因此书院就是学堂，哪里需要多余的呢？"

或曰：府县书院经费甚薄，屋宇甚狭，小县尤陋，甚者无之，岂足以养师生、购书器①？曰：一县可以善堂之地、赛会演戏之款改为之，一族可以祠堂之费改为之。然数亦有限，奈何？曰：可以佛道寺观改为之。今天下寺观，何止数万！都会百余区，大县数十，小县十余，皆有田产，其物业皆由布施而来，若改作学堂，则屋宇田产悉具。此亦权宜而简易之策也。

【注释】

①书器：书籍、器物。

【译文】

有人说："府县书院的经费非常少，房屋非常狭小，小县尤其简陋，甚至没有书院，怎么足够用来供养老师学生、购买书籍器物？"说："一县可以将善堂的地方改为学堂、赛会演戏的经费改为学堂经费，一族可以将祠堂之费改为学堂经费。"然而数量还是有限，怎么办呢？说："可以将佛道寺观改为学堂。现在天下的寺观,何止数万!大城市里上百个,大县几十个,小县十多个,都有田产,资产都是由布施得来,如果改为学堂,那么房屋田产都具备了。这也是权宜且简易的办法。"

方今西教日炽,二氏日微①,其势不能久存,佛教已际末法中半之运②,道家亦有其鬼不神之忧③,若得儒风振起,中华乂安④,则二氏固亦蒙其保护矣!

【注释】

①二氏:释迦牟尼、老子并称"二氏",借指佛道二教。

②已际:已经到了。末法:佛家术语,三法(正、像、末)之一。指佛教的衰微时期。正、像、末三时之年限,各经所说不一,古来多用正法五百年、像法一千年、末法一万年之说。

③不神:谓鬼神失其灵妙。

④乂(yì)安:太平无事。

【译文】

现在西方宗教日益兴盛,佛道二教日渐式微,他们的势力不能长久存在,佛教已经到了末法中半行将衰落的命运,道家也有鬼神失其灵妙的担忧,如果能使儒风振奋兴起,中华平安无事,那么佛道二教必然也将蒙受儒风的保护!

大率每一县之寺观,取什之七以改学堂,留什之三以处僧道①。其改为学堂之田产,学堂用其七,僧道仍食其三。计其田产所值,奏明朝廷旌奖,僧道不愿奖者,移奖其亲族以官职。如此则万学可一朝而起也。

【注释】

①处:安置。

【译文】

大概每一县的寺庙道观,取十分之七改为学堂,留下十分之三安置僧道。那些改为学堂的寺观的田产,学堂使用十分之七,僧道仍然食用十分之三。计算那些田产的价值,奏明朝廷表彰嘉奖,僧道不愿接受嘉奖的,改为用官职奖励他们的亲族。像这样那么万学可以一朝兴起了。

以此为基,然后劝绅富捐赀,以增广之。昔北魏太武太平真君七年①,唐高祖武德九年②,武宗会昌五年③,皆尝废天下僧寺矣。然前代意在税其丁④,废其法,或为抑释以伸老⑤,私也。今为本县育才,又有旌奖,公也。若各省荐绅先生以兴起其乡学堂为急者⑥,当体察本县寺观情形,联名上请于朝,诏旨宜无不允也。

【注释】

①北魏太武太平真君七年:即446年。

②唐高祖武德九年:即626年。

③武宗会昌五年:即845年。

④税其丁:按人头征税。

⑤抑释以伸老:压抑佛家,宣扬道教。

⑥荐绅:同"搢绅"。

【译文】

以此为基础,然后劝说士绅富商捐助资财,来增加扩充学堂。昔日北魏太武帝太平真君七年,唐高祖武德九年,唐武宗会昌五年,都曾经废除天下佛寺。然而前代用意在于按人头征税，废除佛教法度，或许在于压制佛家宣扬道教，是出于私心。现在为本县培育人才，又有表彰嘉奖，是出于公心。如果各省官员绅士以兴起家乡学堂为急务，应当考察了解本县寺观情形，联名向朝廷请求，诏令旨意应该没有不允许的。

　　其学堂之法约有五要。
　　一曰新旧兼学。"四书"、"五经"、中国史事、政书、地图为旧学，西政、西艺、西史为新学。旧学为体，新学为用，不使偏废。

【译文】
　　设学堂之法大概有五个要点。
　　一说新、旧兼学。"四书"、"五经"、中国史事、政书、地图是旧学，西方政治、技术、历史是新学。旧学为本体，新学以致用，不让新学、旧学两者偏废其一。

　　一曰政、艺兼学。学校、地理、度支、赋税、武备、律例、劝工、通商①，西政也；算、绘、矿、医、声、光、化、电，西艺也。西政之刑狱，立法最善。西艺之医，最于兵事有益，习武备者必宜讲求。才识远大而年长者宜西政，心思精敏而年少者宜西艺。小学堂先艺而后政，大中学堂先政而后艺。西艺必专门，非十年不成；西政可兼通数事，三年可得要领。大抵救时之计，谋国之方，政尤急于艺。然讲西政者，亦宜略考西艺之功用，始知西政之用意。

【注释】

①度支:规划计算。武备律例:军事学方面的条文规定。律例,刑法的正条及其例。律是法律的本文,例是补充律文不足而设的条例或例案。

【译文】

一说政、艺兼学。学校、地理、度支、赋税、武备、律例、劝工、通商,属于西方政治;算、绘、矿、医、声、光、化、电,属于西方技术。西方政治中的刑罚,立法最为完备。西方技术中的医术,对于军事最为有益,练习武备的人必须研究讲习。才识远大而年长的人应该学习西方政治,心思精细敏捷而年少的人应该学习西方技术。小学堂先讲习技术然后讲习政治,大中学堂先讲习政治然后讲习技术。西方技术必须专门学习,没有十年不能学成;西方政治可以兼通数科,三年可以学得要领。大概匡救时弊的计策,为国家利益而谋划的方略,政治尤其比技术急迫。然而讲习西方政治,应该简略考察西方技术的功用,才能知道西方政治的用意。

一曰宜教少年。学算须心力锐者,学图须目力好者,学格致、化学、制造须质性颖敏者,学方言须口齿清便者,学体操须气体精壮者。中年以往之士,才性精力已减,功课往往不能中程①;且成见已深,难于虚受②,不惟见功迟缓,且恐终不深求,是事倍而功半也。

【注释】

①中程:学完全部课业。中,矢射中的,引申为达到、完毕。
②虚受:虚心接受。

【译文】

一说宜教少年。学习算术须心力敏锐的人,学习绘图须视力好的人,学习格致、化学、制造须才智聪颖灵敏的人,学习语言须口齿清晰的人,学习体操须气体精壮的人。中年以后的人士,才性精力已逐渐衰减,往往不能学完全部功课;况且个人成见已深,难以虚心接受新东西,不只是收到功效迟缓,而且恐怕最终不能深入探求,这是事倍功半。

一曰不课时文①。新学既可以应科目②,是与时文无异矣。况既习经书,又兼史事、地理、政治、算学,亦必于时文有益,诸生自可于家习之,何劳学堂讲授以分其才思、夺其日力哉? 朱子曰:"上之人曾不思量,时文一件,学子自是著急,何用更要你教?"《语类》卷一百九。谅哉言乎!

【注释】

①课:按照规定的内容和分量教授或学习。时文:科举时应试的文字。

②科目:分科取士的项目。

【译文】

一说不课时文(不要按照规定的内容和分量教授科举时应试的文字)。新学既然可以应对分科取士的项目,这就与科举时应试的文字没有不同了。况且既然学习经书,又兼习史事、地理、政治、算学,必然对于科举时应试的文字有好处,各位学生自己可在家中学习,何必劳费学堂讲授来分散他们的才思、争夺他们的时间精力呢? 朱子说:"在上之人也不想一想,时文一件,学子自是着急,怎么还用你来教?"《语类》卷一百九。朱子所说的确实如此啊!

一曰不令争利。外国大小学堂皆须纳金于堂,以为火食束脩之费①,从无给以膏火者。中国书院积习,误以为救济寒士之地,往往专为膏火奖赏而来。本意既差,动辄计较锱铢^②,忿争攻讦^③,颓废无志,紊乱学规,剽袭冒名,大雅扫地矣。今纵不能遽从西法,亦宜酌改旧规,堂备火食,不令纳费,亦不更给膏火。用北宋国学积分之法^④,每月核其功课,分数多者酌予奖赏。数年之后,人知其益,即可令纳费充用,则学益广才益多矣^⑤。

【注释】

①火食束脩:火食,每日的饭食,今作"伙食"。束脩,十条干肉。脩,即脯。古代上下亲友之间互相赠献的一种礼物。后多指致送教师的酬金。

②锱(zī)铢:小利。锱、铢均为古重量单位。六铢为锱,重六百黍;一铢则为两的二十四分之一。

③攻讦(jié):攻击别人的短处或揭发别人的隐私。

④国学:国家设立的学校,即国子监。

⑤才:人才。

【译文】

一说不令争利。外国大小学堂都须缴纳钱款给学堂,用来作为伙食和致送老师酬金的费用,从来没有供给学生求学的费用。中国书院长期积累的习惯,学生误认为书院是救济寒士的地方,往往专门为求学的费用奖赏而来。本意就差,动不动就计较小利,愤恨相争攻击别人的短处或揭发别人的隐私,颓废无志向,扰乱学规,剽窃抄袭冒名顶替,斯文扫地啊。现在纵然不能全部遵从西方法度,也应该酌量更改旧有学规,学堂准备伙食,不让学生缴纳费用,但也不再供给求学的费用。使用北宋国子监积分的方法,每月核查学生的功课,分数多的学生酌情给予奖赏。数年之后,人们知道学堂的好处,就可让学生缴纳费用充学堂使用,那么就会使学堂数量更广、人才更多了。

一曰师不苛求。初设之年,断无千万明师。近年西学诸书,沪上刊行甚多①,分门别类,政艺要领,大段已详。高明之士,研求三月,可以教小学堂矣。两年之后,省会学堂之秀出者②,可以教中学堂矣。大学堂初设之年,所造亦浅③,每一省访求数人,亦尚可得。三年之后,新书大出,师范愈多,大学堂亦岂患无师哉?

【注释】

①沪上:上海的别名。

②秀出:秀美出众。

③造:造诣,造就。

【译文】

一说师不苛求。学堂初设的时候,一定没有很多好老师。近年来西学的各种书籍,上海刊行非常多,分门别类,政治和科学技术的要领,大概已经很详尽了。高明的士人,研究学习三个月,可以教小学堂。两年之后,省会学堂中出众的人士,可以教中学堂。大学堂初设的时候,造诣也很浅薄,每一省查访求得数人,还是可以做到的。三年之后,新书大出,师范更多,大学堂难道还担心没有老师吗?

若书院猝不能多设,则有志之士当自立学会,互相切磋。文人旧俗,凡举业楷书,放生惜字,赋诗饮酒,围棋叶戏,动辄有会,何独于关系身世安危之学而缓之? 古人牧豕都养①,尚可听讲通经,岂必横舍千间、载书兼两而后为学哉②? 始则二三,渐至什伯③,精诚所感,必有应之于千里之外者。昔原伯鲁以不悦学而亡,越勾践以十年教训而兴,国家之兴亡,亦存乎士而已矣。

【注释】

①牧豕都养:牧豕,牧放猪群。都养,替人做饭。

②载书兼两:书多得用好几辆车才能装下。

③什伯:十倍百倍。

【译文】

如果书院仓猝之间不能多设,那么有志之士应当自己成立学会,互相切磋。文人旧有的习俗,凡是举业、楷书,放生、惜字,赋诗、饮酒,围棋、叶戏,动不动就有聚会,为什么单独对于关系身世安危的学问却迟缓了呢?古人牧放猪群,替人做饭,还可以听从讲学通晓经义,何必田舍千间、书多得用好几辆车才能装下之后方从事学问呢?开始只是两三倍,渐渐达到十倍百倍,诚意感天动地,必然与千里之外的人有所应和。过去原国伯鲁因为不学无术而灭亡,越王勾践凭借十年教训而兴起,国家的兴亡,也取决于士人罢了。

学制第四

【题解】

　　本篇简要介绍了外国学校学制的大概情形。张之洞在开篇中指出，外国学校有专门之学和公共之学，前者注重研究专业学问，程度较深，后者是注重实用的一般教育，有固定的课程、固定的师资和固定的学期，即今天从小学、中学到大学的普及性教育。

　　在本篇中，张之洞特别强调了外国学制中关于经费问题的处理。外国学堂经费，一般多由地方绅商捐助，政府少量补助，来学校学习的学生要缴纳学费。张之洞认为，这样的好处是政府不必背上沉重的财务负担，又可以广设学堂培育人才。因为学生要缴纳学费，也就不会出现中国传统书院中学生懒惰、混膏火钱的局面。在现实中，张之洞也吸收了外国学制的优点，在其创办的两湖书院中废除了书院膏火。

　　外洋各国学校之制，有专门之学，有公共之学。专门之学，极深研几①，发古人所未发，能今人所不能，毕生莫殚②，子孙莫究，此无限制者也；公共之学，所读有定书，所习有定事，所知有定理，日课有定程，学成有定期。或三年，或五年。

【注释】

①极深研几：探索深奥，研究细微。几，隐微，细微。

②殚：竭尽。

【译文】

　　国外学校的制度，有专门的学问，有公共的学问。专门的学问，探索深奥，研究细微，阐发古人所未能阐发的，成就今人所不能成就的，一生不能竭尽，子孙不能穷究，这是没有穷尽的专业之学；公共的学问，所阅读的有固定的书籍，所研习的有确定的内容，所了解的有明确的义理，每天学习确定的课程，学成有明确的期限。有的三年，有的五年。

　　入学者不中程不止，惰者不得独少，既中程而即止，勤者不必加多；资性敏者同为一班，资性钝者同为一班，有间断迟误者附其后班；生徒有同功①，师长有同教，此有限制者也。无事无图，无堂无算；师无不讲之书，徒无不解之义，师以已习之书为教，则师不劳，徒以能解之事为学，则徒不苦。问其入何学堂而知其所习何门也，问其在学堂几年而知其所造何等也②。

【注释】

①同功：一样的课业。

②所造：所达到的水平。

【译文】

　　进入学堂的学生不学完全部课业不能停止，懒惰的学生不能单独减少课程，就是学完全部课业，勤奋的学生也不必增加多余的课程；资质聪敏的学生同在一个班级，资质迟钝的学生同在一个班级，有些间断学习、迟到耽误的学生附在后一班级；学生有一样的课业，师长有一样的教导,这是有限制的学制。任何课程都有图式和算学;任何课程都有安排,老师没有不教授的书籍,学生没有不理解的义理,老师根据自己研习的书籍教导学生,那么老师就不会劳累,学生根据自己能够了解的内容学习,那么学生就不会辛苦。询问别人进入哪个学堂就知道他学习哪种门类的课程,询问他在学堂几年就知道他达到哪一等级的水平。

文武将吏,四民百艺,其学无不皆同。

【译文】

文官武将,普通百姓,他们学习没有不相同的。

小学堂之书较浅,事较少,如天文、地质、绘图、算学、格致、方言、体操之类,具体而微。中学堂书较深,事较多。如小学堂地图则极略,仅具疆域山水大势,又进则有府县详细山水,又进则有铁路、电线、矿山、教堂,余书仿此。方言则兼各国,算学则讲代数、对数,于是化学、医术、政治以次而及,余事仿此。大学堂又有加焉。

【译文】

小学堂的书籍较为浅显,内容较少,像天文、地质、绘图、算学、格致、方言、体操之类,具体而细微。中学堂的书籍较为深入,内容较多。像小学堂的地图则极简略,仅仅有疆域山水大致的走势,中学堂更进一步则有府县详细的山水走势,更进一步则有铁路、电线、矿山、教堂,其他的书籍与此相仿。外语则兼及各国,算学则讲授代数、对数,于是化学、医术、政治依次推及,其他门类与此相仿。大学堂又加深内容。

小学、中学、大学，又各分为两三等。期满以后，考其等第，给予执照。国家欲用人才，则取之于学堂，验其学堂之凭据，则知其任何官职而授之。是以官无不习之事，士无无用之学。

【译文】

小学、中学、大学，又各自分为两三等级。学期学满之后，考试相应的等级次第，给予相应的凭证。国家想要任用人才，就在学堂中选取，检验学生在学堂所拿到的等级凭证，就知道他应该任什么官职并授给他相应职位。因此官员没有不学习的情况，士人没有无用处的学习。

其学堂所读之书，则由师儒纂之，学部定之①，颁于国中。数年之后，或应增减订正，则随时修改之。

【注释】

①学部：清末掌管全国教育的中央官署。光绪三十一年（1905），各省次第兴办学堂，因设学部统理。

【译文】

学生在学堂学习的课本，则由学官编纂，学部确定，在全国颁发。数年之后，有的书籍应该增添或减少内容加以订正，就随时对其修改。

其学堂之费，率皆出地方绅富之捐集，而国家略发官款以补助之。入学堂者但求成才，不求膏火；每人月须纳金若干，以为饮食束脩之费；贫家少纳，富家多纳。其官绅所筹学堂之费，专为建堂、延师、购书、制器之用①，不为学生膏奖②。亦有义学，以教极贫子弟，学生出资甚微。然义学甚少，所教极浅。来学者既已出费，则必欲有所得而后归；学成之后，仕宦工商各有生计，自无冻馁，此以教为养之法也。是以一国之内，常有小学数万区，中学数千，大学百数，由费不仰给于官③，亦不尽仰给于绅故也。其善有三：出资来学则不惰，志不在利则无争，官不多费则学广。苏子瞻沮新法学校之说曰④："必将发民力以治宫室⑤，敛民财以养游士⑥。"如西法所为，可无多费之虞矣。王介甫悔新法学校之误曰⑦："本欲变学究为秀才⑧，不谓变秀才为学究。"如西法所为，可无变为学究之患矣。

【注释】

①延师：聘请教师。

②膏奖：奖励。膏，润泽。

③费：费用，经费。

④沮：阻止。新法：指北宋王安石拜相（1070）后推行青苗、均输、市易、免役、农田水利等新法。

⑤宫室：古时对房屋的通称。

⑥游士：游说的读书人。

⑦王介甫：即王安石（1021—1086）。字介甫，北宋政治家、文学家、思想家。

⑧学究：这里指腐儒。

【译文】

学堂的经费，大都出自地方士绅富商的捐助汇集，国家只是略微拨发一些官款来补助一下。进入学堂的学生追求的是成才，不是求学的膏火；每人每月须缴纳若干费用，将其作为伙食和致送老师的酬金的费用;贫穷之家少缴纳,富裕之家多缴纳。那些官员士绅所筹集的学堂经费,专门为建立学堂、聘请教师、购买书籍、制造器具的用途,不作为学生奖励。也有义学教授非常贫穷的子弟,学生出钱非常少。然而义学非常少,所教授得也很浅显。来学习的学生既然已经缴纳费用,就一定想要学到知识后回家;学成之后,官员、工匠、商人都各有生计,自然没有受冻挨饿的,这是通过教育供养自己的方法。因此一国之内,常常有小学几万,中学几千,大学一百多,是因为经费不依靠官府供给,也不全由士绅供给的缘故啊。这样做的好处有三点:学生出钱来学习就不会偷懒,志向不在于利益就不会争斗,官府不费巨资就使学堂广泛兴建。苏轼阻止王安石新法中学校变革之条说:"一定要征民力来修治房屋,聚敛民财来供养游说的读书人。"像西方这样做,可以没有耗费巨资的担心了。王安石悔恨新法中学校变革的失误说:"本来想要变腐儒为秀才,不料却变秀才为腐儒。"像西方这样做,可以消除变为腐儒的忧患了。

　　凡东西洋各国,立学之法,用人之法,小异而大同,吾将以为学式①。

【注释】
　　①学式:学习的法式。
【译文】
　　大概东西方各个国家,建立学堂的法度,任用人才的法度,小处相异大处相同,我将把它作为学习的法式。

广译第五

【题解】

　　本篇强调广译的重要性。晚清中西大通以来，随着双方接触渐频，翻译成为一个重要的问题。"欲求超胜，必先会通，会通之前，先须翻译"，这是明末时徐光启的名言。在欧风美雨驰而东的现实中，张之洞意识到在学堂中，仅靠专门的语言翻译，难以完成西方教习与中国学生之间良好的沟通，由是所带来的对西学、新学的认知也极为有限。在机器制造局、条约缔结、知晓西政、商业贸易上，如果不懂西文西语，不仅有碍诸项事业的推进，还会受到欺骗蒙蔽，因此，必须注重翻译之学。

　　但是，翻译之学有深有浅，翻译之才也非常难得。特别是能在会通层面上中西对译者，至少需要十年之功，其对于紧迫的时局显然无法起到作用。在此种情形下，张之洞认为广泛地翻译西方书籍为我所用，是救时的急务。如何翻译西方书籍？大概有三种途径，一是在各省多设专门的译书局，用以编译西方政学各书；一是出外使臣根据自身学养和眼光，择取国外重要的书籍进行翻译；一是鼓励上海等通商口岸的书局，以商业模式翻译西书，书商得利，天下得其用。张之洞所提出的这三种译介西书的途径，实际上当时都已存在了，尤以第一第三种最为流行。值得注意的是，此时张之洞认为在翻译外国书籍过程中，对来自日本的书籍应格外看重，即"译西书不如译东书"。

　　十年以来,各省学堂尝延西人为教习矣①,然有二弊:师生言语不通,恃翻译为枢纽。译者学多浅陋,或仅习其语而不能通其学,传达失真,毫厘千里,其不解者则以意删减之,改易之。此一弊也。即使译者善矣,而洋教习所授每日不过两三时,所教不过一两事。西人积习,往往故作迟缓,不尽其技,以久其期,故有一加减法而教一年者矣。即使师不惮劳,而一西人之学能有几何,一西师之费已为巨款。以故学堂虽建,迄少成材,朱子所谓"无得于心而所知有限"者也。此二弊也。前一弊,学不能精;后一弊,学不能多。至机器制造局厂用西人为工师,华匠不通洋文,仅凭一二翻译者,其弊亦同。

【注释】

①教习:教练。

【译文】

　　十年以来,各省学堂都曾经聘请过西方人作为教练,然而有两个弊端:老师和学生之间言语不通,依靠翻译为交流纽带;翻译之人学问多浅显鄙陋,有的人仅仅学习外国语言却不能通晓外国学问,传达失去真意,相差巨大,那些不了解的地方就根据自己的意思删减它们,改变它们。这是一个弊端。即便翻译之人学问很好,但是外国教练所讲授的每天不超过两三个课时,所教的不过一两件事。西方人习惯故意拖延,不会完全施展他们的技艺,以此来延长他们的期限,所以有加减法教授一年的情况。即便老师不担心劳累,然而一个西方人的学问能有多少呢,而聘请一位西方老师的费用已是巨款了。因此学堂虽然建立,始终少有成才的学生,这就是朱子所说的"内心无所获且所了解的极为有限"的情况。这是第二个弊端。前一个弊端,学习不能精确;后一个弊端,学习不能广泛。至于机器制造局使用西方人作为工程师，华人工匠不了解外国语言，仅仅凭借一两个翻译，其弊端也是一样的。

　　尝考三代即讲译学：《周书》有舌人①，《周礼》有象胥诵训②，扬雄录《别国方言》③，朱酺译《西南夷乐歌》④，于谨兼通数国言语⑤。《隋志》有《国语杂文》《鲜卑号令》《婆罗门书》《扶南胡书》《外国书》⑥。

【注释】

①舌人：古代司通译之官。《国语·周语中》："故坐诸门外，而使舌人体委与之。"

②象胥：古通译官名。《周礼·秋官·象胥》："掌蛮夷闽貉戎狄之国使，掌传王之言，而谕说焉。"诵训：诵，述说。训，解释。

③扬雄（前53—18）：西汉文学家、哲学家、语言学家。曾著《方言》，记述西汉时代各地方言，为研究古代语言的重要资料。

④朱酺（pú）：东汉人，曾官居益州刺史。

⑤于谨：字思敬，小名巨弥。曾上宇文泰论策。官至太傅，封燕国公。

⑥《国语杂文》：系北魏人所撰，记拓跋氏本部的语言。《鲜卑号令》：《隋书·经籍志》载此书目。约为记述鲜卑人的语言政令。《婆罗门书》：《隋书·经籍志》："后汉得西域胡书，以四十字贯一切音，文省义，谓之婆罗门书。"扶南：古国名，在南海大湾中，是中国古代史籍上出现的东南亚国家。

【译文】

　　曾经考察夏商周三代时期就讲求翻译之学：《周书》有通译之官，《周礼》有象胥述说解释，扬雄记录《别国方言》，朱酺翻译《西南夷乐歌》，于谨同时通晓数国语言。《隋志》有《国语杂文》《鲜卑号令》《婆罗门书》《扶南胡书》《外国书》。

　　近人若邵阳魏源①，于道光之季译外国各书、各新闻报为《海国图志》②，是为中国知西政之始。南海冯焌光③，于同治之季官上海道时④，创设方言馆，译西书数十种，是为中国知西学之始。迹其先几远跖⑤，洵皆所谓豪杰之士也⑥。

【注释】

①魏源（1794—1857）：清道光二十四年（1844）进士，官至高邮知州。读书精博，熟于政典掌故，尤精舆地史学。所著书遍及四部。

②《海国图志》：魏源撰。有六十卷本、一百卷本。该书叙述世界各国的历史、地理，自序谓据西人玛吉士《地理备考》、高里文《合众国志》二书纂辑而成。是采集西人材料介绍列国概况的最早作品之一。

③冯焌（jùn）光：字竹儒，咸丰进士，同治中授苏松太道。创求志书院，课诸生以经史有用之学。书室名"读有用书斋"。

④上海道：行政区划名。道，明、清时在省、府之间所设置的监察区。有分巡、分守等道之别，长官称为道员。

⑤迹：追溯。先几：少数前人。远跖（zhí）：远迹，曾经走过的道路。跖，践。

⑥洵（xún）：诚然，实在。

【译文】

近代人如邵阳的魏源，在道光末年，翻译外国各种书籍、各种新闻

报纸，编为《海国图志》，这是中国了解西方政治的开始。南海的冯焌
光，在同治年间任职上海道时，创设方言馆，翻译几十种西方书籍，这是
中国了解西方学问的开始。追溯少数前人曾经走过的道路，诚然都是
所谓的豪杰人士。

若能明习中学而兼通西文，则有洋教习者，师生对语，
不惟无误，且易启发；无洋教习者，以书为师，随性所近，博
学无方。况中外照会、条约、合同，华洋文义不尽符合，动为
所欺，贻害无底。

【译文】

如果能够明白地学习中国学问并能同时通晓西方语言，那么有外
国教练，老师和学生交流，不仅没有失误之处，而且学生容易受到启发；
没有外国教练，学生把书籍作为老师，根据自己的兴趣爱好，可以广泛
学习各种知识。况且中外照会、条约、合同，华语和西洋文字的意义不
完全符合，中国动辄就被外国欺骗，贻害无穷。

吾见西人善华语华文者甚多，而华人通西语西文者甚
少，是以虽面谈久处而不能得其情。其于交涉之际，失机误
事者多矣。

【译文】

我看到擅长中国话中国文字的西方人非常多，但是通晓西方语言
西方文字的中国人非常少，因此即使当面谈话相处很久也不能了解对
方的真实情况。到了交涉的时候，失去机会耽误事宜的情况很多。

　　大率商贾市井,英文之用多;公牍条约,法文之用多。至各种西学书之要者,日本皆已译之,我取径于东洋,力省效速,则东文之用多。

【译文】

　　大概商业和市场中,英文的用处多;公文条约,法文的用处多。至于各种重要的西方书籍,日本都已经翻译了,我们从日本选取过来,省力气且见效快,那么日文的用处多。

　　惟是翻译之学有深浅,其仅能市井应酬语、略识帐目字者,不入等;能解浅显公牍书信,能识名物者,为下等;能译专门学问之书,如所习天文、矿学,则只能译天文、矿学书。非所习者不能译也,为中等;能译各门学问之书,及重要公牍律法深意者,为上等。下等三年,中等五年,上等十年。我既不能待十年以后译材众多而后用之,且译学虽深,而其志趣才识固未可知,又未列于仕宦,是仍无与于救时之急务也[①]。是惟多译西国有用之书,以教不习西文之人,凡在位之达官,腹省之寒士[②],深于中学之耆儒[③],略通华文之工商,无论老壮,皆得取而读之,采而行之矣。

【注释】

①与:参与。
②腹省:腹内少食。
③耆(qí)儒:年老博学的儒者。

【译文】

只是翻译的学问有深浅之分，那些仅仅能够在市井中作应酬谈论的、浅略地认识账目文字的，不列入等级；能够理解浅显的公文书信、能够认识名物的，是下等；能够翻译专门学问的书籍，像所研习天文、矿学，就只能翻译天文、矿学的书籍。不是所研习的门类就不能翻译的，是中等；能够翻译各种门类学问的书籍，以及重要的公文律法背后所蕴含的深意的，是上等。达到下等需要三年，达到中等需要五年，达到上等需要十年。我们既然不能等到十年以后翻译人才众多然后再任用他们，况且他们的翻译学问虽然深厚，但他们的志趣才识本来就不知道，又没有列入官员之中，这仍然没有参与到拯救时势的急务之中。因此只有广泛翻译西方国家有用的书籍，来教导不学习西方文字的人，凡是在位的显达之官，腹内少食的寒门士人，中学深厚的年老博学的儒者，浅略通晓中国文字的工匠商人，无论老人或壮年，都应该选取翻译的书籍阅读它们，采取并施行。

译书之法有三：一各省多设译书局，一出使大臣访其国之要书而选译之，一上海有力书贾、好事文人广译西书出售，销流必广，主人得其名，天下得其用矣。此可为贫士治生之计，而隐有开物成务之功①。其利益与石印场屋书等②，其功德比刻善书则过之。惟字须略大，若石印书之密行细字，则年老事繁之人不能多读，即不能多销也。今日急欲开发新知者，首在居官任事之人，大率皆在中年以上，且事繁眼少，岂能挑灯细读？译洋报者亦然。

【注释】

①开物成务：开通万物之志，成就天下之务。

②石印：用石版印刷书籍的一种方法。

【译文】

翻译书籍的方法有三种：一为各省广泛设立译书局，一为外派大臣访求西方国家重要的书籍并选择翻译它们，一为上海有财力的书商、好事的文人广泛翻译西方书籍出售，销售途径必定广泛，主事之人获得名声，天下之人获得书籍传播的效用。这可以成为寒士谋生的方法，并且暗中有开通万物之志成就天下之务的功劳。翻译书籍获得的利益和石版印刷场屋书籍差不多，功德比刊刻善本书籍还胜一筹。只是字体须略微放大，如果像石版印刷的书籍行距紧密字体细微，那么年老事多的人不能大量阅读，就不能广泛销售。现在急切想要开发新知的人，首要就是当官任职的人，大概都在中年以上，并且事情繁多闲暇时间少，怎么能挑灯仔细阅读？翻译外国报纸也是这样。

王仲任之言曰①："知古不知今，谓之陆沈②；知今不知古，谓之聋瞽③。"吾请易之曰："知外不知中，谓之失心；知中不知外，谓之聋瞽。"夫不通西语，不识西文，不译西书，人胜我而不信，人谋我而不闻，人规我而不纳，人吞我而不知，人残我而不见，非聋瞽而何哉？

【注释】

①王仲任：王充（27—约97），东汉哲学家，字仲任。下文语出王充《论衡·谢短篇》。

②陆沈：昏昧不解世事之意。

③聋瞽（gǔ）：聋子和瞎子。

【译文】

王充说："了解古代不了解现在，称之为昏昧不解世事；了解现在不了解古代，称之为聋子和瞎子。"我请求改变王充的说法："知道外国不知道中国，称之痾癫；知道中国不知道外国，称之为聋子和瞎子。"不通晓西方语言，不认识西方文字，不翻译西方书籍，别人胜过我却不相信，别人谋划我却听不到，别人规劝我却不采纳，别人吞灭我却不知道，别人残害我却看不见，不是聋子和瞎子又是什么呢？

学西文者，效迟而用博，为少年未仕者计也。译西书者，功近而效速，为中年已仕者计也。若学东洋文、译东洋书，则速而又速者也。是故，从洋师不如通洋文，译西书不如译东书。

【译文】

学习西方文字的人，见效迟缓但用途广博，这是为尚未做官的少年考虑。翻译西方书籍，功用近而见效快，这是为已经做官的中年人考虑。如果学习日本文字，翻译日本书籍，那么见效快而又快。因此，跟从外国老师不如通晓外国文字，翻译西方书籍不如翻译日本书籍。

阅报第六

【题解】

本篇强调报纸和阅读报纸的重要性。众所周知,报刊在晚清的兴起对于近代中国的重要性不亚于一场革命。报刊议论时事、输入文明、开启民智,作用巨大。作为历史进程中的当事人,张之洞在甲午前后也看到了阅报对于国家与民智的非凡意义。他指出,报纸有增长见闻、宣传国是、体察民情的诸多益处,并认为外国的强大也得益于报馆林立。

在言说报纸之于中国的重要性上,张之洞特别强调了报纸的"知病"之用:即通过阅读外国报纸上对中国施政与民俗的批评,可以更好地了解自身的弱点和弊端,从而做出变革。他也在文中提醒士大夫要正确对待外国报纸对中国的批评,将之比为"诤友"之论。当然,也应该看到张之洞对于报纸功用的认识还相当有限。

李翰称《通典》之善曰[1]:"不出户,知天下;罕更事[2],知世变;未从政,达民情。"元文"民"作"人"[3],乃避唐讳。斯言也,殆为今日中西各报言之也。吾更益以二语曰:"寡交游,得切磋。"

【注释】

①李翰:唐人。工为文,擢进士第。天宝末,房琯、韦涉举荐为

史官。

②更:经历。

③元文:即"原文"。元,通"原"。

【译文】

唐人李翰称赞《通典》的好处说:"足不出户,知晓天下;历事少,却知道世事的变化;没有从政,却通晓民情。"原文"民"写作"人",是为了避唐太宗的讳。李翰的这些话,大概言说的就是今日中西各报纸的作用啊。我在此基础上增添两句话:"不用多交游,但能够互相研讨勉励。"

外国报馆林立,一国多至万余家。有官报,有民报;官报宣国是,民报达民情。凡国政之得失,各国之交涉,工艺商务之盛衰,军械战船之多少,学术之新理新法,皆具焉。是以一国之内如一家,五洲之人如面语。

【译文】

外国报馆林立,一个国家报馆多达万余家。有官报,有民报;官报宣扬国家大事,民报通达民情。举凡国家大政的得失,各国间的交涉情况,工艺商务的盛衰,军械战船的多少,学术的新理论与新方法,报纸中都有。所以一国就如同一家,世界各地的人如同当面谈话。

中国自林文忠公督广时,始求得外国新闻纸而读之,遂知洋情,以后更无有继之者。上海报馆自同治中有之,特所载多市井猥屑之事①,于洋报采撷甚略②,亦无要语。上海道月有译出西国近事,呈于总署及南北洋大臣③,然皆两月以前之事,触时忌者辄削之不书,故有与无等。乙未以后④,志士文人创开报馆,广译洋报,参以博议,始于沪上,流衍于各省⑤，内政、外事、学术皆有焉。虽论说纯驳不一⑥，要可以扩见闻，长志气，涤怀安之鸩毒⑦，破扪籥之瞽论⑧。于是一孔之士⑨，山泽之农，始知有神州；筐箧之吏⑩，烟雾之儒⑪，始知有时局，不可谓非有志四方之男子学问之一助也。

【注释】

①特：但。

②采摭(zhí)：拾取，摘取。

③总署：指总理各国事务衙门。南北洋大臣：我国沿海地域，自山东以北地方，谓之北洋。自江苏以南浙、闽、两广沿海及长江各地，谓之南洋。清咸丰十年(1860)，设总理各国事务衙门，以直隶总督兼北洋大臣，两江总督兼南洋大臣，分掌防务及中外交涉事宜。

④乙未：即 1895 年。

⑤流衍：流行。

⑥纯：善，美。驳：舛错。

⑦怀安：贪图安逸。

⑧扪籥(yuè)：指想当然。苏轼《日喻》："眇者不识日，问之有目者。或告之曰：'日之光如烛。'扪烛而得其形。他日揣籥，以为日也。"籥，乐器，形似笛。

⑨一孔之士：孤陋寡闻的读书人。

⑩筐箧(qiè)之吏：不识时局，不知大体的官吏。筐箧，即竹筒，用以藏布帛、书籍。《汉书·贾谊传》："俗吏之所务，在于刀笔筐箧，而不知大体。"

⑪烟雾之儒：不懂经国济世道理的学者。李白《嘲鲁儒》："鲁叟谈五经，白发死章句。问以经济策，茫如坠烟雾。"

【译文】

中国自林文忠公(林则徐)总督两广时,才开始搜求外国报纸去读,这才知道外国的情况,然而在此之后却没有延续这种做法。上海的报馆自同治年间开始创办,但报纸所载多是市井间的琐屑之事,对外国报纸摘编的特别简略,也没有特别重要的言论。上海道每月翻译出西方各国最近发生的事,呈送给总理各国事务衙门和南北洋大臣。但所译之事,都是两个月以前发生的,举凡触犯当时忌讳的就删除不写,所以有和没有是一样的。乙未年之后,有志之士与文人创设报馆,大规模翻译外国报纸,加上众多评论,开始于上海,随后风行于各省,报纸中内政、外事、学术无一不有。虽然其间论说有好有坏,但其主要可以开阔见闻,增长志气,涤除贪图安逸的毒害,打破想当然的不明事理之论。在此之后,孤陋寡闻的读书人,山野里的农民,开始知道有中国;不识大体的官吏,不懂经国济世之道的腐儒,开始知道有时局,报纸不可谓不是有志四方的男子学问的一大帮助啊。

　　方今外侮日亟①,事变日多,军国大计,执政慎密,不敢宣言,然而各国洋报早已播诸五洲,不惟中国之政事也,并东西洋各国之爱恶攻取,深谋诡计,一一宣之简牍,互相攻发,互相驳辨,无从深匿,俾我得以兼听而豫防之②,此亦天下之至便也。

【注释】

①日亟:一天比一天严重。

②俾:使。豫防:即"预防"。

【译文】

当今外国的欺侮一天比一天严重,变乱一天比一天多,我们的军国大事，掌管政务者谨慎而严密，不敢对外公开宣扬，然而各个国家的外报早已经将这些传播到全世界各地了，不仅只是中国的政事，连带东洋西洋各国之间的恩怨攻伐和谋略、计策，都被一一地呈现在报纸之中，彼此互相揭发和辩论，秘密根本无法隐藏，使我们能够听到多种声音从而做出预防，这也是天下最为便利的啊。

　　然而吾谓报之益于人国者，博闻次也，知病上也。昔齐桓公不自知其有疾而死，秦以不闻其过而亡。大抵一国之利害安危，本国之人蔽于习俗，必不能尽知之，即知之，亦不敢尽言之。惟出之邻国，又出之至强之国，故昌言而无忌①。我国君臣上下，果能览之而动心，怵之而改作②，非中国之福哉？

【注释】

①昌言：直率的言论。

②怵(chù)：戒惧。

【译文】

　　然而我认为报纸对于国家的益处，丰富见闻是次要的，知晓其自身的缺点才是最重要的。以前齐桓公不知道自己有病最终病死，秦朝听不到它的过错而灭亡。大概关乎一个国家的安危利害之处，本国的人被固有习俗所遮蔽，一定不能全部都认识到；即使认识到了，也不敢完全地说出来。这种关乎国家安危的言论只能出自邻近的国家，特别是那些极为强大的国家，所以言论直率而无所忌讳。我国君臣上下，假如能看到这些言论受到触动，深感戒惧而做出变革，难道不是中国的福气吗？

近人阅洋报者，见其诋訾中国不留余地①，比之醉人，比之朽物，议分裂，议争先，类无不拂然怒者②。吾谓此何足怒耶？勤攻吾阙者③，诸葛之所求④；讳疾灭身者，周子之所痛⑤。古云"士有诤友"⑥，今虽云"国有诤邻"，不亦可乎？

【注释】

①诋訾(zǐ)：毁谤非议。

②类：大多数人。

③阙：缺失。

④诸葛：指诸葛亮。

⑤周子：指周敦颐，北宋著名理学家，号濂溪，与程颢、程颐、邵雍、张载合称北宋"五子"。主要著作有《太极图说》《通书》等，后人合编为《周子全书》。《周子通书·过》中有："今人有过，不喜人规，如讳疾而忌医，宁灭其身而无悟也。"

⑥诤友：能规劝过失的朋友。

【译文】

现在的人阅读外国报纸，看见上面不留余地地非议诽谤中国，将中国比作醉汉，比作腐朽之物，讨论如何瓜分中国，讨论如何抢在前头，大多数人无不感到愤怒。我认为这有什么愤怒的？经常指出我们的缺失，这是诸葛亮所孜孜以求的；隐瞒与忌讳疾病，最终导致身死的，是周敦颐所心痛的。古话说"一个人需要有能规劝他过失的朋友"，那么现在说"一个国家需要有能指出其错误的邻国"，不也是可以吗？

变法第七

【题解】

变法即改革。张之洞认为，不变法就无以应对时局，"无法务通和开风气"。因此，本篇首先为变法寻找理论依据。儒家的经典圣贤之言中有诸多关于变、通关系的论述，此其一也；征之于历史，从封建制到郡县制，从租庸调到两税法，从归闰到活余，赵武灵王的胡服骑射和北魏孝文帝的汉化改革，都证明变法是历史的常态和无时无刻不在进行之事；征之于本朝，随时代而不停变法亦是史籍多有所载，尤其是同治中兴时期曾、左、沈等人的洋务事业，本身也是变法。

张之洞认为，反对变法者可概分为泥古、苟安、空谈三类人，这三类人反对变法的理由都是站不住的。而对于仿行西法过程中所出现的种种问题，他认为那不是变法的问题，而是人顾其私、经费不足、朝无定论、先后失序所造成的。

当然，张之洞所言及的变法，并非是一切皆可变。不变的是伦纪、圣道、心术，可变的是法令制度、器械、工艺。

变法者，朝廷之事也，何为而与士民言？曰：不然。法之变与不变，操于国家之权，而实成于士民之心志议论。

【译文】

变法是朝廷的事情,为什么要对士人百姓说呢?答曰:不是这样的啊。法度的变与不变,是由国家的权力操控的,但是实际上却成就于士人百姓的内心志向与商议讨论。

试观曾文正为侍郎时①,尝上疏言翰林考小楷、诗赋之弊矣②。《文集》卷一。及成功作相以后,若力持此议,当可成就近今三十年馆阁之人材,然而无闻焉。何也?大乱既平,恐为时贤所诟病也。文文忠尝开同文馆,刊公法、格致各书矣,以次推行,宜可得无数使绝国识时务之才③。然而曲谨自好者④,相戒不入同文馆,不考总署章京⑤,京朝官讲新学者,阒然无闻⑥。何也?劫于迂陋群儒之谬说也⑦。夫以勋臣元老、名德重权,尚不免为习非胜是之谈所挠⑧,而不睹其效,是亦可痛可惜者矣!

【注释】

①侍郎:官名,本为宫廷近侍,唐代以后为尚书省所属各部长官之副。明、清为正二品,与尚书同为各部的堂官。

②翰林:此处为翰林院的省称。

③使绝国:出使边远的国家。

④曲谨:谨慎,但过分注重小节。

⑤章京:官名。清代凡都统、副都统以至各衙门办理文书的人员,多称章京。

⑥阒(qù)然:寂静的样子。

⑦劫:胁迫。

⑧习非胜是:对错误的东西相习既久,不能矫正,反以为是。

【译文】

试看曾国藩做侍郎的时候，曾经进呈奏章陈述翰林院考小楷诗赋的弊端。《文集》卷一。等到他大功告成成为宰辅之后，如果还坚持这个看法，就能够成就近三十年来翰林院的人才，但是最终没有消息了。这是为什么呢？大乱已经平复，害怕这样的变法会遭到当时贤能之士的诟病。文祥曾开设京师同文馆，刊印公法、格致各书，逐渐推行，应该可以得到无数出使边远国家、识时务的人才。然而那些过于谨慎洁身自好的人，互相告诫不进同文馆学习，不考取总理衙门的章京，在京朝官里讲新学的人，也都静静的没有声闻。这是为什么呢？是因为受到了迂腐孤陋群儒谬说的胁迫。那些有功勋的大臣、朝廷元老以及具有声望德行、身负重权的人，尚且不能避免被习惯于错误反而自以为是的谬论所扰乱，而看不到变法的成效，这也是令人可痛可惜的啊！

又如左文襄在闽创设船政，在甘创设机器织呢羽局①；沈文肃成船政②，设学堂，与北洋合议设招商局；丁文诚在山东、四川皆设制造洋枪枪弹局③，此皆当世所谓廉正守道之名臣也，然所经营者皆是此等事，其时皆在同治中年、光绪初年国家闲暇之时。惜时论多加吹求，继者又复无识，或废阁④，或减削，无能恢张之者⑤，其效遂以不广。

【注释】

①呢羽：呢绒，羽毛。禽类的羽毛亦可用于纺织。

②沈文肃：即沈葆桢（1820—1879）。道光进士，授编修。其妻为林则徐之女。同治间总理福建船政。时日人构衅侵台，清廷以他为钦差大臣督办军务。光绪初，调两江总督。卒谥文肃。

③丁文诚：丁宝桢（1820—1886），洋务派官僚，曾任山东巡抚、四川

总督。卒谥文诚。

④废阁：废弃，搁置。

⑤恢张：扩展，张大。

【译文】

又比如说左宗棠在福建创设船政，在甘肃设立机器织呢羽局；沈葆桢掌管船政，设立学堂，与北洋合议设立招商局；丁宝桢在山东、四川都设立了制造洋枪枪弹局，这都是当时所谓的廉洁正直、恪守正道的名臣，但是他们经营的都是这类事情，当时是在同治中期、光绪初年国家安宁无事之时。只可惜当时的议论多是吹毛求疵，后继的人又没有什么见识，或者废弃搁置，或者减少削弱，没有能扩大的人，它的效果因此不能得以推广。

夫不可变者，伦纪也①，非法制也；圣道也，非器械也；心术也，非工艺也。

【注释】

①伦纪：人伦纲纪。

【译文】

不可改变的是纲常人伦，不是法令、制度；是儒家之道，不是器械；是人心，不是工艺。

请征之经。"穷则变，变通尽利，变通趣时①，损益之道②，与时偕行"，《易》义也；"器非求旧，惟新"，《尚书》义也；"学在四夷"，《春秋传》义也；"五帝不沿乐，三王不袭礼。礼时为大"③，《礼》义也；"温故知新"，刘楚桢《论语正义》引《汉书·成帝纪》诏曰④："儒林之官，宜皆明于古今，温故知新，通达国体⑤。"《百官表》："以通古今,备温故知新之义。"孔冲远《礼记叙》⑥：
"博物通人,知今温古,考前代之宪章,参当时之得失。"是汉唐旧说,
皆以温故知新为知古知今。"三人必有我师,择善而从",《论
语》义也；"时措之宜",《中庸》义也；"不耻不若人,何若人
有"⑦,《孟子》义也。

【注释】

①趣时：趋时。

②损益：亏与盈,减与增。《易·损》："损刚益柔有时,损益盈虚,与
　　时偕行。"

③时：合时宜。《礼记·礼器》："礼,时为大。"

④刘楚桢：即刘宝楠(1791—1855),字楚桢,道光进士。撰《论语正
　　义》,二十四卷。以何晏《集解》为主,旨在存魏、晋古籍之旧,而
　　郑玄遗注悉载于内。其子续成。此书解释、考证甚为周详,实胜
　　旧疏。

⑤国体：国家的大体。

⑥孔冲远：孔颖达(574—648),字冲远,唐代经学家。

⑦不耻不若人,何若人有：不以不如人家为耻辱,(这样的人)怎能
　　赶上别人呢? 语出《孟子·尽心上》。

【译文】

请从经书中引用借鉴。"事物发展到了极点就要改变,变通要谋取
利益,变通要趣时,亏盈增减之道,要与时同行",这是《易》经的涵义;
"器物不是求旧,而是要更新",这是《尚书》的涵义;"学问在于四海之
内",这是《春秋传》的涵义;"五帝不沿用同样的音乐,三王不承袭相同
的礼制。礼,合时宜是最重要的",这是《礼》的涵义;"温习旧的知识就
会懂得新的内容",刘宝楠所撰的《论语正义》引《汉书·成帝纪》诏说："儒林的
官员,都应该通晓古今,温故知新,明白国家的大体。"《百官表》里说："把通晓古

今作为温故知新的涵义。"孔颖达在《礼记叙》里说："博览万物通达人心，了解现在又要温习古时，考察前朝的法律制度，来参照时下的得失。"因此汉唐时期的旧学说都把温故知新当做知晓今古。"多个人在一起其中一定有我的老师，然后选择他好的地方来学习"，这是《论语》的涵义；"得其时而用是合适的"，这是《中庸》的涵义；"不为不如别人而羞耻，这样的人怎么能赶上别人呢"，这是《孟子》的涵义。

　　请征之史。封建变郡县，辟举变科目①，府兵变召募，车战变步骑，租庸调变两税②，归余变活闰③，篆籀变隶楷，竹帛变雕版④，笾豆变陶器⑤，粟布变银钱⑥，何一是三代之旧乎？历朝变法最著者四事：赵武灵王变法习骑射，赵边以安；北魏孝文帝变法尚文明⑦，魏国以治。此变而得者也。若武灵之不终⑧，以嬖幸⑨；魏之不永⑩，以子孙不肖，与变法无涉。商鞅变法，废孝弟仁义，秦先强而后促⑪。王安石变法，专务剥民，宋因以致乱。此变而失者也。商、王之失在残酷剥民，非不可变也，法非其法也。西法以省刑、养民两事为先务。

【注释】

①辟举：征召和选举。科目：这里是以科目取士的意思。

②两税：夏秋两税。唐初实行租庸调法，到德宗建中元年（780）杨炎制两税法，把租庸调合并为一，规定用钱纳税。夏税不超过六月，秋税不超过十一月，称为两税。有两税使以总其事。

③归余变活闰：指历法改革。农历一年与地球公转一周所需时间约差十日有奇，数年所积余之时日为闰，因而置闰月。

④竹帛：指在竹帛上书书写的方法。

⑤笾（biān）豆：笾和豆，古代礼器。笾用竹制，盛果脯等；豆用木制，

也有用铜或陶制的,盛斋酱等,供祭祀和宴会之用。

⑥粟布:粟,粟米。布,织物。在我国古代,都曾作为货币使用过。

⑦北魏孝文帝(467—499):拓跋氏,名宏,北魏皇帝。即位后大兴文治,均民田,治户籍,举养老籍田之制。建武十八年(42)迁都洛阳,二十年改姓元,力排众议,改革鲜卑风俗、服制、语言,奖励和汉族通婚。

⑧若:连词,至于。武灵之不终:赵武灵王于前302年进行军事改革,时仅七年,即因内乱而死。不终,未尽天年。

⑨以嬖(bì)幸:因为宠爱(少子)的缘故。嬖幸,宠爱。赵武灵王在位二十七年,传位于少子何,自号主父,封长子章为安阳君。不久,章起兵作乱,败,往沙丘宫依主父。公子成、李兑以兵围之。章死。主父欲出不得,探雀鷇(雏鸟)而食之。三月余,饿死沙丘宫。

⑩魏之不永:北魏政权延续时间不长。

⑪促:危急。

【译文】

请从历史上引用借鉴。封建制变成郡县制,征召和选举变成以科目取士,府兵制度变成招募制度,车战变成步兵、骑兵,租庸调制变成两税制,历法改革中归余变活闰,篆书变成隶书楷书,在竹帛上书写变成雕版印刷,竹制的笾和木制的豆变成陶器,粟米和织物变成银两钱币,哪一个是三代的旧制?历朝变法最著名的有四件事:赵武灵王变法教习骑射,赵的边疆才得以安定;北魏孝文帝变法崇尚汉化文明,北魏才得到安治。这是变法成功的例子。赵武灵王未尽天年,是因为宠爱少子的缘故;北魏政权延续时间不长,是因为子孙不肖,与变法无关。商鞅变法,废除孝悌仁义,秦一开始强大但是后来陷入危机。王安石变法,专门榨取老百姓,宋朝因此导致混乱。这是变法失败的例子。商鞅、王安石的失误在于残酷剥削百姓,不是不能变法,而是所变的法是错误的法。西法以减少刑罚、养民这两者为首要任务。

　　请征之本朝。关外用骑射,讨三藩用南怀仁大炮①。乾隆中叶,科场表判改五策,岁贡以外②,增优贡、拔贡③。嘉庆以后,绿营之外创募勇。咸丰军兴以后④,关税之外抽厘金⑤。同治以后,长江设水师,新疆、吉林改郡县。变者多矣。即如轮船、电线创设之始,訾议繁兴,此时若欲废之,有不攘臂而争者乎⑥?

【注释】

①三藩:清封明降将耿仲明为靖南王,尚可喜为平南王,吴三桂为平西王,称"三藩"。后逐渐成为割据势力。康熙十年(1671)下令削藩,吴三桂、耿精忠(仲明之孙)、尚之信(可喜之子)先后反清,均为清政府所平定。南怀仁:比利时耶稣会教士。清顺治间来华,与汤若望等同至北京传教。以明数理,任钦天监副。康熙中,擢监正,加太常寺少卿,并命督造大炮,试验有效。

②岁贡:明、清时每年从各府、州、县学中,选送廪生升入国子监肄业,称为岁贡。

③优贡:清制,各省学政三年任满,根据府、州、县教官上报,会同总督巡抚,从在学生员中选取文行俱优的人,由学政考定保送,大省六人,中省四人,小省二人,叫优贡。发榜中式者入京朝考,一等任知县,二等任教职,三等任训导,三等以外的罢归。拔贡:清制,自乾隆七年(1742)定每十二年(逢酉年)由学臣于府、州、县学廪生内,选拔文行优秀者,与督抚会考核定,贡入京师,称为拔贡生。先赴会考,择优者再赴朝考。入选者一等任七品京官,二等任知县,三等任教职;更下者罢归,谓之废贡。

④军兴：指太平军起义后，国内军事兴起。

⑤厘金：主要是在水陆交通要道设立关、卡征税。清咸丰三年（1853）开始实行。当时清政府为筹措军饷以镇压太平天国运动，最初在扬州仙女镇（今属扬州江都区）设厘金所，对该地米市课以百分之一的捐税。百分之一为一厘，故称"厘金"。以后各省相继仿行，遍及全国。

⑥攘臂：捋袖伸臂，发怒的样子。

【译文】

请从本朝中引用借鉴。在关外用骑射，平定三藩使用的是传教士南怀仁督造的大炮。乾隆中期，科举考试中的表、判改为五策，除了岁贡以外，又增加了优贡、拔贡。嘉庆之后，在绿营兵之外又开始招募兵勇。咸丰年间，太平军起义之后，国内军事兴起，在关税之外又开始抽取厘金之税。同治以后，长江设立了水师，新疆、吉林改成郡县。改变的地方有很多。就比如说轮船、电线设立初期，批评议论的特别多，现在如果说要废除它们，岂会没有捋袖伸胳膊而争执的人呢？

今之排斥变法者，大率三等：一为泥古之迂儒。泥古之弊易知也。一为苟安之俗吏。盖以变法必劳思，必集费①，必择人，必任事，其余昏惰偷安，徇情取巧之私计，皆有不便，故藉书生泥古之谈，以文其猾吏苟安之智②，此其隐情也。至问以中法之学术治理，则皆废弛欺饰，而一无所为。所谓守旧，岂足信哉？又一为苟求之谈士。

【注释】

①集费：筹集经费。

②文：掩饰。

【译文】

现在排斥变法的人，大概有三类：一类是拘泥于旧制而迂腐的儒者。拘泥于旧制的弊端大家很容易知道。一类是苟且偷安的世俗官吏。大概是因为变法必然会劳神费思，必得筹集经费，必要选贤举能，必会任职派事，那些昏庸懒惰、苟且偷安，徇私取巧的盘算，不太容易得手了，因此假借书生泥古之论，来掩饰那些狡猾官吏苟且偷安的算计，这就是其中的隐情。等到问到中国本土的学术研究，就都废弃松懈、欺瞒掩饰，没有一点作为。所谓的守旧怎么能让人信服呢？另一类是过于苛责的空谈之士。

夫近年仿行西法而无效者，亦诚有之。然其故有四：一人顾其私，故止为身谋而无进境。制造各局、出洋各员是也。此人之病，非法之病也。一爱惜经费，故左支右绌而不能精①，船政是也。此时之病，非法之病也。一朝无定论，故旋作旋辍而无成效②，学生出洋、京员游历是也。此浮言之病，非法之病也。一有器无人，未学工师而购机，未学舰将而购舰。海军各制造局是也。此先后失序之病，非法之病也。乃局外游谈，不推原于国是之不定③，用人之不精，责任之不专，经费之不充，讲求之不力，而吹求责效，较之见弹求鸮炙，见卵求时夜④，殆有甚焉。学堂甫造而责其成材⑤，矿山未开而责其获利，事无定衡⑥，人无定志，事急则无事不举，事缓则无事不废，一埋一掯⑦，岂有成功哉？

【注释】

①绌(chù)：屈，引申为不足。

②旋作旋辍：即刻兴办，即刻中止。旋，疾，马上。

③国是：国事。

④见弹求鸮（xiāo）炙，见卵求时夜：看见弹丸就想到要烤鸮肉，看见蛋就希求蛋化为鸡，司晨报晓。均比喻过早的打算。鸮，鸱鸮。时夜，即"司夜"，指鸡报晓。《庄子·齐物论》："且女亦大早计，见卵而求时夜，见弹而求鸮炙。"

⑤甫造：开始兴办。

⑥定衡：一定的标准。

⑦一埋一掘（hú）：一会掩埋，一会挖掘。比喻办事不专一。

【译文】

　　近年来仿效实行西方之法但是没有取得成效的事情确实存在。原因有以下四个方面：一是人们只顾自己的私利，因此只会为自己谋划而没有进步。比如制造各局、出洋的那些人就是。这是人的问题，不是法的问题。一是爱惜经费，经常拆东墙补西墙的应付，致使所办事业不够精良，比如船政。这是时代的问题，不是法的问题。一是朝廷没有定论，即刻兴办即刻终止，没有成效，比如学生出洋、京中官员出洋游历就是这样。这是流言的问题，不是法的问题。一是有机器没有专家，没有培养工程师就购买机器，没有培养海军军事人才就购买军舰。海军各制造局就是这样。这是前后顺序不对的问题，不是法的问题。置身局外空谈，不将原因归结为国事的不确定，用人不够精准，责任不够专一，经费不够充足，讲求不够力度，还吹毛求疵要求成效，就像看见弹丸就想要烤鸮肉，看见蛋就希求蛋化为鸡，司晨报晓，这是非常有害的。学堂刚开始兴办就要求其成就栋梁之材，矿山还未开挖就希望获得利益，做事没有一定的标准，人心没有一定的志向，事情紧急就所有的事情都做，事情松缓就没有一件事不废弛，一会掩埋，一会挖掘，怎么会成功呢？

　　虽然，吾尝以儒者之论折衷之矣。吕伯恭曰①："卤莽灭裂之学^②，或作或辍，不能变不美之质。"此变法而无诚之药也^③。曾子固曰^④："孔孟二子，亦将因所遇之时，所遭之变，而为当世之法，使不失乎先王之意而已。法者，所以适变也，不必尽同；道者，所以立本也，不可不一。"此变法而悖道之药也。由吕之说，则变而有功；由曾之说，则变而无弊。夫所谓道本者^⑤，三纲四维是也^⑥。若并此弃之，法未行而大乱作矣。若守此不失，虽孔孟复生，岂有议变法之非者哉？

【注释】

①吕伯恭：吕祖谦（1137—1181），字伯恭，世称东莱先生。隆兴进士，官至直秘阁著作郎，国史院编修。与朱熹、张栻称为东南三贤。其学说主张治经史以致用，不规矩于性命之说。著述甚丰。

②灭裂：草率，粗略，不对头。

③无诚：没有诚意。

④曾子固：曾巩（1019—1083），字子固。嘉祐二年（1057）进士，尝编校史馆书籍，官至中书舍人。为唐宋古文八大家之一。

⑤道本：道之根本。

⑥四维：四种治国的纲领。《管子·牧民》："何谓四维？一曰礼，二曰义，三曰廉，四曰耻。"《管子·国颂》："四维不张，国乃灭亡。"维，是系网的绳子，分支四角，纲举则目张，所以喻为维持国家的工具，立国的根本。

【译文】

即便如此，我曾经用儒者的理论来为之折衷、调和。吕祖谦说过："鲁莽草率的学说，有时兴起有时停止，但是不能改变粗鄙的本质。"这是针对变法却没有诚意这类病症的良药啊。曾巩说："孔子和孟子也会因为所遇到的时事，所经历的变化，来施行当世之法，使它不失先王的意图罢了。法,是用来适应变化的,不必都一样;道,是用来立根本的,不能不统一。"这是针对变法违背大道这类病症的良药啊。如果能够遵照吕氏说法的话,那么变法就会获得成功;如果能够遵照曾巩的说法的话,那么变法将无弊端。所谓道的根本,就是三纲四维。如果把它们一并抛弃,法没有施行而大乱就会兴起。如果坚守道之根本不丧失,即使孔子和孟子死而复生,又怎么会议论变法的不是之处呢?

变科举第八

【题解】

科举取士自隋代创立，绵延至晚清已有1300年的历史。任何一项制度运行既久，其弊端和问题就会逐渐显现出来。明清之际，科举取士已为士人所诟病，进入近代以来，在与西方求富求强的竞争过程中，科举取士因不能培养出应对世变的实用人才和缺少经世济民的关怀，它的弊端和缺陷在时代的放大镜下变得相当明显。科举制必须做出改变，成为晚清知识界又一大话题。

张之洞作为一代儒臣，其对科举制的理解和认知相当深刻。总体而言，张之洞此时也赞成"变法必自变科举始"，认为在保存科举制大体的前提下，对科举做适度的变革，以适应形势。从篇中所述来看，"适度的变革"主要来自两方面。其一是仿效欧阳修的三场分试法，将三场分试的次序做相应调整，以逐渐劣汰留优，获得真正的经世济民之才。其二，是在科举考试中增加西学、西政、西艺的因素，通过科举指挥棒来培养和选拔会通人才，以达到开智、致用的目的。当然，对于科举考试中的四书、五经，张之洞认为这是检验是否"宗法圣贤、见理纯正"的标准，断不可废也。

朱子尝称述当时论者之言曰："朝廷若要恢复[①]，须罢三十年科举以为极好。"痛哉斯言也！

【注释】

①恢复：收复失地。

【译文】

朱子曾论述当时议论之人的话说："朝廷如果想要收复失地，必须罢停三十年科举考试，认为这是极好的。"这些话令人痛心啊！

中国仕宦出于科举，虽有他途，其得美官者，膺重权者，必于科举乎取之。自明至今，行之已五百余年，文胜而实衰①，法久而弊起，主司取便以藏拙②，举子因陋以侥幸③，遂有三场实止一场之弊。钱晓徵语④。所解者高头讲章之理⑤，所读者坊选程墨之文⑥，于本经之义，先儒之说，概乎未有所知。近今数十年，文体日益佻薄⑦。非惟不通古今，不切经济，并所谓时文之法度、文笔而俱亡之⑧。

【注释】

①文胜而实衰：文章越兴旺，国家的实力越衰弱。

②取便：乘机。便，方便，便利。藏拙：掩其拙劣。

③举子：被荐举应试的士子。

④钱晓徵：即钱大昕（1728—1804），字晓徵。乾隆十九年（1755）进士，选庶吉士，擢侍讲学士，迁少詹事。历充山东、湖南、浙江、河南乡试考官，提督广东学政。始以辞章名，后精研经史，当时推为通儒。

⑤高头讲章：天头留得很多的书籍。此指应试书籍。

⑥坊：书肆。书肆所刻的书本称坊本或坊刻本，以别于官本、家塾

本。程墨:旧时选科场考卷可为程式者刊行之,称作程墨。

⑦佻薄:轻薄,轻佻。

⑧时文:指科举时应试的文字,别于古文而言。明清时科举时文即指八股文。

【译文】

中国入仕为官出自科举,虽然还有其他的途径,但能得到高官、掌握重权的人,必定通过科举制选拔出来。从明成化年间设立八股文到现在,已经实行了五百多年,文章越兴旺,国家的实力就越衰弱,科举之法长久,弊端就会显现,主考官图取方便来掩藏自己的拙劣,被荐举应试的士子学识浅陋而抱着侥幸成功的心理,于是造成了虽有八股文、经文、策问三场实际只重头场八股文的弊端。这是钱大昕的话。所理解的是应试书籍的道理,所阅读的是书肆选刊的可为程式的考卷文章,对于经文的义理,先儒的学说,大概都无所了解。数十年来,文体日益轻佻。不仅不通晓古今,不切合经世济民之道,并且所谓八股文的法度文笔也一起衰亡。

今时局日新,而应科举者拘瞀益甚①,傲然曰:吾所习者,孔孟之精理,尧舜之治法也。遇讲时务、经济者,尤鄙夷排击之,以自护其短。故人才益乏,无能为国家扶危御侮者。于是诏设学堂以造明习时务之人才,又开特科以搜罗之。

【注释】

①拘瞀(mào):拘,固执,不知变通。瞀,愚昧。

【译文】

当今的时局越来越新,但应考科举的人却越来越固执愚昧,自傲地说:"我所学习的是孔孟之学的精深义理,尧舜的治国法度。遇到讲习时务、经济之道的人,尤其鄙薄排斥,来保护自身的短处。所以人才越来越匮乏,没有能为国家挽救危难抵御欺辱的人。于是下诏设立学堂来培养明习时务的人才,又开设特科来搜罗人才。

夫学堂虽立,无进身之阶,人不乐为也。其来者必白屋钝士①,资禀凡下,不能为时文者也。其世族俊才②,皆仍志于科举而已。即有特科之设,然廿年一举,为时过远,岂能坐待? 则仍为八比、诗赋、小楷而已③。

【注释】

①白屋钝士:指出身寒微,资质低下的读书人。白屋,古代平民住屋不施采,故称白屋。钝士,鲁钝之士。

②世族:泛指世代显贵的家族。

③八比:即八股。明清科举考试的文体之一。

【译文】

然而学堂虽然设立,但不能成为进入仕途的阶梯,人们不乐于进入学堂读书。那些来学堂的人一定是出身寒微且愚钝的读书人,资质天赋都低下,不能写作八股文。那些家族显贵的俊朗之才,都仍志在科举罢了。即使有特科的设立,但二十年才举行一次,为时过远,怎能白白坐等? 于是仍写作八股、诗赋、小楷罢了。

救时之才,何由可得? 且夫齐衣败紫①,晋曳苴履②,赵文王好剑而士死于相击③,越勾践好勇而士死于焚舟④,从上所好也。两汉经学,实禄利之途驱之。使乡、会试仍取决于时文,京朝官仍絜长于小楷⑤,名位取舍惟在于斯;则虽日讨国人而申儆之⑥，告以祸至无日，戒以识时务、求通才、救危局，而朝野之汶暗如故⑦，空疏亦如故矣。故救时必自变法始，变法必自变科举始。

【注释】

①齐衣败紫：齐国因齐桓公喜欢紫色衣服，因而紫色衣服价格猛涨，为白色的帛价格的十倍。指统治者的爱好导致一种社会风尚。

②晋曳苴(jū)履：晋文公喜欢臣下穿破旧的衣服，因而其臣下都穿戴不整。苴，鞋底的草垫。典出《墨子·兼爱中》。

③赵文王：即赵惠文王。战国赵武灵王的庶子，名何。在位三十三年，喜剑术。

④越勾践好勇而士死于焚舟：越王勾践喜欢臣下勇敢。他令人把一只船烧着，又亲自击鼓催臣下救火，结果烧死一百多人。典出《墨子·兼爱中》。

⑤絜(xié)长：考核时偏重（于小楷）。絜，用绳子计量圆筒形物体的粗细，引申为衡量。

⑥申儆：警诫注意。

⑦汶暗：昏暗不明。

【译文】

拯救时弊的人才，从哪里可以得到呢？况且齐国因齐桓公喜欢紫色衣服，因而紫色衣服价格猛涨，为白色的帛价格的十倍；晋文公喜欢臣下穿破旧的衣服，因而臣下都穿戴不整；赵文王喜好臣子舞剑，因而臣子死于互相攻击；越王勾践喜欢臣下勇敢，令人将一只船烧着，又亲自击鼓催臣下救火，结果烧死一百多人。这些都是臣子跟从统治者喜好的缘故。两汉经学兴盛，实际是俸禄名利驱使。假如乡试、会试仍取决于八股文，在京朝官考核时仍偏重小楷，名利权位的取舍只在于这些；那么即使每天告诫国人并使他们警醒注意，告诉他们祸患马上就要来临，告诉他们通识时务、寻求通才、拯救危局，但朝野的昏暗不明还是像过去一样，空洞浅薄也还是像过去一样。所以拯救时局必定从变法开始，变法必定从变革科举开始。

　　或曰：若变科举、废时文，则人不读"五经"、"四书"，可乎？于是有献《学校贡举私议》者曰①：变科举者，非废"四书"文也，不专重时文，不讲诗赋、小楷之谓也。

【注释】

①贡举：古有乡举里选之制。又诸侯贡士，得人有赏，失人有罚。至汉始合贡举之名，浑称为贡举。汉高祖十一年下求贤之诏，武帝元光元年始令郡国举孝廉各一人，贡举之法始此。直至清末，历代互有改易。

【译文】

　　有的人说：如果变革科举、废除八股文，那么士子不读"五经"、"四书"，可以吗？于是有人进献《学校贡举私议》说：变革科举，不是废除"四书"经文，而是不专重八股文，不讲求诗赋、小楷。

　　窃谓今日科举之制，宜存其大体而斟酌修改之。昔欧阳文忠知谏院时①，恶当时举人鄙恶剽盗全不晓事之弊，尝疏请改为三场分试、随场而去之法：每场皆有去留，头场策合格者试二场，二场论合格者试三场。其大要曰："鄙恶乖诞以渐先去，少而易考，不至劳昏，全不晓事之人无由而进。"其说颇切于今日之情事。欧公之欲以策论救诗赋，犹今之欲以中西经济救时文也。

【注释】

①欧阳文忠：即欧阳修，文忠是其谥号。谏院：谏官官署。

【译文】

我认为当今的科举制，应该保存大体而思考做适度的修改。昔日欧阳修执掌谏院时，痛恨当时的举人鄙陋剽窃、全然不明晓事理的弊端，曾上疏请求将科举考试改为三场分试、随场而去的方法：每场都有去留，头场策合格者进入第二场考试，二场论合格者进入第三场考试。这种方法的要领在于："鄙陋乖张之人逐渐先离开，人数变少而容易考试，不至过劳昏沉，全然不明晓事理的人也没有理由进入。"欧公的论说非常切合今日的情形。欧公想以策论拯救诗赋，就像今天想要以中西经世济民的文章来拯救八股文。

今宜略师其意，拟将今日三场先后之序互易之，而又层递取之，大率如府县考覆试之法。第一场试以中国史事、本朝政治论五道，此为中学经济。假如一省中额八十名者①，头场取八百名。额四十名者，头场取四百名。大率十倍中额，即先发榜一次，不取者罢归，取者始准试第二场。

【注释】

①中额：中选的名额。

【译文】

如今应该适度效法欧公的意图，打算将如今三场先后的顺序互相改变，层层选拔人才，大概像府县考复试的方法。第一场考试中国历史，本朝政治策论五道，这是中学经济。假如一省中选的名额为八十名，头场选取八百名；中选的名额为四十名，头场就选取四百名。大概十倍于中选的名额，就先发榜一次，没有取中的人就离开，取中的人才准其考试第二场。

　　二场试以时务策五道,专问五洲各国之政、专门之艺。政如各国地理、官制、学校、财赋、兵制、商务等类,艺如格致、制造、声、光、化、电等类,此为西学经济。其虽解西法而支离狂怪显悖圣教者,斥不取。中额八十名者,二场取二百四十名。额四十名者,取一百二十名。大率三倍中额,再发榜一次,不取者罢归,取者始准试第三场。

【译文】
　　二场考试五道时务策,专门考问五洲各国的政治、专门的技艺,政治如各国的地理、官制、学校、财赋、兵制、商务等类别,技艺如格致、制造、声、光、化、电等类别,这些是西学中经世济民的学问。那些虽然讲求西方法政但支离狂怪、明显违背儒家之道的人,排斥不取。中选的名额为八十名,二场选取二百四十名。中选的名额为四十名,选取一百二十名。大概三倍于中选的名额,再发榜一次,没有取中的人离开,取中的人才准其考试第三场。

　　三场试以"四书"文两篇、"五经"文一篇,"四书"题禁纤巧者,合校三场均优者始中式,发榜如额。如是则取入二场者必其博涉古今明习内政者也。然恐其明于治内而暗于治外,于是更以西政、西艺考之,其取入三场者必其通达时务、研求新学者也。然又恐其学虽博,才虽通,而理解未纯,趣向未正,于是更以"四书"文、"五经"文考之,其三场可观而中式者,必其宗法圣贤,见理纯正者也。

【译文】

三场考试两篇"四书"文，一篇"五经"文，"四书"的题目禁止考细枝末节，合校三场都优秀的士子才发榜录取。像这样取中进入二场考试的士子必定是广博地涉猎古今历史，明习国内政治的人。然而担心其明于研治国内学问却忽略研治国外学问，于是又通过西方政治、西方技艺考试，那些取中进入第三场考试的士子必定是通达时务、研求新学的人。然而又担心他们学问虽然广博，才能虽然通达，但理解不纯，志趣不正，于是又通过"四书"文、"五经"文考试，那些三场都参加并被录取的士子，必定是宗法圣贤、见识纯正的人了。

大抵首场先取博学，二场于博学中求通才，三场于通才中求纯正。先博后约，先粗后精，既无迂暗庸陋之才，亦无偏驳狂妄之弊①。三场各有取义，较之偏重首场，所得多矣。且分场发榜，下第者先归，二三场卷数愈少，校阅亦易，寒士无久羁之苦，誊录无卷多谬误之弊，主司无竭蹶草率之虞②。一举三善，人才必多。而著重尤在末场，犹之府县试皆凭末覆以定去取③，不愈见"四书"、"五经"之尊哉？

【注释】

①偏驳：不全面。

②竭蹶：力竭颠仆。形容勉力从事之状。

③末覆：最后一场考试。

【译文】

大概首场先选取博学之才，二场在博学之才中寻求通达之才，三场在通达之才中寻求见解纯正之才。先博后约，先粗后精，既没有选取迂腐、昏昧、平庸、鄙陋之人，也没有选取偏颇狂妄之徒的弊端。三场各有取中的要义，比以前偏重首场收获更多。并且分场发榜，未能取中的人先回去，二三场考卷逐渐减少，校阅也更加容易，寒士没有长久停留的痛苦，誊录没有考卷众多而谬误产生的弊端，主考官也没有勉力从事草率处事的担忧了。一举三善，人才必定众多。最后一场尤为重要，就像府县考试都凭借最后一场来定去留，不更加彰显"四书"、"五经"的尊荣吗？

　　惟科举必以生员为基①，其学政岁科两考生童②，均可以例推之。岁科考例，先试经古一场，即专以史论、时务策两门发题。生员岁考正场，原系一"四书"文、一经文。生员科考正场③，原系一"四书"文、一策，亦照岁考例改为经文，以免荒经之弊④。童试一切照生员⑤，惟将正场第二篇"四书"文改为经文而已。盖生童考试旧章，正与今日所拟科举之法相类；二十年来，经古场久已列算学一门，是尤不劳而理者也⑥。

【注释】

①生员：明清时代，凡经过本省各级考试取入府、州、县学的，都称生员（即秀才）。

②岁科：即岁考。明代提学官和清代学政，对所属府、州、县学生员举行的考试。《明史·选举制》："提学官在任三岁，两试诸生。先以六等试诸生优劣，谓之岁考。"清时考试生员，三年一次，称岁试。生童：生员和童生。明清科举制度，凡应考生员之试者，不论年龄大小，皆称儒童。习惯上称为童生。

③科考：考试欲应乡试的生员。

④荒经：荒废经籍。

⑤童试：清代童生参加府、州、县学之入学考试称童试。

⑥不劳而理：不用费力便能理顺。

【译文】

科举必定以生员为基础，各省学政岁科两次考试生员和童生，都可以此类推。岁科考试的规定，先考试经古一场，即专门从史论、时务策两门出题。生员岁考正场，原来是一篇"四书"文，一篇经文。生员科考正场，原来是一篇"四书"文，一篇策问，也按照岁考的规定改为经文，以避免荒废经籍的弊端。童试的规定一切按照生员，只是将正场第二篇"四书"文改为经文罢了。大概生员和童生考试的旧制度，正好和今天所拟定的科举考试之法相类似；二十年来，经古场早就列入算学一门了，因此不用费力便能理顺。

难者曰：主司不能尽通新学，将如之何？曰：应试难，试官易。近年来上海编纂中外政学、艺学之书，不下二十种。闱中例准调书①，据书考校，何难之有？且房官中通晓时务者尚多②，总裁、主考惟司复阅③，何难之有？至外省主考学政，年力多强，诏旨既下，以三年之功讲求时务，自足以衡文量才而有余。乡、会试之外④，惟殿试临轩发策⑤，典礼至重，自不可废，然可即据以为授职之等差，朝考似为可省⑥。及通籍以后⑦，无论翰苑、部曹⑧，一应职官皆以讲求政治为主。凡考试文艺、小楷之事，断断必宜停免，惟当考其职业以为进退，则已仕之人才，不致以雕虫小技困之于老死矣。

【注释】

①闱：旧称试院为闱。闱，贡举试院之称。后世科场墙垣，严密关防，以棘围之，亦称棘闱。例准：按规定或成例准予。

②房官:科举时代,乡会试同考官称房官。应试之卷,例由房官分阅,择优荐与主考官,由主考官再定去取。

③总裁:官职名,清会试主司。

④乡会试:乡试和会试。科举时代,每三年,各省集士子于省城,朝廷选派正副主考官,试四书、五经、策问、八股文等,谓之乡试。中试者为举人。次年,以举人试之京师为会试。中式者为贡士。

⑤殿试:科举时代,帝王于官殿内考试贡举之士称殿试。明清两代,省试之后集中京师会试,会试中式后再行殿试,以定甲第。一甲三名,进士及第;二甲若干名,进士出身;三甲若干名,同进士出身。临轩:皇帝不御正座而至殿前,谓之临轩。

⑥朝考:清代每科殿试录取者为新科进士,由礼部以名册送翰林院掌院学士,奏请皇帝,再试于保和殿,称朝考。按诗文四六各体出题,试其所能,或一篇,或二三篇,或各体悉作,悉听其便。朝考后按成绩等第分别授职,前列者为庶吉士,次者分别用为主事、中书、知县等职。

⑦通籍:仕宦新进(刚做官)称通籍,意为通其姓名于朝廷。

⑧翰苑:官名,即翰林院。部曹:京师各部司官称部曹。

【译文】

非难的人说:主考官不能完全通晓新学,该怎么办呢? 说:应试科举难,试官容易。近年来上海编纂中外政治、工艺学之书,不下二十种。试院中按规定准予调书,根据书籍考校,有什么难呢? 况且乡会试同考官中通晓时务的人很多,会试主考官只是主管复核阅卷,有什么难呢? 至于外省主考学政,多年富力强,诏旨既然下达,以三年的功夫讲求时务,足够衡量文章选拔人才。乡试和会试之外,只有殿试是皇帝至殿前策问,典礼非常隆重,自然不可废除,然后就可以根据殿试的结果作为授职的凭据,朝考似乎可以省略。等到仕宦新进以后,无论是翰林院还是京师各部司官,所有的职官,都以讲求政治为主。凡是考试写作技巧、小楷的，绝对应该果断停止，应当考察他职分内应做的事来作为升迁或降等的标准，那么已经入仕的人才，也不致因为那些细枝末节的技能而困顿老死。

　　难者曰：本朝名臣出于科举者多矣，安见时文之无益？不知登进限于一途①，则英雄不能不归于一彀②，此乃人才之亦能为时文，非时文之足以得人才也。且诸名臣之学识阅历，率皆自通籍以后始能大进，然则中年以前，神智精力销磨于应举者不少矣。假使主文者不专以八比、诗赋为去取，所得柱石之臣、干城之士不更多乎③？

【注释】

　　①登进：官吏等之升用。

　　②一彀（gòu）：一定的范围、程式。彀，张满弓弩，这里以弓弩的张满比喻事物的范围、程式。

　　③干城之士：保卫国家的将士。干，盾，古代防身的兵器。城，城墙。

【译文】

　　非难的人说：本朝有名的大臣出自科举者非常多，怎能见得八股文没有好处呢？这是不了解官吏升用被限制在一种途径内，那么英雄也不能不被局限在一定的范围内，这就是人才也能写作八股文，但不是能写作八股文就足够获得人才。况且诸位名臣的学识阅历，大概都是仕宦新进之后才能大大长进；然而中年以前，精神智力消磨在应举上的应该少。假如主考官不专以八股文、诗赋作为去留依据，那么所获得的栋梁之臣、保家卫国之士不是更多了吗？

窃谓议者之说，意救时而事易行，实本明旨特科、岁举讲求经济之意而推阐之①，因存其说于此。并将朱子论科举之弊，及欧公论三场以渐去留之疏，节录于左②。可知七八百年以上之贤人君子，忧国势人才之不振、疾官人选举之无方，其谋虑固已如此，庶今世士大夫得有所儆悟焉。

【注释】

①推阐：推明阐发。

②于左：于下。因旧时为直书格式，下文居左。

【译文】

我认为那些议论者的说法，是想匡救时弊又要事情容易实行，是根据皇帝的诏旨，通过特科和岁举考试来讲求经世济民之理的意思而推明阐发的，因此在这里保存了这些说法。并且将朱子论科举的弊端，以及欧公论三场以渐去留的奏疏，节选摘录于下。由此可知七八百年以前的贤人君子担忧国运衰微、人才不振作，痛恨官员选举的不得法，他们那时的谋虑就已经这样了，如今的士大夫应该有所警醒领悟。

《东塾读书记》引朱子论科举

南宋时科举之弊，朱子论之者甚多，其言亦极痛切，今略举数条于此：

【译文】

《东塾读书记》引朱子论科举

南宋时科举制的弊端，朱子论述颇多，他的话也非常痛切，现在略微在这里列举数条：

《衡州石鼓书院记》云①："今日学校科举之教,其害有不可胜言者,不可以为适然而莫之救也。"

【注释】

①衡州:州名,治所在衡阳,以衡山而名。石鼓书院:在衡州府石鼓山下,为宋代四大书院之一。

【译文】

《衡州石鼓书院记》说："今日学校科举的教育,有说不完的害处,不能认为这是当然的而不去改变它。"

《学校贡举私议》云："名为治经而实为经学之贼,号为作文而实为文字之妖;主司命题又多为新奇,以求出于举子之所不意,于所当断而反连之,于所当连而反断之,为经学贼中之贼,文字妖中之妖。"又云："怪妄无稽,适足以败坏学者之心志,是以人材日衰,风俗日薄。"

【译文】

《学校贡举私议》说："名义上是研治经书实际却是经学的盗贼,号称是写作文章实际却是文字的妖孽;主考官出的题又多追求新奇,以图出于应试士子意料之外,在应当切断的地方反而连接,在应当连接的地方反而切断,是经学盗贼中的盗贼,文字妖孽中的妖孽。"又说："奇怪虚妄没有根据,正足以败坏学者的心志,因此人才日渐衰败,风俗日渐轻薄。"

《语类》云："今人文字全无骨气,自是时节所尚如此①;只是人不知学,全无本柄②,被人引动,尤而效之③。如而今作件物事,一个做起,一个学起,有不崇朝而遍天下者④,本来合当理会底事全不理会,直是可惜。"卷一百三十九。"时文之弊已极,日趋于弱,日趋于巧小,将士人这些志气都消削得尽。莫说以前,只是宣和末年三舍法才罢⑤,学舍中无限好人材如胡邦衡之类⑥,是甚么样有气魄,做出那文字是甚豪壮,当时亦自煞有人。及绍兴渡江之初,亦自有人才。那时士人所做文字极粗,更无委曲柔弱之态,所以亦养得气宇⑦,只看如今是多少衰气。"卷一百九。"最可忧者,不是说秀才做文字不好,这事大关世变⑧。"同上。"问:'今日科举之弊,使有可为之时,此法何如?'曰:'更须兼他科目取人。'"同上。"问:'今日之学校自麻沙时文册子之外⑨,其他未尝过而问焉。'曰:'怪他不得! 上之所以教者不过如此! 然上之人曾不思量,时文一件,学子自是着急,何用更要你教? 你设学校,却好教他理会本分事业。'"同上。

【注释】

①时节:社会风尚。

②本柄:根基,基础。

③尤:亲近,追随。

④崇朝:从天亮到早饭之间,喻时间短促。崇,终。

⑤宣和:宋徽宗(赵佶)年号(1119—1125)。三舍法:宋代熙宁新政之一。王安石变法,主张以"学校养士"代"科举取士",罢诸科,

保留进士科,立明法科。废诗赋帖经墨义,改试诸经大义。熙宁四年(1072)定三舍法:分太学为上舍、内舍、外舍,扩大太学生名额。初入学为外舍,人数不限;外舍升内舍,二百人;内舍升上舍,一百人,并规定有关肄业、考核及出身的各种规章制度。后来由于新旧党争,科举制度多有变化。

⑥胡邦衡:即胡铨(1102—1180),字邦衡。建炎进士,任枢密院编修官。上疏乞斩王伦、秦桧、孙近三人头,悬之藁街。好事者锓(qiān)木传之,金人募其书千金。桧怒其逆己,除名编管新州。乾道中入为工部侍郎,以资政殿学士致仕。著有《澹庵集》一百卷。

⑦气宇:亦作"器宇",气概,度量。

⑧世变:世间的变化,世事的变迁。

⑨麻沙:宋福建南平市建阳区的麻沙镇,产榕树,质颇松,麻沙人取以刻书,世称麻沙本。

【译文】

《语类》说:"今人的文字全无骨气,自然是社会风尚推崇如此;只是人不知道学习,完全没有根基,被人牵引鼓动,追随别人并且为其效力。就像今天做件事情,一个从头做起,一个从头学起,有时间不长就能遍天下的,本来应当理会的事情却全然不理会,真是可惜。"卷一百三十九。"时文的弊端已经非常显著,日渐衰弱,日渐小巧,把读书人的这些志气都消磨殆尽。不要说以前,只是从宋宣和末年三舍法才罢停,学舍中像胡邦衡之类的无限好人才,是多么有气魄,写出的文字是多么豪壮,当时也有很多人才。等到绍兴渡江的初期,也有很多人才。那时士人写的文字非常粗犷,更没有委婉柔弱的形态,因此也培养出浩然气概,只是看看如今是多么衰败。"卷一百九。"最让人担忧的,不是说秀才写的文字不好,而是这事关系到世事的变迁。"同上。"问:'今日科举制的弊端,如果有可以改变的时候,方法如何呢?'说:'需要同时从其他科目中选取人才。'"同上。"问:'今日学校自麻沙本文册子之外,其他书籍未曾过问。'说:'怪不得学校! 朝廷要求教导的就是这些文册子! 然而朝廷官员不想一想,一篇时文,学子自然是着急,哪用得着让你教呢? 你设立学校,应该好好教导学子理解他的本分事业。'"同上。

　　此亦朱子欲救当时风气之弊,使朱子见今日科举时文,不知更以为何如耳!

【译文】

　　这是朱子想要拯救当时风气的弊端,假如朱子看到今日科举的八股文,不知道该怎么办啊!

　　节录欧阳公《论更改贡举事件札子》庆历四年:

　　伏以贡举之法①,用之已久,则理当变更;必先知改弊之因,方可收变法之利。

【注释】

　　①伏:敬词。

【译文】

　　节选摘录欧阳公《论更改贡举事件札子》庆历四年:

　　我认为贡举之法,已经使用很长时间了,理当变更;必须先知晓改革弊端的原因,才能收获变法的好处。

　　知先诗赋为举子之弊,则当重策论。欧公时之不专重诗赋,意与今日不专重时文同。知通考纷多为有司之弊,则当随

场而去,而后可使学者不能滥进①,考者不至疲劳。请宽其
日限,而先试以策而考之,择其文辞鄙恶者、文意颠倒重杂
者、不识题者、不知故实略而不对所问者、误引事迹者、虽能
成文而理识乖诞者、杂犯旧格不如式者②,凡此七等之人先
去之,计二千人可去五六百。以其留者次试以论,又如前法
而考之,又可去其二三百。其留而试诗赋者不过千人矣。
于千人而选五百,少而易考,不至劳昏,考而精当,则尽善
矣。纵使考之不精,亦当不至太滥。盖其节钞剽盗之人,皆
以先经策论去之矣。比及诗赋,皆是已经策论③,粗有学问,
理识不至乖诞之人;纵使诗赋不工,亦可以中选矣。如此,
可使童年新学、全不晓事之人无由而进。

【注释】

①滥进:无理而进。

②故实:往日的事实。

③已经:已经经历。

【译文】

知道先考诗赋是应试士子的弊端,就应当重视策论。欧公时不应只
注重诗赋与现今不只专重八股文相同。知道通考纷繁复杂是官吏的弊
端,就应当随场而去,然后可以使求学之人不能无理而进,主考者不至
于太疲劳。请求放宽期限而先考试策,挑出那些文辞鄙陋的人、文意颠
倒繁复的人、不识读题目的人、不了解往日事实而答非所问的人、错误
地引述事实的人、虽能成文但义理认识荒诞的人、格式错误不按规格的
人,凡是这七等人先离开,估计两千人可以离开五六百。让那些留下来
的人按顺序考“论”,又像前一种方法考试,又可以离开二三百。那些留
下来考试诗赋的人不过一千人。从一千人中选拔五百人,人数少而易

于考试,不至疲劳头昏,考试精当就非常完美了。纵使考试不精密,也不至于太滥竽充数。大概那些节选抄袭、喜欢剽窃的人,都先经由策论离开了。等到考试诗赋,都是已经经历策论考试,粗有学问,义理见识不至荒诞的人;纵使这些人不擅长诗赋,也可以中选。像这样,可以使那些童生初学者与完全不通晓事理的人没有理由进选。

农工商学第九

　　本篇言及农、工、商三业与三学的重要性。农、工两业事关国家的根本,在张之洞看来,劝农劝工的关键之处是注重农学、工学,以学兴业。在谈及劝农之要时,张之洞认为化学是兴农的关键,但是传统社会中的农民不可能掌握现代的化学知识,因此需要培养农业人才。1898年,张之洞在湖北创立农务学堂,选址武昌东门外的卓刀泉。张之洞为农学堂题写一副楹联:"凡民俊秀皆入学,天下大利必归农。"新设的农务学堂计划开设农、林、牧三科,教授化学、农机、植物、土壤诸学。同样,张之洞认为工业需要培养工程师,创办工业学堂,他于1898年创设湖北工艺学堂。

　　注重工学、农学之外,工业、农业、商业三者之间彼此联合,互相贯通也十分重要。茶、棉、丝、麻是中国传统农业的大宗货物,张之洞主张仿效西方模式,与西方争利。现实中,张之洞总督两湖之后,陆续建立了著名的湖北纺织四局:织布局、纺纱局、缫丝局、制麻局。这四局采取官商合办的方式,在近代中国纺织业史上留下重要一笔。

　　对于商业,张之洞除了看到商业与农业、工业三者之间的联系之外,还特别提到了翻译外国商法、商人自治和出外游历增长见识,这在19世纪末的中国无疑是相当有前瞻性的。

"石田千里，谓之无地；愚民百万，谓之无民。"《韩诗外传》语①。不讲农工商之学，则中国地虽广，民虽众，终无解于土满、人满之讥矣②。

【注释】

①《韩诗外传》：汉韩婴撰。汉初传《诗》者有鲁、齐、韩、毛四家。《汉书·艺文志》著录，韩婴撰《内传》四卷、《外传》六卷。南宋后仅存《外传》。此书援引历史故事以解释《诗义》，与经义不相比附，所述多与周、秦诸子相出入。

②土满：土地的利用到了极限。讥：《广雅·释言》："讥，怨也。"这里引申为患。

【译文】

"方圆千里的贫瘠石田，可以说是没有土地；数目百万的愚昧民众，可以说是没有人民。"《韩诗外传》里的话。如果不讲求农工商的学问，那么中国虽然土地广阔、人民众多，终究无法解决地力耗空、民力用尽的忧患。

劝农之要如何？曰：讲化学。田谷之外，林木果实，一切种植、畜牧、养鱼，皆农属也。生齿繁①，百物贵，仅树五谷，利薄不足以为养。故昔之农患惰，今之农患拙②。惰则人有遗力③，所遗者一二；拙则地有遗利④，所遗者七八。欲尽地利，必自讲化学始。《周礼》草人掌土化之法⑤，实为农家古义。养土膏⑥，辨谷种，储肥料，留水泽，引阳光，无一不需化学。又须精造农具。凡取水、杀虫、耕耘、磨砻⑦，或用风力，或用水力，各有新法利器，可以省力而倍收，则又兼机器之学。西人谓一亩之地种植最优之利，可养三人。若中国一亩所产能养一人，亦可谓至富矣。然化学非农夫所能解，机器非农家所能办，宜设农务学堂。外县士人各考其乡之物产，以告于学堂，堂中为之考求新法新器，而各县乡绅有望者、富室多田者，试办以为之倡，行而有效，民自从之。上海《农学报》多采西书，甚有新理新法，讲农政者宜阅之。

【注释】

①生齿：人丁。

②拙：笨拙，不会操持农务。

③遗力：多余的力气。

④遗利：余留下来的利益。《汉书·食货志》："地有遗利，民有余力。"

⑤《周礼》：原名《周官》。西汉末列为经而属于礼，故有《周礼》之名。分天官、地官、春官、夏官、秋官、冬官六篇。草人：周官名。《周礼·地官·草人》：（草人）"掌土化之法，以物地，相其宜而为之种"。

⑥土膏：土地的膏泽、肥力。

⑦磨砻（lóng）：碾磨。砻，磨。

【译文】

鼓励农业发展的关键是什么呢？回答说：研究化学。除了田地、谷物之外，森林、树木、果实，一切与种植、畜牧、养鱼有关的，都属于农业的范畴。人丁众多，物品昂贵，如果仅仅种植五谷，利润微薄不足以养育民众。所以以前农民的毛病在于懒惰，当今农民的毛病在于笨拙（农艺不精）。如果懒惰，民力就会有所剩余，剩余的是十分之一二；如果笨拙，地利就会有所剩余，剩余的是十分之七八。想要充分利用土地的作用，一定要从研究化学开始着手。《周礼》中"草人"掌管改良土壤的方法，实际上是农学的传统之义。培育土壤肥力、辨别谷物种子、储存肥料、留蓄水分、利用阳光，没有一项不需要化学。鼓励农业发展还需要精心制造农业用具。但凡取水、杀虫、耕耘、碾磨，有的利用风力，有的利用水力，各自都有用新方法制造的利器，可以使人力节省、收益倍增，那么又涉及机器的学问。西方人认为如果种植得到最优化，一亩地所获利润可以养活三个人。如果中国一亩地的产出能养活一个人，也可以说是非常富饶了。然而化学不是农夫能够理解的，机器不是农户能够制造的，（因此）应当设立农务学堂。外县的读书人各自考察他们家乡的物产，把这些告知学堂，学堂中（的人）为他们探索研究新方法、新机器，各县有名望的乡绅和田产众多的富户尝试实施，以此来提倡，如果实践产生了效果，人民自然追随他们。上海《农学报》大多摘取西方书籍，很有一些新原理、新方法，研究农事的人应当阅读它们。

　　昔者英忌茶之仰给于华也，印度、锡兰讲求种茶，无微不至。自印茶盛行，茶市日衰，销路仅恃俄商。大率俄销十之八，英、美销其一二。绿茶中含有一质，涩而兼香，西人名曰"胆念"①，印茶惟"胆念"较华茶略少，故俄尚食华茶。若再数年，印茶日精，恐华茶无人过问矣。此茶户种茶不培②，摘芽不早，茶商不用机器烘焙，无法之弊也。光绪二十年③，湖北、湖南两省合力以官款买茶三百二十箱，附俄公司船运赴俄境自销之。西路水运销阿叠萨④，托出使许大臣交俄行带售⑤。东路陆运销恰克图，托俄商佘威罗福代售，除茶价、运费、关税外，西路赢余得息一分，东路赢余得息五分。若使我自有公司在彼，其利必更饶余可知也⑥。

【注释】

①胆念：今译"单宁"。

②不培:不施肥。培,养。

③光绪二十年:1894 年。

④阿叠萨:今译敖德萨,乌克兰第二大城市。

⑤许大臣:许景澄(1845—1900),1884 年曾任驻法、德、意、荷、奥公使,1890 年任驻俄、德、奥、荷公使。"大臣"指清末所设"出使某国大臣",即大使、公使。

⑥饶余:丰厚。

【译文】

以前英国顾虑茶叶依靠中国提供,于是在印度、斯里兰卡研究种植茶叶,无微不至。自从印度茶叶盛行,中国茶叶市场一天比一天衰落,销路仅仅依靠俄国商人。中国茶叶大体上在俄国销售了十分之八,而英、美茶商销售了十分之一二。绿茶中含有一种物质,味涩而香,西方人称为"胆念",印度茶只有"胆念"比中国茶略少,因此俄国人崇尚喝中国茶。如果再过几年,印度茶叶日益精细,恐怕中国茶叶就没有人过问了。这是茶农种茶不施肥、摘芽不趁早,茶商不用机器烘焙茶叶,方法不得当的弊病。光绪二十年,湖北、湖南两省用官方钱款合力购买茶叶三百二十箱,搭乘俄国公司的船运到俄国境内自行销售。西路水运销往阿叠萨,委托出使的许大臣交给俄国商行代售。东路陆运销往恰克图,委托俄国商人佘威罗福代售,除去茶价、运费、关税外,西路盈余得到利润一分,东路盈余得到利润五分。假如我国在那里自己有公司,获利必然更加丰厚是可以知道的。

丝之为利,比茶犹多。十年以前,西洋各国用华丝者十之六。三年以内,日本丝销十之六,意国丝十之三①,华丝仅十之一。且本贵则价难减,价昂则销愈滞。此由养蚕者不察病蚕,售茧者多搀坏茧,茧耗既多,成本自贵之弊也。

【注释】

①意国：意大利。

【译文】

　　丝绸获利，比茶叶还要多。十年之前，西方各国使用中国丝绸的占十分之六。三年之内，日本丝绸销售十分之六，意大利丝绸十分之三，中国丝绸仅占十分之一。并且中国丝绸成本高昂价格就难以降低，价格昂贵销售就越发受阻。这是由于养蚕的人不能明察患病的蚕，售卖蚕茧的人大多掺入坏掉的茧，蚕茧损耗多了，成本自然就昂贵的弊病。

　　外国种棉，分燥土、湿土两种。长茎宜湿地，短茎宜燥地。种植疏阔，故结实肥大，种子三粒为一窠，长至四、五寸，留壮者一株，其余拔去，每茎相距横三尺三寸，纵一尺三寸。洋布、洋纱为洋货进口第一大宗，岁计价四千余万两。自湖北设织布局以来，每年汉口一口进口之洋布，已较往年少来十四万匹。特是洋纱最精，有四十号者，而华棉绒短纱粗，以机器纺之，仅能纺至十六号纱止，以故不能与洋纱洋布敌。购洋棉子种之，多不蕃茂①。此由农夫见小，种棉过密，又不分燥湿之弊也。

【注释】

①蕃茂：同"繁茂"。

【译文】

　　外国种植棉花，分为燥土、湿土两种。长茎的棉花适应湿地，短茎的棉花适应燥地。棉花种植得比较稀疏，所以结出的果实比较肥大，种子三粒为一窠，长到四、五寸时，留下一株比较壮硕的，拔去其余几株，每一棵之间的间距，横为三尺三寸，纵为一尺三寸。洋布、洋纱成为洋货进口的第一大商品,每年总价共计四千余万两。自从湖北设立织布局以来,每年仅汉口一个口岸进口的洋布,相比往年已经少了十四万匹。特别是最精细的洋纱有四十号的,而中国棉花绒毛短纱线粗,用机器纺织它们,仅仅能纺到十六号,因此不能和洋纱洋布匹敌。购买外国棉花种子来种植,大多不能茂盛生长。这是由于农夫见识短浅,种植过于密集,又不能分辨燥土、湿土的弊病。

　　麻为物贱,南北各省皆产。然仅供缉绳作袋之用①。川、粤、江西仅能织夏布耳。西人运之出洋,搀以棉则织成苎布②;搀以丝则织为绸缎③,其利数倍。此由沤浸无术,不能去麻胶④,又无搀丝之法之弊也。湖北现设制麻局于省城外,以西法为之,若有效,各省可仿行。

【注释】

①缉:织,编结。

②苎(zhù)布:用苎麻织成的布。

③绸缎:绢织物的一种。

④麻胶:苎麻中所含的一种胶质。

【译文】

　　麻是比较廉价的物品,南北各省都出产。然而仅仅能够用来编织麻绳和麻袋。四川、广东、江西的麻仅仅能够织出夏布罢了。西方人把它运到国外,掺入棉花就织成苎布;掺入丝绸就织出绸缎,利润翻了几倍。这是由于中国没有沤浸的方法,不能去除麻胶,又没有掺丝方法的弊病。湖北现在在省城外设立了制麻局,使用西方的办法制造,如果有效,各省可以仿照施行。

丝、茶、棉、麻四事，皆中国农家物产之大宗也，今其利尽为他人所夺，或虽有其货而不能外行，或自有其物而坐视内灌①，愚懦甚矣。惟种稻，西人谓其勤力得法。西法植物学谓土地每年宜换种一物，则其所吸之地质不同②，而其根叶坏烂入土者，其性各别，又可以补益地方③。七年一周，不必休息，而地力自肥。较古人一易、再易、三易之法更为精微。此亦简显易行者也。

【注释】

①内灌：由国外输入。

②地质：土地的养分。

③地方：土壤。

【译文】

丝、茶、棉、麻四项，都是中国农家物产的大宗产品，现在这些领域的利润都被别人夺去，有的虽然有货物但不能对外销售，有的自己拥有产品却坐视外国货涌入，非常愚蠢懦弱。只有种水稻这一项，西方人认为我们勤劳且方法正确。按照西方植物学的理论，土地每年应当换种一种作物，那么植物吸收的土地养分不同，而植物根叶腐烂进入土地的性质也各有差别，又可以滋养土壤肥力。以七年为一个周期，不需要休耕，土地自然会变得肥沃。这种方法比古人一易、再易、三易的方法更加精细微妙。这也是简单、容易施行的方法。

工学之要如何？曰：教工师①。工者，农商之枢纽也。内兴农利，外增商业，皆非工不为功。工有二道：一曰工师，专以讲明机器、学理、化学为事，悟新理，变新式，非读书士人不能为，所谓智者创物也。一曰匠首，习其器，守其法，心能解,目能明,指能运,所谓巧者述之也。

【注释】

①教工师:培养工程师。

【译文】

工业学问的关键是什么呢? 回答说:培养工程师。工业,是农业和商业的枢纽。在内兴农业之利,外增商业之利,没有工业都不能够成功。工业有两个发展方向:一是工程师,专门以研究机器、科学原理、化学为本职,发现新原理,发明新方法,只有读书的士人能做到,这就是所谓智慧的人创造事物。一是工匠,练习使用机器,遵守科学法则,心智能够理解,眼睛能够明察,手指能够操作,这就是所谓灵巧的人遵循成法传承它。

中国局厂良匠多有通晓机器者,然不明化学、算学,故物料不美①,不晓其源,机器不合,不通其变,且自秘其技,不肯传授多人,徒以把持居奇、鼓众生事为得计。此《王制》所谓"执技事上②,不与士齿"者耳③。

【注释】

①物料:原材料。

②《王制》:指《礼记·王制篇》。执技事上:用掌握的技能为君王服务。

③不与士齿:为士人所不齿。

【译文】

中国局厂里的优良工匠中,有很多人通晓机器,却不懂得化学、数学,因此原材料不好却不懂得它为何不好的原因,机器不合适却不通晓它的变化，并且隐瞒自己的技术，不肯传授给太多的人，只是把垄断独揽、鼓动众人制造麻烦当做成功。这就是《王制》所说"用掌握的技能为君王服务，被士人所鄙夷"的人。

　　今欲教工师，或遣人赴洋厂学习，或设工艺学堂，均以士人学之，名曰"工学生"。将来学成后，名曰"工学人员"，使之转教匠首。更宜设劝工场。凡冲要口岸，集本省之工作各物①，陈列于中，以待四方估客之来观②，第其高下③，察其好恶，巧者多销，拙者见绌。此亦劝百工之要术也。

【注释】

①工作：这里是制造的意思。

②估客：商人。

③第：定其次第。

【译文】

　　现在想培养工程师，或者派人到外国工厂学习，或者设立工艺学堂，都让读书人去学习，称为"工学生"。将来学成后，称为"工学人员"，让他们转而去教育工匠中的佼佼者。另外应该设立劝工场。凡是位置重要的口岸，都要聚集本省制造的各类物品，在其中陈列，等候各地商人来观看，评定产品的高下，观察产品的优劣，优良的产品销售得多，拙劣的产品就显得不足。这也是鼓励工业发展的重要方法。

　　商学之要如何？曰：通工艺。夫精会计，权子母①，此商之末，非商之本也。外国工商两业相因而成，工有成器②，然后商有贩运。是工为体，商为用也。此易知者也。其精于商术者，则商先谋之，工后作之，先察知何器利用，何货易销,何物宜变新式,何法可轻成本,何国喜用何物,何术可与他国争胜,然后命工师思新法,创新器,以供商之取求。是商为主,工为使也。此罕知者也③。二者相益,如环无端。

【注释】

①权子母:即子母相权。这是一种调节货币流通的措施。货币之重者、大者为母,轻者、小者为子。币轻物贵,推行重币以市贵物,称母权子;币重物轻,推行轻币以市贱物,亦不废重,称子权母。轻重并行,子母相权,使货币和商品维持一定的平衡。

②成器:制造的产品。

③罕知:很少的人知道。

【译文】

商学的关键是什么呢? 回答说:通晓工艺。精通财务会计,平衡商品货币关系,这些是商学的末流,不是商学的根本。外国工业和商业相互依赖而形成,工业有了制造的成品,然后商业才能够贩运。因此工业是体,商业是用。这是很容易明白的道理。那些精通商业之术的国家,商业先谋划,而后工业进行制造,先考察探明哪些器具方便使用,哪些货物容易售出,哪些物品应当改进出新的样式,哪些方法可以减少成本,哪些国家喜欢使用哪些物品,哪些策略可以用来和别国竞争,然后使工程师思考新的方法,研制新的机器,来满足商人的需求。这是商业为主人,工业为使者。这是很少有人明白的道理。这二者相得益彰,相合得像环一样没有开端和尽头。

中国之商,惟听其自然而已。所冀者,亿中之利,如博塞求赢①,但凭时运。所分者,坐贾之余②,如刮毛龟背,虽得不多。虽有积货如阜③,日赢千金,犹为西商役也。

【注释】

①博塞：古代六博和格五等博戏。六博，共十二棋，六黑六白，两人相博，每人六棋，故名。格五，清翟灏《通俗编·俳优·格五》："今儿童以黑白棋子各五，共行中道，一移一步，遇敌则跳越，以先抵敌境为胜。即此。"

②坐贾(gǔ)：在固定的店面中经商。转运贩卖者为行商。

③积货如阜：堆积的货物像土山一样。

【译文】

中国的商人，只不过任凭他们自然发展罢了。他们希望得到的，是猜测而得的利益，如同赌博求赢，只是凭借时运。他们所分得的，不过是坐贾的余利，如同在乌龟背上刮毛，虽然有所收获但并不多。这样即使有堆积如山的货物，每天盈利千金，仍然被西方商人所奴役。

至劝商之要，更有三端：一曰译商律①。商非公司不巨，公司非有商律不多。华商集股，设有欺骗②，有司罕为究追③，故集股难。西国商律精密，官民共守，故集股易。

【注释】

①商律：商业法律。

②设：假如。

③究追：追究，追查。

【译文】

至于鼓励商业发展的关键，又有三个方面：一是翻译商法。没有公司商业就不会发达，没有商法公司就不会众多。中国商人募集股金，假如有欺骗行径，有关部门极少去追究，因此募集股金较困难。西方国家商法精细严密，政府和民众共同遵守，因此募集股金较容易。

一曰自治。近年茶市虽敝,然仍是芽嫩无烟者价高而速售,霉湿搀杂者,样盘抵换者价亏而难销。若不求自治之方,而欲设总行以为合群持价之计,西商固必不听,群贩亦必不从。

【译文】

一是自治。近年来茶叶市场虽然凋敝,但仍然是叶芽鲜嫩、无烟的茶叶价格昂贵并且销售迅速,发霉潮湿、杂质较多、样盘调换的茶叶价格低廉并且难以售出。如果不寻求自治的办法,却想设立总行来作为整合群商、维持价格的计策,西方商人一定不会听从,众多的商贩也一定不会顺从。

一曰游历。各省宜设商会,上海设一总商会。会中自举数人出洋游历,察其市情货式,随时电告,以为制造、贩运之衡①。此较设外洋公司为易。夫学问之要,无过阅历,各国口岸即商务之大学堂也。

【注释】

①衡:秤,这里引申为依据。

【译文】

一是游历。各省应当设立商会,上海设立一个总商会。商会自己选拔一些人到海外游历,考察外国的市场行情、商品样式,随时用电报向国内报告,作为制造、贩运的依据。这比在海外设立公司要容易。学问的要旨,莫过于阅历,各国通商口岸就是商务的大学堂。

大抵农、工、商三事互相表里,互相钩贯①。农瘠则病工^②，工钝则病商，工、商聋瞀则病农。三者交病，不可为国矣。

【注释】

①钩贯：勾连，联系。

②农瘠：农业不发达。

【译文】

大概农、工、商三项事业互为表里，相互联系。农业贫弱就会伤害工业，工业发展迟滞就会伤害商业，工业、商业信息闭塞就会伤害农业。这三项事业同时出现问题，国家就无法维持下去了。

至如驼、羊之毛，鸡、鸭之羽，皆弃材也；马、牛之皮革，皆贱货也。西商捆载而去，制造而来，价三倍矣。水泥、西人名"塞门德士"，华名"红毛泥"。火砖、以中国观音土和砖屑烧成之。火柴、火油、洋毡、洋纸、洋蜡、洋糖、洋针、洋钉^①，质贱用多而易造者也。事事仰给外人，而岁耗无算矣。然而以上诸事非士绅讲之、官吏劝之不可。

【注释】

①洋毡：外国用羊毛或其他动物毛加工制成的块片状材料。

【译文】

至于像骆驼和羊的毛，鸡、鸭的羽毛，都是废弃的材料；马和牛的皮革，都是低价的货物。西方商人把它们成捆地运载出去，制造成品运回来，价格就翻了三倍。水泥、西方人称为"塞门德士"，中国称为"红毛泥"。火砖、用中国观音土和砖屑烧制而成。火柴、火油、洋毡、洋纸、洋蜡、洋糖、洋针、洋钉，都是材质低廉、应用广泛且容易制造的东西。各项事物都依赖外国人供应，那么每年的花费就（多得）无法计算了。然而以上各种事业都必须由士绅去讲求、官吏去鼓励。

　　荀卿盛称儒效①，而谓儒不能知农、工、商之所知，此末世科目章句之儒耳②，乌睹所谓效哉③？

【注释】

　①儒效：儒者的作用，也指儒学的功效。《荀子》有《儒效》篇。

　②末世：近于衰亡的时期。科目章句：只会应付科考写文章。章句，章节与句子，这里指文章。

　③乌睹：哪里看得到。

【译文】

　　荀子特别称赞儒学的效用，却说儒者不能知道农、工、商所通晓的知识，这是衰亡时代只会应付科考写文章的儒者，哪里看得到所谓效用呢？

兵学第十

【题解】

本篇介绍西方近代与兵学相关的事宜,主要从四个方面展开。其一是西方陆军的兵种问题,西式陆军兵种分为步兵、骑兵、炮兵、工程兵、辎重兵五种,文中着重介绍了工程兵与辎重兵;其二是西式军队训练士兵、将官、下级武官的方法与程式,主要是结合学堂学习与军营的操练,文中专门叙述了海军的军官训练;其三是概述了西式军队的士兵服役制度,分常备兵、预备兵、后备兵三种;其四是归纳西方军队的忠君爱国思想与激励有廉耻之心的尚武价值观。

或曰:兵必须学。《论语》曰:"以不教民战,是谓弃之。"诸葛忠武曰①:"八阵既成②,自今行师③,庶不覆败矣④。"是兵有法有教也。

【注释】

①诸葛忠武:诸葛亮谥忠武。

②八阵:诸葛亮曾推演八阵图。八阵为八种兵阵,计有:洞当、中黄、龙腾、鸟飞、折冲、虎翼、握机、连衡。

③行师:用兵。

④覆败:覆灭败北,打败。

【译文】

有的人说:军事必须要学习。《论语》中说:"如果民众不经过训练就叫他们去作战,这叫做舍弃他们。"诸葛亮说:"练好了八种兵阵,从此开始用兵,基本不会覆灭败北。"这是行军打仗有训练有阵法啊。

　　或曰:兵不在学。霍去病曰①:"顾方略何如耳②,不至学古兵法。"岳武穆曰③:"运用之妙,存乎一心。"是兵无法无教也。此皆圣贤名将之说也,何道之从④? 曰:吾将以四说通之。

【注释】

①霍去病(前140—前117):卫青姊子。为人少言不泄,果敢任气。年十八为侍中,善骑射。曾六次出击匈奴,涉沙漠,远至狼居胥山。封冠军侯,加骠骑大将军。

②顾:视,看。方略:计谋策略。

③岳武穆:即岳飞(1103—1142),南宋抗金名将,字鹏举。起于行伍,后从开封尹兼东京留守宗泽,与金人战有功,为留守司统制。绍兴五年(1135),授镇宁崇信军节度使。十年(1140),授少保兼河南北诸路招讨使,复大败金兵,进军朱仙镇。时赵构(高宗)、秦桧力主投降,乃一日降十二金字牌召飞还,后又诬飞反,下狱加害,年三十九,孝宗时谥武穆。

④何道之从:即"从何道"。从,遵循。道,用兵之法。

【译文】

有的人说:行军打仗不在于学习。霍去病说:"看计划谋略如何,不要完全依照古代的兵法。"岳飞说:"运用得灵活巧妙,全在于善于思考。"这是说行军打仗是没有固定方法和训练的。这些都是圣贤、名将的说法,应该遵循哪一种用兵之法呢? 我回答说:"我将要用四种说法来说透它。"

盖兵学之精,至今日西国而极。有械不利,利械不习,与无手同;工作不娴,桥道不便,辎重不备,与无足同;地理不熟,测量不准,侦探不明,与无耳目同。聚千万无手、无足、无耳目之人,乌得为兵? 是必先教之以能战之具,范之以不败之法。

【译文】

大概兵学的精意,如今可以说在西方国家达到了顶点。有武器而不好用,好用的武器而不去练习,和没有手是一样的;工作不娴熟,桥梁道路不便利,辎重不准备,和没有脚是一样的;地理不熟悉,测量不准确,侦查打探不明白,和没有耳朵、眼睛是一样的。集聚众多没有手、脚、耳朵、眼睛的人,怎么能成为军队? 所以一定要先教士兵能战斗的武器与器械,向他们示范不会战败的方法。

既成为兵矣,而后可以施方略,言运用。至于方略运用,岂必西法,亦岂必古法哉? 汉《艺文志》兵家分权谋、形势、阴阳、技巧四类。西人兵学,惟阴阳不用,余皆兼之。

【译文】

已经成为合格的军队,然后才可以使用计谋策略,谈论如何在实战中运用。至于计谋策略的运用,难道一定是西方的方法,又或者一定是古代的方法吗?《汉书·艺文志》中把兵家分为权谋、形势、阴阳、技巧四类。西方人的兵学只是没有阴阳这一说，其他的也都有。

　　枪炮、雷电、铁路、炮台、濠垒、桥道^①，技巧也；地图、测算，形势也。至攻守谋略，中西所同，因其械精艺多，条理繁细，故权谋一端亦较中法为密。

【注释】

①濠垒：壕沟，堡垒。

【译文】

　　枪炮、雷电、铁路、炮台、壕沟、堡垒、桥梁、道路，这些都是军事技巧；地图、测算，这是地形地势。至于进攻和防守的谋略，中国与西方是相同的，西方因为器械优良，技术众多，条理复杂细致，所以在权谋方面也比中国的方法细密、先进。

　　陆军之别有五，曰步队、马队、炮队、工队、辎重队^①。工、辎两队皆兼有步队之所能。每一军皆兼有之，如四体具而后为人。工队主营垒、桥道之事，辎重队主械、药衣粮之事。西法以步队、炮队为最重，马队止为包抄及侦探之用。工、辎二队，古人所略。缘火器猛烈，或大队相持，或侦探扼守，必须掘地营^②，开濠堑，顷刻立就。若遇溪河泥沙，必须应时可渡，故立工队。今日用快枪快炮，所需弹药过多，一装五子十子连珠而发者为快枪，炮子如枪子式弹药相连，一分钟可放数十出者为快炮。以及备战各物，至为繁重，故立辎重队。分为数起，层递转运，故进不误用，退不全失。《淮南子·兵略训》言：将以五官为股肱手足。一曰尉之官，治军者也；一曰候之官，侦探也;一曰司空之官,"空"、"工"古今字,即工程队之官也;一曰舆之官,即辎重队之官也;其一阙。其说舆之官曰:收藏于后,迁舍不离,无淫舆③,无遗辎,舆之官也。往年辽东之战,多因无此队之为累矣。**临战之善有三:一未战先绘图**。欲与敌国有战事,先于一两年前详绘敌境地图。**一马队充侦探**。侦探必以马队分途四出,更番归报。**一前敌有军医**。随在阵后,药物皆具。西法有军乐队,以作战士之气④,今姑从缓。**恤兵之善有四:一饷厚;一将不发饷,别有官主之;一兵不自爨⑤,官为供备;一阵亡者恤其家终身**。

【注释】

①工队:犹今之工程兵。

②掘地营:构筑地下工事。

③淫舆:多余的车辆。

④作:振作,激励。

⑤自爨(cuàn):自己烧火做饭。

【译文】

陆军有五种,分别是步兵、骑兵、炮兵、工程兵、辎重兵。工程、辎重两种部队都同时具备步兵部队的能力。每一支军队都同时具备它们,好比有了四肢才成为人一样。工程部队负责军营、堡垒、桥梁、道路的事务,辎重部队负责军械、医药、衣服、粮食的事务。西方的军事学把步兵部队和炮兵部队看得最重要,骑兵部队只是为了包抄和侦察而使用。工程、辎重两种部队,是古人不重视的。在现代战争中,由于火器猛烈,或者大部队之间彼此相持,或者侦探、扼守,必须构筑地下工事,挖掘壕沟,需要马上就完成。如果遇到溪流泥沙,必须随即就可以渡过,所以设立工程部队。今天使用快枪快炮,需要的弹药很多,一支枪装五发、十发子弹连续发出的是快枪，炮弹像子弹一样弹药相连，一分钟能放数十炮的是快炮。加上战斗需要的各种物品，非常繁重，所以设立辎重部队。辎重部队分为几部分，逐层传递转运，所以进军不耽误使用，撤退不至于全部丢失。《淮南子·兵略训》说：将领将五种官员当做股肱手足。一是叫尉的官，负责治军；一是叫候的官，负责侦探；一是叫司空的官，"空"和"工"是古今字，就是工程队的官员；一是叫舆的官，就是辎重队的官员；另一个缺失了。《淮南子》是这样说舆官：收藏在后方，迁移中不离开，没有多余的车辆，不丢失辎重，就是舆官的职责了。往年在辽东的战事，多因为没有此部队而受拖累。**临战的好方法有三种**：一是战前先绘制地图。想与敌国有战事，要先在一两年前详细绘制敌方境内的地图。一是骑兵部队充当侦探。侦探必须用骑兵部队，从不同的方向出发，轮流回来报告情况。一是前线有军医。跟在军队之后，准备好药物。西方有军乐队，用来激励战士的士气，如今暂且从长计议。**抚恤士兵的好方法有四种**：一是军饷丰厚；一是将领不发军饷，有其他的专职官员管理；一是军队不自己烧火做饭，官方为他们供应准备；一是阵亡的士兵要终身抚恤他的家庭。

教武备学生之法有三：曰学堂，曰操场，曰野操。学堂讲军械理法、地理、测绘、战守机宜、古来战事；操场习体操、队伍、火器；野操习分合攻守、侦探。或于山阜，或于溪谷，或于平地，作两军对敌状，惟将所指挥无定式，不仅在校场排演旧阵也。

【译文】

训练武备学堂学生的方法有三种：学堂，操场，野操。学堂讲解军械原理方法、地理、测绘、战斗防守重要事宜、自古以来的战事；操场练习体操、队伍、火器；野操练习分散、整合、进攻、防守、侦探。或者在山丘，或者在溪谷，或者在平地，摆出两支军队相对敌的状态，只是将领的指挥没有定式，不仅仅只是在校场排练演习旧阵势。

　　将领教偏裨之法有二[①]：曰兵棋，曰战图。兵棋者，取地图详绘山水、道路、林木、村落，以木棋书马步各队，将校环坐，各抒所见，商确攻守进退之法[②]。战图者，取西国古来大战事诸图，推究其胜败之故。

【注释】

　　①偏裨(pí)：小将，偏将。

　　②商确：同"商榷"。

【译文】

　　将领教导偏将的方法有两种：兵棋，战图。兵棋就是拿来地图，详细绘出山脉水域、道路、森林、村落，用木棋子写上骑兵、步兵各部队，将校们围一圈坐下，各抒己见，商榷攻守进退的方法。战图就是拿来西方国家自古以来大战事的诸图，推究其中胜败的原因。

　　其教之程期有三：教兵止在操场，迟者一年可用，速者半年可用；教弁即有学堂[①]，若绿营把总、外委、额外[②]，勇营哨官、哨长皆为弁。步队、辎重队弁十四月，马队弁十六月，炮队、工队弁十八月，均兼随营操演。其十四岁以前例入之小学堂，不在此数。教将官者，学堂五年，随营操演二年。若绿营千总以上至副将[③]，勇营管带以上至分统[④]，皆为官，以下为弁，界限甚严。教大将者，学堂五年，随营二年，再入大学堂二年。若提镇及大统领[⑤]。凡为将官者，虽为官仍不废学，以时受教于本管之将领。必至大将，乃不受学。初入学堂者，年无过二十岁。总之，略于教兵，详于教将，此其要旨也。自将及弁，无人不读书，自弁及兵，无人不识字，无人不明算，无人不习体操，无人不解绘图，此其通例也。

【注释】

①弁(biàn)：下级武官。

②把总：官名。清京师巡捕五营皆设有把总，为低级武官。外委：清制，指额外委派的武官。额外：在定额以外。

③千总：官名。明初京军三大营有把总、千总等职，皆以勋臣任之。其后职权日轻，入清遂为武职中之下级官。陆营、水师均置之，有营千总、卫千总等名。

④管带：武官名。清末军制，统辖一营的长官称管带。即今之营长。

⑤提镇：指提督和总兵。清设提督军务总兵官，简称提督，统辖全省水陆诸军，为地方最高级军官。总兵，明代遣将出兵，别设总兵官、副总兵官，以统其众。其后总兵官镇守一方，简称总兵。清因之。总兵亦可称为镇，故俗亦称总镇、镇台。统领：清制，京营有统领官，如前锋统领、护军统领、步军统领。各地防营武官统军二员以上者，部属称之为统领，上官称之为统带。

【译文】

教育的程序、周期有三种：教育士兵只在操场，慢的一年可用，快的半年可用；教育下级军官就有学堂，像绿营的把总、外委、额外，勇营的哨官、哨长都是弁。步兵、辎重部队的下级军官十四个月，骑兵部队的下级军官十六个月，炮兵、工程部队的下级军官十八个月，都同时随军营集训演练。十四岁以前按例进入小学堂，不在这些数目内。教育将官的学堂需要五年，随军营集训演练两年。像绿营千总以上到副将，勇营管带以上到分统，都是将官，以下是下级军官，界限很严格。教育大将的学堂五年，随军营两年，再进大学堂学习两年。像提督、总兵和大统领。凡是做将官的，虽然是官，仍不得停止学习，随时受教于主管将领。一定要到了大将，才不再进行学习。刚进学堂的人,年龄不能超过二十岁。总的来说,教育士兵较简略,而教育将领较详细,这是要旨。从将领到下级武官,没有人不读书,从下级武官到士兵,没有人不识字,没有人不会算数,没有人不练习体操,没有人不懂绘图,这是通用的原则。

　　水师之别有二:曰管轮,曰驾驶。管轮主轮机、测量,驾驶主枪炮、攻战。先教之于学堂,大率五年。复教之于练船,游历各国海口,习风涛,测海道,观战事,大率三年。其事较陆军为尤精。将领之外,又有关涉军事最要之官两项:一曰参谋官,主谋画调度,考地理,审敌情。国君之参谋,若宋之枢密①,明之本兵②。将帅之参谋,若今之营务处而较尊。一曰会计官,主一军械物、衣粮、车马,何物用汽车,一车装若干,何物用马,一马驮若干,何物用马车,一车装若干,皆豫算于平时③,若今之粮台④。两项官皆出于学堂,参谋尤重。今日固有营务处、粮台,但无豫为此学者耳。

【注释】

①枢密:即枢密院,官署名。宋枢密院与中书省(官署名)分掌军政,号为"二府",有枢密使、副使等官。

②本兵:明代称兵部尚书(执掌兵权)为本兵。

③豫算:同"预算"。

④粮台:征发军粮的机关。

【译文】

海军的区别有两种:管轮,驾驶。管轮负责轮船、机器、测量,驾驶负责枪炮、攻战。先在学堂接受教育,大约五年。再在练习的船上训练,游历各国的海口,习惯风暴波涛,测量海道,观摩战事,大约三年。

这些事比陆军精细得多。将领之外，又有两项有关军事的最重要的官员：一是参谋官，负责谋画调度，考察地理，审视敌情。国君的参谋，像宋代的枢密院，明代的兵部尚书。将帅的参谋，像如今的营务处而地位更高。一是会计官，负责统一调度军械物品、衣服、粮食、车马，什么东西用汽车，一车装多少，什么东西用马匹，一匹马驮多少，什么东西用马车，一车装多少，都在平时预算，像如今的粮台。这两项官都出自学堂，参谋尤其重要。今天固然有营务处、粮台，但是没有为此提前进行专门学习的。

兵之等差有三：在营者为常备兵。教之三年，即遣之归，名为豫备兵。不给饷，每年调集一操，酌予奖赏；又三年，则罢为后备兵。有大战事，常备不足，则以豫备兵充之。大率每年常备之退为豫备兵者约三之一，补新兵亦三之一。新旧层递蜕换，行之二十年，则举国之人无不习战者。用饷愈省，得兵愈多，兵技常熟，兵气常新。其法始创于德，欧洲效之，东洋踵之。欧洲大战动辄用兵二三十万，故兵须多。然此法所以能行者，外国重武，其民以充兵为荣，为国家效力计，不为一身糊口计。华兵以入伍为生计，故疲老多而裁汰难[1]。且工商多，闲民少，其兵皆有技能，军籍既脱，仍有执业，故可行也。中国若仿为之，则惟有于三年学成之兵，发给凭照，退为豫备兵，遣归本籍，酌给半饷，以供本县缉捕之用。改业远出者不给饷，三年以后，亦照西法退为后备。有事募集，亦可得半。

【注释】

①裁汰：裁减。

【译文】

士兵的差序等级有三级：在军营的是常备兵。训练三年，就遣归的，名叫预备兵。不给军饷，每年调集会操一次，酌情给予奖赏；三年以后，就解除为后备兵。遇有大型战事，常备兵不足，就用预备兵来补充。大约每年常备兵退为预备兵的约三分之一，补充新兵也是三分之一。新旧士兵有序地进行替换，实行二十年之后，则全国民众就没有不熟习战斗的了。使用军饷更少，得到士兵更多，士兵技艺总是熟练的，士兵充满朝气。这种方法创始于德国，欧洲效法，日本继而其后。欧洲大战动辄用兵二三十万，所以士兵数量必须多。但是这种方法之所以能够实行，（是因为）外国崇尚武力，民众以当兵为荣，是为国家效力考虑，不为自己糊口考虑。中国士兵把入伍当做生计，所以疲惫老弱的士兵多而裁减、淘汰很难。而且外国工商业发达，闲散无事的民众少，它的士兵都有技能，脱离了军籍，还有能够从事的行业，所以是可行的。中国如果仿效实行，则只有给三年学成的士兵发放凭照，退为预备兵，遣归本籍，酌情给予一半薪饷，在本县起到缉贼捕盗的作用。更改职业和离开本籍的人不给薪饷，三年以后，也按照西方的方法退为后备兵。有事时募集，也可以得到其中的一半。

至其教将士之本务有二：曰知忠爱，曰厉廉耻。西洋将官教武备学生之言曰：汝等须先知自己是中国人，将来学成专为报效国家，若临战无勇，乃国家之耻，一身之耻。若无此心，虽练成与西兵一律之才能①，亦无用也云云。西人武备书所言意与此略同。东洋将领，人给官书一卷，佩之于身，有来湖北者，取视其本，所载皆中国古来忠义文字，如《出师表》《正气歌》之类。所以将士皆能知忠爱、厉廉耻者，其道有一，曰尚武功。其国君服提督之服，邻国之君相赠以武将之衔。临战之饥寒有备，战殁之家属有养。兵之死亡，君亲吊之；兵之创伤，后亲疗之。故将之尊贵，过于文臣；兵之自爱，过于齐民②。强国之由，其在此矣！

【注释】

①一律：一样。

②齐民：平民。

【译文】

至于教育将士本来应尽的义务有两点：知晓忠君爱国，激励起廉耻之心。西洋将官教育武备学生时说：你们必须先知道自己是中国人，将来学成，专门为了报效国家，如果临战没有勇气，就是国家的耻辱，自己的耻辱。如果没有这个想法，虽然练成与西方士兵一样的才能，也是没有用，等等。西方人军事书上说的和这个大致相同。日本的将领，每人发给一卷官方指定的书，随身佩戴，有来湖北的人，拿他的书来看，记载的都是中国自古以来有关忠义的文字，比如《出师表》《正气歌》之类的。能让将士都能知道忠君爱国、有廉耻之心的，方法有一个，就是尚武。国君穿提督的衣服，邻国的君主间互相赠予武将的头衔。临战之时对饥寒有准备，战亡后家属得到供养。士兵死亡，君主亲自吊唁；士兵受伤，皇后亲自疗伤。所以将领地位尊贵，超过文臣；士兵自爱，超过平民。强国的缘由，在这里啊！

今日朝野皆知练兵为第一大事，然不教之于学堂，技艺不能精也；不学之于外洋，艺虽精，习不化也。在上无发愤求战之心以倡导之，兵虽可用，将必不力也。

【译文】

今天朝野上下都知道练兵是第一大事，但官兵不在学堂接受教育，技艺不能精熟；不向外国学习，技艺虽精，积习不能改变。上面的指挥者没有发愤求战的心思来倡导，士兵虽然可用，将领必然是不得力的。

或曰：使古之孙、吴、韩、岳、戚①，近今之江、塔、罗、李、多②，与西人战，能胜否乎？曰：能！亦学西法否乎？曰：必学！夫师出以律③，圣之明训也。知己知彼，军之善经也。后起者胜，古今之通义也。兵事为儒学之至精，胡文忠阅历有得之格言也④。孙子《火攻》篇即西法先导，《谋攻篇》"其次伐交"、《九地》篇"不知诸侯之谋者，不能豫交"⑤，争天下之交⑥，养天下之权⑦，皆西国兵争要义。《吴子》"地轻马，马轻车，车轻人，人轻战"⑧，与西法行军修路合。一人学战，教成十人；万人学战，教成三军，与西法学堂重在教将领合。畜骑之对与西法养马合⑨。知忠爱廉耻，则必学；其不学者，必其不知忠爱廉耻者也。使诸名将生今之世，必早已习其器，晓其法，参以中国之情势，即非仿行，亦必暗合，即出新意，亦同宗旨。而又鼓以忠义之气，运以奇正之略，奚为而不可胜哉⑩？若近日武臣怠惰粗疏，一切废弛，而藉口于汉家自有制度⑪，亦多见其无效忠死国之诚而已矣。

【注释】

①孙、吴、韩、岳、戚：分别指孙武、吴起、韩世忠、岳飞、戚继光等古代名将。

②江：指江忠源（1812—1854），道光举人。在籍办团练镇压当地农民起义，授知县。后从曾国藩镇压太平军，官至安徽巡抚。1854年守庐州（今合肥），太平军攻克庐州，江受伤投水死。塔：指塔

齐布(1817—1855),满洲镶黄旗人。咸丰间由侍卫擢都司,分发湖南,1852年助守长沙,抗拒太平军,升游击,署中军参将,为曾国藩所器重。1885年攻江西九江,屡为太平军挫败,8月,呕血而死。罗:指罗泽南(1808—1856),清湖南湘乡人,湘军主要将领之一,参与镇压太平天国起义。李:指李续宾(1818—1858),湘军著名将领,1858年死于三河之战太平军重兵包围中。多:指多隆阿(1818—1864),清满洲正白旗人。镇压太平天国的清军将领,咸丰初,随胜保,后从都兴阿。累官将军,封一等男。同治间征回,肃清关辅。蓝大顺农民军陷盩厔,驰军围之,炮伤目,卒于军。谥忠武。

③师出以律:军队之出需有严整的纪律。

④胡文忠:胡林翼(1812—1861),道光进士。咸丰间,率黔勇到湖北镇压太平军,以克服武昌功,授湖北巡抚。创厘金,通盐运,改漕章,与曾国藩并称"曾胡"。卒谥文忠。有《胡文忠公遗集》。

⑤豫交:与之(诸侯)交往。豫,通"与"。

⑥争天下之交:外交上力争获得各个国家的支持。交,指两国一往一来。

⑦养天下之权:(以)取得统治天下的权位。养,获取。

⑧《吴子》几句:引文出自《吴子·兵法》。吴子,指吴起。地轻马,地势能让马轻捷地奔驰。

⑨畜骑之对:饲养战马的方法。对,治,管理方法。

⑩奚为:何谓。

⑪汉家:汉朝,汉代。这里指中国。

【译文】

有的人说:如果让古代的孙武、吴起、韩世忠、岳飞、戚继光,今天的江忠源、塔齐布、罗泽南、李续宾、多隆阿和西方人作战,能胜利吗?我回答说:能! 还要学习西方方法吗?我回答说:必须学习! 军队之出需要严整的纪律，是圣贤的明训。知己知彼，是军队的好经验。后起的人胜出，是古今共同的道理。兵学是儒家学问中最为精华的部分，这是胡林翼从自己过往经历中有所体会的格言啊。《孙子》的《火攻》一篇就是西法的先导，《谋攻》篇的"其次伐交"、《九地》篇的"不知道诸侯预谋的，不能与他交往"，外交上力争各国支持，以取得统治天下的地位，都是西方国家军事战争的重要道理。《吴子·兵法》"地势能让马轻捷地奔驰，马能让车轻快地行进，车能让人轻松地移动，人能让战斗轻巧地进行"，和西方行军修路是一样的。一个人学习战事，教育十个人；一万人学习战事，教育三军，和西方学堂重视教育将领一样。饲养战马的方法和西方一样。知道忠爱廉耻，就必须学习；不学习的人，一定是不知道忠爱廉耻的人。假如那些古代的名将生于当今之世，必定早已经学习西方的器械，通晓其战法，加上参考中国的形势，即使不是模仿，也一定暗合了西方军事的优良之处，即使推出新意，在大的宗旨上还是相同的。再加上以忠义之气去鼓励，运用出其不意的策略，怎么说不能获胜呢？像近日的武将怠慢、懒惰、粗疏，一切都荒废松弛，却借口说中国有自己的一套办法，也是只能更多地看出他们没有誓死效忠国家的诚心罢了。

　　方今兵制教法，东洋、西洋大略皆同，盖由推求精善故，各国有则效而无改易之者①。语曰："不习为吏，视已成事。"况不习兵而又不视成事，岂不殆哉！

【注释】

①则效：效法。

【译文】

　　如今军事制度和教育的方法，东洋和西洋大致都是相同的，大概是由于追求精善的原因，各国大都效法而没有改易的。格言说："不知道如何做官，就看前人是怎么做的。"何况不知道怎么当兵而又不看前人是怎么做的，难道不是很危险吗！

矿学第十一

【题解】

本篇强调矿学和矿权的重要性。步入近代,西方在工业革命之后,格外重视对能源的开发和利用,这其中矿业尤为重要。诚如张之洞在文中所言:"英国之富,以煤矿兴。"19世纪末,当西方开矿业已经极为发达之时,中国还处在刚刚认识到矿业的重要性,但在实际操作层面还几乎一穷二白的局面。张之洞撰写《矿学篇》,是想阐述学习西方兴办实业,通过开矿达到兴利富强的目的。在诸种矿产中,他最为重视对煤的开采和利用,这是因为蒸汽机时代的原动力来自于煤。

值得注意的是,张之洞在本篇中尤为重视矿学和矿权。他在文中一再念兹在兹的除了兴利之外,就是培育中国自己的矿学人才,建立矿学堂,以谋求长远、科学地采矿。另一方面,他极为看重维护中国的矿产权,打破外人的垄断,为此做出了不懈的努力,在他的推动下,清政府于1907年出台《中国矿务章程》。

矿学者,兼地学、化学、工程学三者而有之,其利甚溥[1],而其事甚难。夫以浑浑土石[2],略见苗引,而欲测其矿质之优劣,矿层之厚薄,矿脉之横斜[3],施工之难易,是何异见垣一方人之神术矣[4]。西国矿师之精者,声价极重,不肯来华,其来者,中下驷而已⑤。方今兴利之法,诚无急于此者。然华商既无数百万之巨资,矿之易开者,一矿亦须数十万。又无数十年之矿学,但凭西师一言,岂能骤集巨股?且无论何矿,非深不佳,水源不止一孔,石隔不止一层,资费耗尽,亦必中作而辍。若略备微资,姑用土法,遇水遇石,即已废然而返,是矿利终不可兴也。是惟有先讲实学⑥,缓求速效之一法。

【注释】

①溥(pǔ):巨大。

②浑浑:浑厚质朴貌。

③矿脉:系沿着各种岩石裂隙充填而成的,其形状呈板状或近似板状的矿体。

④见垣一方:谓能隔墙窥见墙外之物。方,边。

⑤中下驷:中等或下等的马。此喻人的等级。驷,古代一车套四马,因以称一车所驾之四马。

⑥实学:实用之学,实践躬行之学。

【译文】

矿学这门学问,兼有地学、化学、工程学三种学问,它的好处特别巨大,但是开矿之事又特别难。从浑厚质朴的土石中,仅凭观察到的一点征兆,就想推测矿质的优劣、矿层的厚薄、矿脉的横斜和施工的难易,这与隔墙能看见墙外之物的神奇之术有什么区别呢?西方国家矿师中的佼佼者,声望和身价极高,不肯轻易来华。那些来华的矿师,只不过是其中的中下等而已。如今兴办有利之事、增加经济收入的方法,实在没有比开矿更急的了。可是华商既没有数百万的巨资,即使是比较容易开的矿,开一矿也需耗资数十万。又没有积累数十年的开矿之学,仅凭外国矿师的一句话,怎么能一下子筹集巨额股份呢?而且无论是什么样的矿,不深不好,地下水源不只是一孔,石隔不只是一层,假如开矿资费耗尽,那必定半途而废。要是只筹集到微薄的资金,姑且沿用土法开矿,那么遇到水和石头就会败兴而归,因此开矿之利一直利用不起来。所以只有先讲求开矿的实用之学,这是缓求其利但能达到速效的一种方法。

今山东之矿,已为他人所笼[1],山西之矿,亦为西商所觊。若东三省之金,湖南、四川、云南以及川滇边界夷地、番地之五金、煤炭[2],最为丰饶,他省亦尚不少。有矿之省,宜由绅商公议,立一矿学会,筹集资斧,公举数人出洋,赴矿学堂学习数年,学成回华,再议开采。察矿之质性,而后购机。水有开通运道之法,陆有接通大小铁路之法,而后采矿。能不用西师固善,即仍用西师,我亦可辨其是非而不为所欺。如是则得尺得寸,不等于象罔求珠矣[3]。

【注释】

①笼:包举,垄断。

②夷地、番地:泛指少数民族居住的区域。

③象罔求珠:指漫无目标地寻找。《庄子·天地》记载黄帝遗失玄珠,派知、离朱、喫诟求之而不得,派象罔求得之。

【译文】

如今山东省的矿产已经被他人所垄断,山西省的矿也被外国商人所觊觎。像东北三省的金矿,湖南、四川、云南以及四川、云南边界少数民族地区的五金、煤炭储藏最为富饶,其他各省也不少。有矿的省份,应该由绅商公开讨论,创建一个矿学会,然后筹集资金,公推数人出国留学,赴外国的矿学堂学习,几年后学成回到中国,再讨论矿产开采之事。勘察矿产的资质和特征之后再采购开矿机器。水上有开通航运河道的方法，陆上有接通大小铁路的方法，然后再采矿。在开矿的过程中，能不用外国矿师固然好，即便还要用外国矿师，我方也可以分辨其中的对错而不为外国矿师所欺骗。像这样就会得尺得寸一步一步向前推进，不会漫无目标地寻求了。

　　窃谓今日万事根本，惟在于煤，故煤矿较他矿尤急。而开煤尤非凿井深入不为功。凡近地面之煤，其灰质必较多，其磺气必较重①，其煤质必不甚坚结。土法之病，斜穿而不能深入，遇水而不能急抽，或积水淹，或架木圮②，或煤气闭，或地火发。是四者皆足以坏井。即使浅尝可得佳煤，而所得无多，其井已废。数月必弃一井，一年必易一山，人力已竭，而佳煤未动。虽凿遍九州之山，而断不能得一可用之煤矿。锅炉气机止用烟煤、白煤。若炼铁炼钢，必须焦炭，非佳煤不能炼焦炭，非西炉西法所炼，亦不能精。此又煤矿之相因递及者。尝考英国之富，以煤矿兴，故西人谓煤矿之利国利民，实在五金以上。五金若乏，可以他物代之，煤则孰能代之？煤源一断，机器立停，百举俱废，虽有富强之策，安所措手哉？

【注释】
　　①磺气：含硫黄的成分。
　　②圮（pǐ）：毁坏，倒塌。

【译文】
　　我私下认为今日万事的根本在于煤，所以开采煤矿要比开采其他的矿紧急。开采煤矿一定要凿井深入，否则达不到功效。凡是接近地面的煤，其中灰质必然比较多，硫黄之气也必然比较重，煤质必然不太坚固结实。土法开采的弊端，是只能斜穿而不能深入煤层，遇到地下水不能急抽，或者被积水所淹，或者架木倒塌，或者煤气被封住，或者引发地火。这四者都足以毁坏矿井。即使浅尝辄止可以得到好煤，但是所得不多矿井就被废弃了。几个月间就要废弃一个矿井，一年就要更换一座山开采，人力已经用尽，但是好煤还没有采到。即使凿遍中国的大山，也不可能得到一个可用的煤矿。锅炉蒸汽机只用烟煤、白煤。若是炼铁、炼钢，必须用焦炭，不是好煤不能炼焦炭，不用西炉、西法去炼也不能炼好。这又是和煤矿环环相扣之处。曾经研究英国的富强，是从开采煤矿开始的，所以西方人认为煤矿利国利民的程度实在在五金之上。五金要是缺乏，可以用其他的东西代替，煤用什么东西能替代呢？煤的来源一断，机器立刻就停了，什么事都干不成了，即使有让国家富强的方法，到哪里去着手实行呢？

大抵西法诸事，皆以先学艺、后举事为要义。学将而后练兵，学水师而后购舰，学工师而后制造，学矿师而后开矿。其始似迟，其后转速，其费亦必省。

【译文】
大概西方各国诸事的方法，都是主要先学该事的技艺，然后再去做事情。学习带兵之法然后开始练兵，学习水师之法然后购买战舰，学习培养机械工师然后开始制造机器，学习培养矿师然后再去开矿。这种方法开始的时候似乎很迟缓，但随着其后功效加速，所需的费用也必然会节省不少。

或曰：必待学成而后开矿，如时迫效远何[①]？无已，则有一变通之策焉。就本省内择取一矿，募西人之曾办矿厂确有阅历者,与议包办。一切用人购器,听其主持,不掣其肘②,约定出矿后优给余利,限满而不得矿有罚。即于局内设矿学堂,矿成获利以后,我之学生及委员、工匠,皆已学成。此藉矿山为矿学堂之法也。但须严定限制,止开此处。若全省包办,则其害甚大,不可行。

【注释】

①时迫效远:现时需要迫切,而取得效益却需很长的时间。

②不掣其肘:不限制其行动,给予自主权。掣,牵引。肘,上臂与前臂交接部分。

【译文】

有人说:"必须等待矿学学成之后才去开矿,那么现实需要迫切,可是取得效益要很长时间怎么办? 不得已的话有一个变通的折中办法。在本省内选取一处矿山,招募外国人中确实有开办过厂矿经历者,和他商议承办之事,一切有关用人、购买机器事宜,都听该人主持,不对其做出限制,双方约定出矿之后给予优厚的利润,但是约定限期已满却仍未能开成矿要进行惩罚。就在矿务局内设立矿学堂,开矿成功之后,我方的学生以及办事委员、工匠,也都学成了。这是依靠开采矿山建成矿学堂的办法啊。但是需要严格进行限定,只开此处矿山。如果在全省都允许外人进行承办,那么危害特别大,不可进行。

《记》曰:"地不爱其宝,人不爱其情。"若人无湛深之思、专一之志,而欲乞灵富媪,安坐指挥,以侥大利,盖不可得之数矣。

【译文】

《礼记》说:"大地不吝惜自己的珍宝,人们不吝惜自己的感情。"如果人没有精深的思考，专一的意志，而是想向地神乞求帮助，安然坐在那里进行指挥，以侥幸获得巨大的利润，那么不太可能多次成功。

更有一策：与西人合本开采，本息按股匀分，但西本止可十之三四，不得过半，尤为简易无弊，较之全为西人所据，及闭佳矿而不能开者①，不远胜乎？此策在前三年则必梗于时议，此时或可行矣。

【注释】

①闭(bì)：关闭，闭塞。

【译文】

还有一个办法：和外国人合资采矿，本息按照股份平均分配，但外国资本只能占总资本的十分之三四，不能过半，这种办法尤为简单易行又没有弊端，较之开矿全部被外国人所垄断，好的矿关闭而不能开采，不是远远胜出吗？这个办法在三年前必然会被当时的舆论所阻止，现在或许可行啊。

铁路第十二

【题解】

本篇言及铁路的重要性。中国境内修建的第一条铁路是在 1876 年,由英国商人在上海建成,是上海至吴淞一条全长 15 公里的窄轨铁路。自此之后,修建铁路成为晚清有识之士谈及富强的必然议题。张之洞早在两广总督任上就认识到铁路是西方各国富强的助力,而他 1889 年调任湖北,也与要主持修造芦汉铁路有关。据《申报》所载,张之洞去世前的两天,还在与前来探视病情的大臣论及铁路路政。

张之洞认为,铁路可以连接士、农、工、商、兵五种学问,对这五个行业的变革都能产生巨大作用。实际上,就是说铁路的修建会引起整个社会的变革,因此,他将铁路比作人体的气脉,气脉畅通,则国家的富强可期。

有一事而可以开士、农、工、商、兵五学之门者乎? 曰:"有,铁路是已。"士之利在广见闻;农之利在畅地产①;工之利在用机器;商之利在速行程,省运费;兵之利在速征调,具粮械。三代以道路为大政,见于《周礼》《月令》《左传》《国语》诸书。西法富强,尤根于此。

【注释】

①畅地产:使农副产品畅销。

【译文】

有一件事可以开启士、农、工、商、兵五种学问的门径吗？说:"有,就是铁路。"铁路对士的益处在于丰富见闻;对农业的益处在于使农产品畅销;对百工的益处在于使用机器;对商业的益处在于加速行程、节省运费;对兵家的益处在于使征调便捷、粮食军械完备。夏商周三代把道路之事作为国家大政,可见于《周礼》《月令》《左传》《国语》等书。西方的富强之法,尤其根源于此。

中国道路之政,久已不讲。山行则莘确①,泽行则泥淖②,城市芜杂,乡僻阻绝③,以故人惮于出乡,物艰于致远。士有铁路,则游历易往,师友易来;农有铁路,则土苴粪壤皆无弃物④;商有铁路,则急需者应期,重滞者无阻⑤;工有铁路,则机器无不到,矿产无不出,煤炭无不敷⑥;兵有铁路,则养三十万精兵,可以纵横战守于四海。凡此五学,总之以二善:一曰省日力,一日可治十日之事,官不旷⑦,民不劳,时不失。一曰开风气,凡从前一切颓惰之习自然振起,迂谬耳食之论⑧,自然消释泯绝而不作。至于吏治不壅⑨,民隐不遏⑩,驿使不羁⑪,差徭不扰,灾歉不忧,皆相因而自善。夫如是,故天下如一室,九州如指臂,七十万方里之地皆其地也⑫,四百兆之人皆其人也⑬。如人之一身,气脉畅通而后有运动,耳目聪明而后有知觉,心知灵通而后有谋虑⑭。

【注释】

①荦（luò）确：山多大石貌。

②泥淖（nào）：泥泞的洼地。

③乡僻：偏僻的乡村。

④粪壤：秽土，肥土。

⑤重滞者：笨重得难以搬动的货物。

⑥无不敷：无不运往各地。敷，布，施。

⑦不旷：不荒废时日。

⑧耳食：人云亦云，自己没有真知灼见。这就好比以耳代口，只听信别人所说，却不曾亲自品尝一下滋味，所以称"耳食"。语出《史记·六国年表序》。

⑨吏治不壅（yǒng）：官员治理地方，不能再欺上瞒下，另搞一套。壅，障蔽，遮盖。

⑩民隐：人民的隐情。不遏：不会被阻遏上达。遏，抑止，压抑。

⑪驿使不羁：驿使，驿站传送文书的人。不羁，不再被耽误。羁，系住。

⑫七十万方里：泛指整个国土。

⑬四百兆：四万万。

⑭心知：即心智。

【译文】

中国关于道路的政事，已经很久不讲求了。行于山中则道路山石崎岖，行于水畔则道路泥泞不堪，城市中荒芜杂乱，偏僻的乡村与外界隔绝，所以人们害怕出门，物品很难运到远方。士有了铁路，那么就容易出外游历，老师朋友也容易前来；农有了铁路，无论贫瘠还是肥沃土地都是有用的；商有了铁路，那么急需的物品可以如期而至，笨重的难以搬动的货物流通起来也没有阻碍；工有铁路，那么机器不会运不到，矿产不会运不出，煤炭不会不运往各地；兵有铁路，那么养三十万精兵，可以在中国境内或战或守纵横自如。以上五个方面,总括起来有两大益处:一叫做省时省力,一天可以办理十天的事,官不荒废时日,民不过于劳顿,时机不失。一叫做开风气,凡是从前一切颓废、懒惰的习气会自然地振作起来,迂腐、荒谬而又人云亦云的言论也会自然消逝泯灭。至于官员治理地方不再欺上瞒下,民众的隐情不会被阻遏而上达,驿站所传文书不会被延误,民众不再受到徭役的困扰,发生灾害不再忧虑,都会因此而得到改善。如果是这样的话,那么天下如同一间屋子,九州就像手指手臂,整个国土都是中国的土地,四万万人皆是中国人。如同人的身体一样,气脉畅通之后才有运动,耳朵好使眼睛明亮之后才有知觉,心智灵通后才有谋略思虑。

耳目者,外国报也;心知者,学堂也;气脉者,铁路也。若铁路不成,五学之开未有日也。至铁路所不到之处,则先多修马路及行手车之小铁路①,阜民敏政,亦其次矣。

【注释】

①手车:即手推车。

【译文】

所谓的耳目,就是外国的报纸;所谓的心智,就是学堂;所谓的气脉,就是铁路。如果铁路修不成,那么士、农、工、商、兵五学的兴盛遥遥无期。至于铁路所达不到的地方,可以先多修马路和小推车行使的小铁路,至于勤政富民则在其次了。

综观东西洋各国,自三十年来,无不以铁路为急,日增月多,密如蛛网。大国有铁路数十万里,小国有铁路二、三万里。东西洋各国设公有铁路会,考求铁路利病,新法三年一举。

【译文】

总体来看,东西洋各国三十年以来,无不把修筑铁路当成急务,日积月累,渐渐铁路密如蜘蛛网。大国修有铁路数十万里,小国修成铁路二、三万里。东西洋各国设有公有铁路会,考察搜求铁路的益处与弊端,新法三年一出。

今中国干路,北起卢沟①,南达广州,已归总公司建造。以后分造支路,工尤省,利尤厚。其尤便者,凡借洋款,皆须抵押,独修铁路一事,借款即以此路作抵,无须他物。商为之则利在商,国为之则利在国。况方今东海之权我已与西洋诸国共之,门户阻塞,如鲠在喉②。若内无铁路,则五方隔绝,坐受束缚。人游行于海上,我痿痹于室中,中华岂尚有生机乎?昔魏太武讥刘宋为无足之国③,以此较两国胜负之数,谓北朝多马,南朝无马也。若今日时势,海无兵轮,陆无铁路,则亦无足之国而已。

【注释】

①卢沟:桥名,现属北京。

②鲠:鱼骨。

③魏太武:即后魏太武帝,名焘。聪明雄断,尤善用兵。即位后,逐柔然,灭北燕、北凉,并夏地,逐吐谷浑,降鄯善,通西域。在位二十八年。刘宋:南朝宋的别称。因宋王朝的建立者为刘裕,以别于后来赵匡胤建立的赵宋王朝,因称"刘宋"。

【译文】

当今中国的铁路干线,北起卢沟桥,南达广州,已经归铁路总公司建造。以后修建铁路支线,工时会特别省,利润会特别丰厚。特别方便的是,凡是向外国借钱,都需要抵押,唯独修筑铁路一事,向外国借款就用铁路做抵押,不需要其他的东西。商人去修筑铁路则对商业有好处,国家修筑铁路则对国家有好处。何况当今我国与西洋各国共同拥有东海,出海门户受到阻塞,就像鱼骨卡在喉咙内。如果国内没有铁路,那么就会各地隔绝,坐受束缚。别人在海上自由行驶,我们则窝在一室之中,中华怎么会有生机?昔日北魏太武帝讽刺刘宋是没有脚的国家,以此来比较两国的胜负,是因为北朝多马匹,南朝没有马啊。像今日的时势,海上没有兵轮,陆地没有铁路,那么也是没有脚的国家。

及今图之,为时已晚。若再因循顾虑,恐尽为他人代我而造之矣。

【译文】

等到现在才去谋划铁路之事,为时已经晚了。如果再因循守旧有所顾虑,那么恐怕中国的铁路都被他人代我们修造完了。

会通第十三

【题解】

　　所谓会通，是指会合变通，意即在极高的层面调和各种矛盾，融会贯通。自明末清初开启中西文化交流的大幕以来，会通往往特指中西之间的融合和涵化。本篇即体现了张之洞对东西文化和新学、旧学之间所持的基本态度。一方面，他认为在最高的层面，中西之间是完全心同理同的，为此不厌其烦地列举了儒家诸多经典中的话语与来自西方的格致、农学、议院等新名词一一对应，以此证明中国古典中早已"创其制"，也就为新学新知找到了中源的理论依据。另一方面，他虽然主张会通中西学术，批评恶西法者不知变而自陷于危亡，但是，他在会通中西上并非是无条件地向西方学习，而是坚持在中学为内学的前提下，"中学治身心，西学应世事"。

　　《易传》言通者数十，好学深思，心知其意，是谓"通"。难为浅见寡闻道，是谓"不通"。

【译文】

　　《易传》中讲到"通"的地方有数十处，喜爱学习，勤于思考，内心中真正地领会了，这就叫做"通"。难以脱离对道理（道义）见识短浅、孤陋寡闻的境地,这就是"不通"。

今日新学、旧学,互相訾謷^①,若不通其意,则旧学恶新学,姑以为不得已而用之;新学轻旧学,姑以为猝不能尽废而存之。终古枘凿^②,所谓疑行无名,疑事无功而已矣。

【注释】

①訾謷(zī áo):诋毁。

②终古:经常。《周礼·考工记》:"是故察车自轮始……轮已崇,则人不能登也。轮已庳,则于马终古登阤也。"注:"齐人之言终古,犹言常也。"枘凿:当为"枘凿"。"枘"字误。枘(ruì),榫头。凿,榫眼。枘凿是"方枘圆凿"的简语,比喻两不相合或两不相容。

【译文】

今日新学和旧学之间互相诋毁,如果不通学问的本意,那么旧学厌恶新学,认为新学不过是形势所迫不得已而用之;新学轻视旧学,认为旧学不过是不能立刻全部废除而暂且保留。新学和旧学经常两不相合,这就是所谓的行动犹豫就不会成功,做事不果断就不会有功效啊。

《中庸》"天下至诚,尽物之性,赞天地之化育"^①,是西学格致之义也。《大学》格致^②,与西人格致绝不相涉,译西书者借其字耳。

【注释】

①化育:自然生成和长育万物。

②《大学》:《礼记》篇名。自汉以来有以《春秋》诸经为大经,《孟子》《论语》《大学》《中庸》为小经的,是《大学》已单本别行。至朱熹

始为作章句,改动章节。又说传文有缺,因补致知格物一章。

【译文】

《中庸》中"只有全天下真诚到极点的圣人,才能充分发挥自己的本性;能充分发挥自己的本性,就能充分发挥天下一切人的本性;能充分发挥天下一切人的本性,就能充分发挥万物的本性;能充分发挥万物的本性,就有可能助成天地的造化和养育作用"的说法就是西学中"格致"的意思。《大学》中所讲的"格致"与西方人所讲"格致"两者是绝没有关联的,只不过是翻译西方书籍的人借用了"格致"这个词而已。

《周礼》"土化之法","化治丝枲"①,"饬化八材"②,是化学之义也。

【注释】

①化治丝枲(xǐ):指缲丝绩枲之事。丝,生丝。枲,麻。

②饬(chì)化八材:饬化,整治。八材,珠、玉、石、木、金属、象牙、皮革、羽毛。《周礼·天官·大宰》:"以九职任万民……五曰百工,饬化八材。"

【译文】

《周礼》中所讲的"施肥使土壤熟化","缲丝绩麻之事","整治珠、玉、石等天地中的八材",就是化学的意思。

《周礼》"一易、再易、三易"①,"草人、稻人所掌"②,是农学之义也。

【注释】

①一易:隔年耕种。《周礼·地官·大司徒》:"凡造都鄙,制其地

域,而封沟之,以其室数制之。不易之地,家百亩;一易之地,家二百亩;再易之地,家三百亩。"注:不易之地,岁种之,地美,故家百亩。一易之地,休一岁乃复种,薄,故家二百亩。再易之地,休二岁乃复种,故家三百亩。按:查核原文为不易、一易、再易,未见三易之说。

②稻人:官名。《周礼·地官》之属有稻人,掌营种稻田。《礼·曲礼》:"天子之六府,曰司土、司木、司水、司草……"疏:"司草,四也,于周为稻人也,掌稼种下地及除草莱。"

【译文】

《周礼》中所讲的"每年耕种、隔年耕种、隔两年耕种",以及"掌管土壤改良与营种稻田的官员草人、稻人",就是农学的意思。

《礼运》"货恶弃地"①,《中庸》言"山之广大终以宝藏兴焉"②,是开矿之义也。

【注释】

①恶(wù):憎恶,忌讳。弃地:废弃之地。

②兴:兴盛。

【译文】

《礼运》中所讲的"财货天下共有",《中庸》中所说的"山的广大孕育了宝藏在其中",这就是开矿的意思。

《周礼》有"山虞、林衡之官"①,是西国专设树林部之义也②。

【注释】

①山虞：官名。《周礼》地官的属官，掌管山林政令。虞，度，度知山的大小及其物产。林衡：官名。《周礼》地官之属，掌保护巡守林木。

②树林部：通作森林部或林业部。

【译文】

《周礼》中所讲的"掌管山林政令的山虞、保护巡守林木的林衡"，就是西方国家所专设的森林部。

《中庸》"来百工则财用足"①，夫不以商足财而以工足财，是讲工艺、畅土货之义也。

【注释】

①来：招致。

【译文】

《中庸》中所讲"招纳各种工匠，财货就会充足"，不用经商来充足财用，却用工匠来充足，这是讲求工艺、流通土货的意思。

《论语》"工利其器"，《书》"器非求旧①，维新"，是工作必取新式机器之义也。

【注释】

①《书》：指《尚书》。

【译文】

《论语》中所说的"工匠先让工具锋利"，《尚书》中说"用器物要找新的"，这是制作一定要用新式机器的意思。

《论语》"百工居肆"①,夫工何以不居其乡而必居肆,意与《管子》"处工就官府"同,是劝工场之义也。

【注释】

①居肆:居住在市集贸易之处。《论语·子张》:"百工居肆,以成其事。"

【译文】

《论语》中所说"百工居住在市集贸易之处",工匠为什么不居住在他的家乡而必须居住在市集贸易之处,这和《管子》中"工匠在官府中劳动"是一样的,这就是现在的劝业工场的意思。

《周礼》"训方氏"①,训四方观新物,是博物院、赛珍会之义也②。

【注释】

①训方氏:官名。《周礼》夏官之属,掌教导四方之民。训,教导。《周礼·夏官·训方氏》:"掌道四方之政事与其上下之志。"

②赛珍会:搜集各种出品互相比赛,称为赛珍会,即博览会。

【译文】

《周礼》中有"掌管训导四方的官员",训导四方,观察新事物,这就是博物院、博览会的意思。

《大学》"生之者众,食之者寡",即西人富国策"生利之人宜多,分利之人宜少"之说也。

【译文】

《大学》中所说的"生产的多,消费的少",这就是西方人富国之策"生利之人宜多,分利之人宜少"的学说。

《大学》"生财大道为之者疾"①,《论语》"敏则有功",然则工商之业,百官之政,军旅之事,必贵神速,不贵迟钝,可知是工宜机器,行宜铁路之义也。

【注释】

①生财大道:《礼记·大学》:"生财有大道。"

【译文】

《大学》中所说"生产财富的道理是生产财富的人勤奋",《论语》中有"办事勤敏就会有功效",那么从工商之业、百官之政、军旅之事贵在神速、不可迟钝可知制造需要机器、通行需要铁路的意思。

《周礼》"司市亡者使有①,微者使阜②,害者使亡③,靡者使微"④,是商学之义,亦即出口货无税,进口货有税,及进口税随时轻重之义也。

【注释】

①司市:官名。《周礼》地官之属有司市,主管市场的治教政刑,量度禁令。亡(wú)者使有:没有的货物使其有。亡,通"无"。

②微者使阜:稀少的货物使其多。微,少。阜,盛多,丰富。

③害者使亡:对人有害的商品不准出售。亡,消除。

④靡者使微:超过标价的货物令其降价。《新书·道术》:"费弗过适谓之节,反节为靡。"《周礼·地官·司市》:"以政令禁物靡而

均市。"

【译文】

《周礼》所说的"掌管市场的官员叫司市,没有的货物让其有,稀少的货物使其多,对人有害的商品不准出售,超过标价的货物让其降价",这就是商学的意思,也就是向外出口货物不交税,进口货物要交税,进口货物征税的多少不是固定的,而是有轻重的变化。

《论语》"教民七年可以即戎①,不教民战是谓弃之",是武备学堂之义也。《司马法》虽遇壮者②,不校勿敌③,敌若伤之,医药归之,与西人交战时有医家红十字会同④。

【注释】

①即戎:前往作战。《论语·子路》:"善人教民七年,亦可以即戎矣。"

②《司马法》:古兵书名。一卷。《汉书·艺文志》列于经之礼类,称《军礼·司马法》百五十五篇。《隋书·经籍志》作三卷,不分篇。按《史记·司马穰苴传》称:齐威王使大夫追论古者《司马兵法》而附穰苴于其中。今存一卷。

③不校(jiào)勿敌:不与投降的敌人作战。校,比较。敌,抗拒,作对。

④医家红十字会:一种志愿的国际性的救护团体。1864年8月22日由瑞士、法国、比利时、荷兰、葡萄牙等十二国在日内瓦签订了《万国红十字会公约》,规定战地武装部队伤者病者在一切情况下应受尊重和保护等。

【译文】

《论语》中所说"教育民众七年,就可以让他们作战了;用未经训练的民众去作战,这是抛弃他们",这是武备学堂的意思。《司马法》中说:

"即使遇到青壮年,不与投降的敌人作战;敌人若是已经受伤,给他医治和药物,放他回去。"这和西方人双方交战时有红十字会在那救死扶伤是一样的。

《汉书·艺文志》谓九流百家之学皆出于古之官守①,是命官用人皆取之专门学堂之义也。

【注释】

①官守:居官守职。

【译文】

《汉书·艺文志》说九大学术流派和诸子百家都是出自古代的居官职守,这是朝廷命官和选用人才都从专门的学堂中选拔的意思。

《左传》仲尼见郯子而学焉①,是赴外国游学之义也。

【注释】

①郯(tán)子:春秋郯国之君。昭公时朝鲁,尝与叔孙昭子论少皞氏以鸟名官之事。《左传·昭公十七年》:"郯子曰:'……我高祖少皞,挚之立也,凤鸟适至,故纪于鸟,为鸟师而鸟名。'"并记载孔子曾向郯子询问古代官名之事。

【译文】

《左传》中记载孔子向郯子请教学习,这就是赴外国留学的意思。

《内则》"十三年舞勺,成童舞象①,学射御",《聘义》"勇敢强有力,所以行礼"②,是体操之义也。

【注释】

①十三年舞勺，成童舞象：十三岁时学习舞勺，十五岁以后学习舞象。舞勺、舞象，为古代的文舞和武舞。成童，十五岁以上为成童。《礼记·内则》："十有三年，学乐、诵诗、舞勺；成童，舞象。"注："先学勺，后学象，文武之次也。"

②"学射御"几句：《礼记·聘义》："聘射之礼，至大礼也。质明而始行事，日几中而后礼成。非强有力者，弗能行也。故强有力者，将以行礼也。"

【译文】

《礼记·内则》中说"十三岁的时候学习舞勺的文舞，十五岁以后学习舞象的武舞，学习射箭和驾车的技术"；《礼记·聘义》中说"聘礼和射礼不是强健有力的人做不到，所以只有强健有力的人才能行此重大之礼"，这是体操的意思。

《学记》"不歆其艺①，从郑注。不能悦学"，是西人学堂兼有玩物、适情诸器具之义也②。

【注释】

①《学记》：《礼记》篇名。

②适情：情志愉快自得。

【译文】

《礼记·学记》中说："不欢喜那些杂艺，从郑玄之注。就不能耽玩乐于所学之正道"，这就是西方的学堂兼有观赏景物和情志愉快自得的意思。

《吕刑》"简孚有众①，维貌有稽"②。貌，《说文》作"䫉"，细也。《王制》"疑狱,泛与众共之"③,是讼狱凭中证之义也④。

【注释】

①《吕刑》:《尚书》篇名。《尚书·吕刑》:"吕命,穆王训夏赎刑,作
《吕刑》。"传:吕侯以穆王命作书,训畅夏禹赎刑之法,更从轻以
布告天下。简孚:核实可信。《尚书·吕刑》:"五辞简孚,正于五
刑。"传:"五辞简核,信有罪验,则正之于五刑。"蔡传:简,核其实
也;孚,无可疑也;正,质也。五辞简核而信,乃质于五刑也。有
众:具有充足的证据。

②维貌有稽:(与案情有关的)细节也翔实可考。维,语助词,无义。
貌,枝节。稽,查考。

③《王制》:《礼记》篇名。疑狱:难于判明的案件。《礼记·王制》:
"疑狱,泛与众共之。众疑,赦之。"泛,广泛。共之,在一起商讨
案情。

④中证:证人。

【译文】

《尚书·吕刑》中说:"核实可信,具有充足的证据,与案情有关的细
节也要翔实可考。"貌,《说文解字》中作"缈",细的意思。《礼记·王制》中说
"难以判明的案件,应该广泛地对案情进行商讨",这就是诉讼要凭证人
的意思。

《周礼》"外朝询众庶"①,《书》"谋及卿士②,谋及庶人,从
逆各有吉凶"③,是上下议院互相维持之义也。

【注释】

①外朝:国君听政的处所。《周礼·秋官·朝士》:"掌建邦外朝之

法。"《尚书·召诰·厥既得卜》疏:"外朝,一在库门之外,皋门之
内,是询众庶之朝。"众庶:万民,普通民众。

②卿士:春秋时官称。这里泛指卿、大夫、士。《尚书·洪范》:"谋
及卿士。"疏引郑玄:"卿士,六卿掌事者。"

③从逆各有吉凶:(在商讨国事时)有的赞成,有的反对,各有各的
道理。从,赞和,顺从。逆,否定,反对。吉凶,祸福,办事的后
果,引申为"从"、"逆"的原因。

【译文】

《周礼》中说"在国君听政的外朝向民众询问意见",《尚书》说"与
卿、大夫、士商量政事,与平民商量政事,有的赞成,有的反对",这是西
方上下议院互相维持的意思。

《论语》"众好必察,众恶必察"①,是国君可散议院之
义也。

【注释】

①众好必察,众恶必察:众好,为众人所喜好的。众恶,为众人所憎
厌。察,考核,调查。《论语·卫灵公》:"众恶之,必察焉;众好
之,必察焉。"

【译文】

《论语》中说"众人所喜好的,一定要去核实考察;众人所厌恶的,也
一定要去核实考察",这就是国君可以解散议院的意思。

《王制》"史陈诗①,观民风;市纳价②,观民好";《左传》
"士传言,庶人谤③,商旅市,工献艺",是报馆之义也。

【注释】

①史陈诗：史，官名，掌管法典和记事的官。陈诗，陈献民间诗歌。《礼记·王制》："命大师陈诗，以观民风。"

②市纳价：市，贸易的处所。纳价，报价。《孔丛子·巡狩》："命市纳价，察民之所好意，以知其志。"

③"《左传》士传言"二句：传言，发表言论。庶人，没有爵秩的普通民众。谤，指责别人的过失。

【译文】

《王制》中说"掌管法典和记事的官呈献民间诗歌，来观察民间风俗；让市场报价，来看民众的喜好"；《左传》中说"士人发表言论，普通民众指责过失，商人在市场上议论，各种工匠呈献技艺"，这就是开办报馆的意思。

　　凡此皆圣经之奥义，而可以通西法之要指。其以名物、文字之偶合、琐琐傅会者，皆置不论。若谓神气风霆为电学①，含万物而化光②，为光学之类。

【注释】

①神气风霆：神气，自然元气。风霆，风与雷。《礼记·孔子闲居》："地载神气，神气风霆，风霆流形，庶物露生。"韩愈《原鬼》："有声而无形者，物有之矣，风霆是也。"

②化光：孕育光大。《易·坤》："坤至柔而动也刚，至静而德方，后得主而有常，含万物而化光。"疏："言含养万物，而德化光大也。"

【译文】

以上皆是圣贤经典中精湛深奥的义理，可以与西方的道理之间会通。那些以名和事、文字的巧合、粗鄙的附会的，都置而不论。像称自然元气、风与雷为电学，涵养万物而孕育光大为光学之类的。

然谓圣经皆已发其理,创其制,则是;谓圣经皆已习西人之技,具西人之器,同西人之法,则非。

【译文】

然而说中国圣贤的经典已经阐发其道理,开始创始建造了,这是对的;若是说先贤的经典早就学习了西方的技艺,具备了西方的器物,与西人的方法相同,这是不对的。

昔孔子有言曰:"吾闻之,天子失官,学在四夷,犹信。"① 是此二语乃春秋以前相传之古说。列子述化人②,以穆王远游③,西域渐通也。邹衍谈赤县④,以居临东海⑤,商舶所传也。故埃及之古刻类乎大篆⑥,南美洲之碑勒自华人⑦。然则中土之学术、政教东渐西被⑧,盖在三代之时,不待畴人分散、老子西行⑨,而已然矣。以后西汉甘英之通西海⑩,东汉蔡愔、秦景之使天竺⑪,摩腾辈之东来⑫,法显辈之西去⑬,大秦有邛竹杖⑭,师子国有晋白团扇⑮,中西僧徒、水陆商贾,来往愈数,声教愈通⑯。先化佛国⑰,次被欧洲,次第显然不可诬也⑱。

【注释】

①"吾闻之"几句:语出《左传·昭公十七年》。
②化人:会幻术的人。《列子·周穆王》:"西极之国,有化人来。入水火,贯金石,……千变万化,不可穷极。"
③穆王:即周穆王。昭王子,名满。即位后,乘八骏马西征,乐而忘返。诸侯多朝于徐。王恐,长驱而归,使楚灭徐。寻征犬戎归。

在位五十五年。《穆天子传》前卷记有周穆王西巡狩之事。

④邹衍谈赤县：邹衍(约前305—前240)，《史记》作驺衍。深观阴阳消息，作怪迂之变，著《始终》《大圣》等篇，共十余万言，皆闳大不经。主时世盛衰兴亡，皆随金木水火土五德为转移，又以中国为赤县神州，内自有九州，外有裨海环之。历游各国，至燕，昭王筑碣石宫师事之。

⑤东海：海名。所指不一。这里的东海相当于今之渤海的一部分。

⑥埃及之古刻：这里指埃及圣书字(又称埃及象形文字)。为人类最古的文字之一。是一种表意兼表音的文字，其意符和声符都来源于象形的图形。圣书字多半用在碑铭上。

⑦勒：刻。

⑧东渐西被：向东和向西传播扩展。渐，流入。被，及。

⑨畴人：历算家。老子西行：东晋道士王符撰《老子化胡经》，谓老聃欲化西土，爰入天竺而为佛，故以"老子化胡"名。

⑩甘英：东汉人，永元中为出使西域的班超之随行人员。

⑪蔡愔(yīn)：东汉人，官郎中。明帝命之至大月氏，与迦叶摩腾、竺法兰二僧共携佛像、佛经以归，在洛阳建白马寺。秦景：详见本章"摩腾"注。天竺(zhú)：印度的古称。

⑫摩腾：即迦叶摩腾，汉时印度高僧。善风仪，解大小乘经。尝为印度一小国王讲《金光明经》，防止敌国侵害，名大著。明帝遣郎中蔡愔，博士弟子秦景等于天竺寻访佛法，遇之。永平十年(67)，与竺法兰共至洛阳，特建白马寺以居之。译《四十二章经》一卷，中国造佛寺及译经自此始。

⑬法显(约337—422)：本姓龚，三岁度为沙弥，及长成受大戒，痛感经籍多阙讹，誓志求学。遂于东晋隆安三年(399)与慧景、道整等从长安出发，经西域至天竺，共十四年，游历三十余国，收集大批梵本佛经。于义熙九年(413)归国后在建康与天竺禅师跋陀

罗合译经律论六部,二十四卷,共百余万字。又记旅行见闻,撰成《佛国记》。

⑭大秦:我国古时称罗马帝国为大秦。邛(qióng)竹杖:邛竹制的行杖。《史记·西南夷传》:"及元狩元年,博望侯张骞使大夏来,言居大夏时见蜀布、邛竹杖。"《集解》引瓒曰:"邛,山名,此竹节高实中,可作杖。"大夏,古国名,在今阿富汗北部一带。

⑮师子国:古国名,即锡兰,即今斯里兰卡。自东晋时即与中国通使。师,亦作"狮"。白团扇:扇子名,白色,团状。

⑯声教:声威和教化。

⑰佛国:佛的出生地,指天竺,即古印度。

⑱诬:欺骗。引申为颠倒。

【译文】

当初孔子说:"我听说,天子不修其职,官守的学术就散落在四夷之地了,确实是可信的。"这是因为这两句话是春秋以前相传的古话。列子记述会幻术的人,这是因为周穆王远游,西域之地与中原渐渐相通。邹衍谈论赤县,这是因为他住在东海附近,常听来往商船的传说。所以埃及的象形文字与中国的大篆相像,南美洲的碑刻来自于华人。然而中国的学术和政教向东向西扩展,大概在夏商周三代之时,不用等到历算家分散、老子西行,就已经开始了。在此之后,西汉的甘英到达波斯湾,东汉的蔡愔、秦景出使印度,迦叶摩腾从印度东来,法显西去印度,罗马帝国有邛竹制作的竹杖,斯里兰卡有晋的白团扇,中西僧侣和水路陆路的商贾往来越频繁,声威和教化就越相通。先与印度相通,再波及欧洲,前后的顺序显然不能颠倒。

然而学术治理,或推而愈精,或变而失正,均所不免。且智慧既开以后,心理同而后起胜,自亦必有冥合古法之处①,且必有轶过前人之处②。即以中土才艺论之,算数历法诸事,陶、冶、雕、织诸工,何一不今胜于古? 日食有定③,自晋人已推得之。谓圣人所创,可也;谓中土今日之工艺不胜于唐虞三代④,不可也。

【注释】

①冥合:暗合。

②轶过:超过。轶,通"逸",超逸。

③日食:即日蚀,是一种日为月所蔽的自然现象。日蚀每发生在新月之时。然当日蚀发生时,太阳距白道与黄道交点的距离有一定限界,即新月时,太阳与此交点的距离大于十八度三十一分,不生日蚀;小于十五度二十一分,必起日蚀;在二者之间或起或不起。《晋书·天文志》:"日蚀,阴侵阳、臣掩君之象。"

④中土:指中国。

【译文】

然而学术研究,或者是通过不断地推究、演进越来越精密,或者是在流传的过程中出现讹误,都在所难免。况且智慧开启之后,在学问上古今中西之间人同此心,心同此理而后来兴起的要占优势,后来所兴起的也肯定有暗合古法的地方,并且肯定有超过前人之处。就用中国本土的学术、技艺来讨论这个问题,算数、历法等各种学问,制陶、冶炼、雕刻、纺织等各种技术,哪一个不是今天胜过古代呢? 日蚀有固定的规律,自晋代人就已经推算出来了。认为学术、技艺是圣人所创的,这是可以的;认为中国当今的工艺水平还不如尧、舜和夏商周三代,那是不可以的。

万世之巧,圣人不能尽泄①;万世之变,圣人不能豫知。然则西政、西学果其有益于中国,无损于圣教者,虽于古无征,为之固亦不嫌,况揆之经典^②,灼然可据者哉^③!

【注释】

①泄:通。

②揆(kuí)之经典:用经典来衡量。揆,度量,揣度。

③灼然可据:可以明显地找到根据。灼然,鲜明地。

【译文】

　　万世的智巧,圣人不能尽通;万世的变化,圣人不能都预先知晓。西方的政治、学术如果真的对中国有益,又对儒家礼教没有什么损害,即使在历史中没有什么可以借鉴的,去接受和学习它也没有什么值得怀疑的,何况是那些用圣贤的经典来衡量,也是明显有根据的呢!

　　今恶西法者,见六经古史之无明文,不察其是非损益,而概屏之。如诋洋操为非,而不能用古法练必胜之兵;诋铁舰为费,而不能用民船为海防之策,是自塞也。自塞者,令人固蔽傲慢,自陷危亡。

【译文】

　　今天厌恶西法的人,见儒家的六经与古史中没有明文记载,就根本不考察西法的正确与否、得失与否,一概拒绝和摒弃。像诋毁洋操不可取,却不能用中国传统的方法练出必胜之兵;诋毁海军购买铁甲战船太耗费,却不能用民间船只来进行海防,这是自我封闭啊。自我封闭,让人不谙事理而又傲慢,自陷于危亡的境地。

　　略知西法者,又概取经典所言而傅会之,以为此皆中学所已有。如但诩借根方为东来法^①,而不习算学;但矜火器为元太祖征西域所遗②,而不讲制造枪炮,是自欺也。自欺者,令人空言争胜,不求实事。

【注释】

①诩(xǔ):夸耀。根方:代数名词。

②元太祖(1162—1227):姓奇渥温氏,名铁木真。生于蒙古孛尔只斤氏族。13世纪初,先后统一蒙古诸部。1206年,蒙古贵族在斡难河聚会,推他为大汗,上尊号为成吉思汗,建立蒙古汗国。他即位后,制定各种制度,展开军事活动,曾两度攻金,并向西大举进兵。1227年,进攻西夏,死于军中。元朝建国后,追尊其为"太祖"。

【译文】

稍微通晓西法的人,又全部从先贤的经典著作中找到相关论述进行附会,认为西方的学问都是中国本土学问中早就有了的。比如夸耀借根方是中国产生的数学算法,却不去学习新式的算学之法;自夸火器是元太祖征西域时留下来的,却不研究制造枪炮之理,这是自我欺骗啊。自我欺骗,让人只是说空话争高低,不讲求实际。

溺于西法者,甚或取中西之学而糅杂之,以为中西无别。如谓《春秋》即是公法,孔教合于耶稣。是自扰也①。自扰者,令人眩惑狂易②,丧其所守。

【注释】

①自扰:搅乱自己。

②狂易:狂妄而易其常性。

【译文】

那些沉溺于西法的人,甚至把中学和西学杂糅在一起,认为中西学问之间没有任何差别。比如说《春秋》就是国家与国家之间的公法,儒教和基督教是相合的。这是扰乱自己啊。扰乱自己,让人迷乱失去主张又狂妄改变常性,失去了他所坚守的东西。

综此三蔽,皆由不观其通。不通之害,口说纷呶①,务言而不务行,论未定而兵渡江矣②。然则如之何? 曰:"中学为内学③,西学为外学④;中学治身心,西学应世事。"不必尽索之于经文,而必无悖于经义。如其心圣人之心,行圣人之行,以孝弟忠信为德,以尊主庇民为政,虽朝运汽机⑤,夕驰铁路,无害为圣人之徒也⑥。如其昏惰无志,空言无用,孤陋不通,傲很不改⑦,坐使国家颠阽⑧,圣教灭绝,则虽弟佗其冠⑨,神禫其辞⑩,手注疏而口性理⑪,天下万世皆将怨之詈之⑫,曰:此尧、舜、孔、孟之罪人而已矣。

【注释】

①纷呶(náo):纷乱,喧哗。
②论未定而兵渡江:喻采取的措施跟不上时局的发展。《宋论》:"宋自南渡以后,所争者和与战耳。"论未定指此。《续通鉴纲目·十四》:"绍兴十年,金兵分四道南侵。"兵渡江指此。
③内学:本国固有的学术。
④外学:自国外传进的学术。
⑤汽(qì)机:蒸汽机。汽,同"汽"。
⑥无害:无妨。
⑦傲很:倨傲,狠戾。很,亦作"狠"。

⑧颠陦(jī)：颠覆，覆灭。陦，坠落。

⑨弟佗：形容服饰非常华丽。

⑩神禫(chōng dàn)：即"冲淡"。形容言语淡薄无味。《荀子·非十二子》："弟佗其冠，神禫其辞。"

⑪手：撰写。口：宣讲。

⑫詈(lì)：责骂。

【译文】

综合以上三种看法的弊端，都是由于没有领悟到中西学问之间的会通。不懂得会通的害处是众说喧哗，注重空言却不讲求实际，所采取的措施跟不上时局的发展。那么该怎么办呢？说："中学是本国固有的学术，西学是国外传进的学术；用中学来治身心，用西学来应对世事变化。"不必一言一行都从圣贤的经典中获得，但一定不能违背经典的大义。如果心同儒家圣贤的心保持一致，所作所为符合儒家圣贤所规定，以孝、悌、忠、信作为修身之德，以尊重君主爱护民众作为从政的根本，即使早晨使用蒸汽机，晚上在铁路上行使，不妨碍成为儒家信徒。如果昏暗懒惰没有志向，徒说空话不切实际，孤陋寡闻又不知会通，倨傲不知改变，让国家覆灭，礼教灭绝，那么就是穿着华丽的衣冠，说着平淡无味的话，勤奋地为经典撰写注解，天天宣传儒家人性与天理的学问，天下万世的人也都将责骂他，说："这是尧、舜、孔、孟的罪人啊。"

非弭兵第十四

【题解】

晚清知识界的弭兵话题，最早由来华传教士提出。1883 年，李提摩太在《万国公报》上撰有《弭兵会记》，介绍西方的弭兵会。李提摩太之后，另有美国传教士林乐知也曾专门编译过西方弭兵会的介绍文字。中国知识界对弭兵会的探讨，主要是由倾向于变法的康有为、梁启超、唐才常等人发起，对欧美的弭兵会和弭兵说多持赞赏态度。

本篇篇名为"非弭兵"，可见张之洞对弭兵会和弭兵学说是持批判态度的，他认为弭兵说"尤无聊而招侮"，其对弭兵说的非难，一方面是与康梁等维新党人划清界限，更多的是从当时中国的现实处境出发，认为强兵经武才是免除瓜分之祸的保证，弭兵之说不仅不能使中国免于战祸，而且会速亡。

　　兵之于国家，犹气之于人身也。肝藏血而助气，故《内经》以肝为将军之官①。人未有无气而能生者，国未有无兵而能存者。

【注释】

　　①《内经》：《素问》《灵枢》两种医书，合称《黄帝内经》。按《汉书·

艺文志·医经》:"《黄帝内经》十八卷,《外经》三十七卷。"《素
问·灵兰秘典经》:"肝者,将军之官,谋虑出焉。"

【译文】

军队对于国家的作用,就像气对于人的身体一样。肝脏贮藏血液
而助气,所以《内经》中把肝作为内脏的将军之官。人无气就不能活,国
家也没有缺少军队却能存在的。

今世智计之士,睹时势之日棘①,慨战守之无具,于是创
议入西国弭兵会②,以冀保东方太平之局③。此尤无聊而召
侮者也。

【注释】

①日棘:一天比一天危急。棘,通"急"。

②弭(mǐ)兵:息兵,停战。

③冀:希望。

【译文】

当今有智谋和才能的人,看到中国的时势一天比一天危急,感慨无
论是战还是守都无从倚仗,于是倡导中国加入西方各国的弭兵会,以此
希望保住东方太平的局势。这种倡议是特别无聊而且会招致自取其
辱的。

向戌弭兵,子罕责其"以诬道蔽诸侯"①,况今之环球诸
强国,谁能诬之? 谁能蔽之? 奥国之立弭兵会有年矣②,始
则俄攻土耳其,未几而德攻阿洲③,未几而英攻埃及,未几而
英攻西藏,未几而法攻马达加斯加,未几而西班牙攻古巴,
未几而土耳其攻希腊。未闻奥会中有起而为鲁连子者也④。

德遂以兵占我胶州矣⑤，俄又以兵占我旅顺矣⑥。廿年以来，但闻此国增兵船，彼国筹新饷，争雄争长，而未有底止。

【注释】

①子罕责其"以诬道蔽诸侯"：语出《左传·襄公二十七年》。子罕，人名，春秋宋大夫。姓乐名喜，以廉洁名。诬道，邪乱之道。

②奥会：即"奥国兵会"的省称。

③阿洲：即阿非利加洲，非洲。

④鲁连子：鲁连，即鲁仲连。子，是尊称。鲁仲连，战国齐人，高蹈不仕，喜为人排难解纷。游于赵，秦围赵急，魏使辛垣衍请帝秦，仲连力言不可，会信陵君率魏兵至，秦军却走。后燕将据聊城，齐攻之岁余不能下，仲连遗书燕将，聊城乃下。齐王欲爵之，仲连逃隐海上。

⑤胶州：州名，位于山东半岛。清为直隶州。清光绪二十三年（1897），德国借口曹州教案，派舰来华，强租以为军港，租期九十九年。

⑥旅顺：地名，在辽东半岛南端。清时曾连续租于日俄。

【译文】

　　春秋时期宋国大夫向戌提倡弭兵，子罕指责他是"以邪乱之道欺骗蒙蔽诸侯"，何况当今环球各强国谁能欺骗呢？谁能蒙蔽呢？奥地利创议弭兵会很多年了，开始的时候就有俄国进攻土耳其，不久又有德国入侵非洲，不久又有英国进攻埃及，不久又有英国侵略西藏，不久又有法国进攻马达加斯加，不久又有西班牙进攻古巴，不久又有土耳其进攻希腊。没有听说过"奥国弭兵会"中有起而为鲁仲连的。德国以兵占据我胶州湾，俄国以兵占据我旅顺港。二十年以来，只是听到这个国家增加兵船，那个国家筹集新的军饷，彼此互相争雄争长没有止境。

　　我果有兵,弱国惧我,强国亲我,一动与欧则欧胜[①],与亚则亚胜。如是则耀之可也[②],弭之亦可也,权在我也。我无兵而望人之弭之,不重为万国笑乎? 诵《孝经》以散黄巾[③],黄巾不听;举驺虞幡以解斗[④],斗者不止。苟欲弭兵,莫如练兵。海有战舰五十艘,陆有精兵三十万,兵日雄,船日多,炮台日固,军械日富,铁路日通,则各国相视而不肯先动。有败约者[⑤],必出于战,不恤孤注,不求瓦全。如是则东洋助顺[⑥],西洋居间[⑦],而东方太平之局成矣。

【注释】

①与欧:援助欧洲。下文"亚"指亚洲。

②耀:显示武力。

③黄巾:东汉末太平道首领张角等于灵帝中平元年(184)发动农民起义,徒众达数十万人,皆以黄巾裹头,称为黄巾军或黄巾。

④驺虞幡:标有驺虞的旗帜。晋制有白虎幡、驺虞幡,白虎幡用于督战,驺虞幡用以解兵。驺虞,传说中的仁义之兽,白虎黑纹,不食生物。

⑤败约者:背弃盟约的。败,毁。

⑥助顺:给予物质上的援助和道义上的支持。

⑦居间:居于两方当事人之间而调解其事。

【译文】

　　我国果真有雄兵,弱小的国家害怕我们,强大的国家亲近我们,我们一旦出兵援助欧洲,则欧洲胜,援助亚洲则亚洲胜。如果是这样,那么显示武力也行,息兵停战也行,因为主动权在我们手中。我国没有雄兵而希望他息兵停战,这不是又被万国所嘲笑吗? 诵读《孝经》来驱散叛乱的黄巾军,黄巾军不听;举驺虞幡来制止争斗,争斗不止。假使真要息兵停战，不如训练军队。海上有战舰五十艘，陆上有精兵三十万，军队日益强大，战船日益增多，炮台日益坚固，军械日益丰富，铁路日益畅通，那么各国都会相视而不肯先出兵。有背弃盟约的，必然会出于一战，不惜孤注一掷，宁为玉碎，不为瓦全。像这样，那么东洋就会给予帮助和支持，西洋就会居中调解，东方太平的局势就成了。

管子曰："寝兵之说胜，则险阻不守。全生之说胜，则廉耻不立。"①若弭兵之议一倡，则朝野上下，人人皆坐待此会之成，更不复有忧危图治之心、枕戈待敌之事。各省寥寥数军，裁者不复②，存者不练，器械朽败，台垒空虚，文酣武嬉，吏贪民困，忠谏不入，贤才不求，言官结舌，人才消沮③。诸国见我之昏愚如此，无志如此，于是一举而分裂之，是适以速亡而已。山行不持兵而望虎之不咥人④，不亦徒劳矣乎？

【注释】

①"寝兵之说胜"几句：语出《管子·立政·九败》。寝兵，停息干戈。全生，保全性命，同"全身"。《诗经·王风·君子阳阳序》："君子遭乱，相招为禄仕，全身远害而已。"

②不复：不能恢复。

③消沮：沮丧。

④咥（dié）人：吃人。咥，咬。

【译文】

管子说："息兵止战的说法占上风，那么国家的关隘险阻就守不住了。保全性命的说法占上风，那么廉耻就立不住了。"假如息兵止战的说法一经倡议，那么朝野上下，人人都会坐等加入弭兵会，就更不会有忧危图治之心、枕戈待敌之事了。各省所编练的寥寥无几的几支军队，被裁撤的不能恢复，得以保存的不进行训练，军器军械朽坏残败，炮台堡垒空荡虚设，文官贪图安逸，武官游荡玩乐，官吏贫困，民生艰难，忠诚的劝谏不能上达，贤良之才不能访求，谏议之官不敢说话，人才沮丧。各国见我国这样昏暗、愚昧、毫无志向，便会因此一举进攻瓜分我国，这正是招致国家速亡啊。在山中行走不带兵器，却寄希望老虎不吃人，这不是徒劳之想吗？

又有笃信公法之说者，谓公法为可恃，其愚亦与此同。夫权力相等，则有公法，强弱不侔^①，法于何有？古来列国相持之世，其说曰：力均角勇，勇均角智。未闻有法以束之也。

【注释】

①不侔（móu）：不一样。侔，齐等。

【译文】

又有深信万国公法之说的人，认为公法可以依靠，持有这种想法的人的愚昧和相信弭兵会的人是一样的。如果各国之间实力相等，那么就有公法，各国实力强弱不同，哪有什么公法？自古以来各国彼此对抗的时代，流行的说法是："实力均等就较量彼此的勇气，勇气相等就较量彼此的智慧。"没有听说过用法来约束的。

今日五洲各国之交际，小国与大国交不同，西国与中国交又不同。即如进口税，主人为政^①，中国不然也；寓商受本国约束^②，中国不然也；各国通商只及海口，不入内河，中国不然也；华洋商民相杀，一重一轻；交涉之案^③，西人会审，各国所无也。不得与于万国公会^④，奚暇与我讲公法哉^⑤？知弭兵之为笑柄，悟公法之为瞽言^⑥，舍求诸己而何以哉^⑦？

【注释】

①主人为政：由进口的国家制定税率。为政，处理政务。

②寓商：外国商人。

③交涉：就彼此相关涉的事进行谈判。

④与：加入。

⑤奚暇：哪有时间。

⑥謷(wèi)言：一纸空文。謷，《正字通》："謷，诈也。与'伪'通。"

⑦诸："之于"的合音。

【译文】

今日五大洲各国之间的交际往来，小国与大国之间的交往不同，西方国家与中国之间的交往又不相同。比如说商品进口税应该是进口商品的国家制定税率，中国却不是这样；外国商人应受到所在国的约束，中国却不是这样；各国之间彼此通商的船只只能到沿海通商口岸，不能进入内河，中国却不是这样；中国和西洋各国的商人、民众之间彼此产生矛盾纠纷，重洋而轻华；彼此就相关的纠纷事件进行谈判，由西方人进行公堂会审，这是各个国家所没有的。我们不能加入万国公会，人家哪有时间与我们讲公法？明白参加弭兵会之说实为别人的笑柄，醒悟所谓的公法只是一纸空文，放弃这些不切实际的想法，除了从自身上寻找办法外别无他法！

非攻教第十五

【题解】

　　基督教传入中国，并非始自晚清。但近代以来，随着西方国家挟坚船利炮东来，迫使清廷改变闭关锁国的政策，基督教也强势地进入中国沿海内地。一时之间，如何看待传教士传教？如何理解儒家与基督教之间的关系？传教士对于近代中国有何作用？如何评论晚清频发的教案？这些与基督教相关的议题，构成了中国近代史的一部分。

　　本篇名为"非攻教"，表明张之洞反对教派相争的鲜明态度。对于中西宗教的冲突，张之洞一方面持固有的"中体"之论，认为孔孟之道的儒家才是根本上适合中国的"宗教"，其"天理之纯，人伦之至"不是基督教所能比拟的。在此前提下，他认为加强儒家的教化功能，不断修明政教，才是解决中西间宗教相争的正途。另一方面，张之洞反对狭隘的攻击基督教和盲目的排外情绪，对于教案中种种丑化西方人的流言也不以为然，认为这些近似愚昧的做法不值提倡。

　　异教相攻，自周、秦之间已然。儒墨相攻，老儒相攻。庄，道也，而与他道家相攻。荀，儒也，而与他儒家相攻。唐则儒释相攻，后魏、北宋则老释相攻。儒之攻他教者，辨黑白[①]；他教之相攻者，争盛衰。欧洲因争新教、旧教[②]，连兵相杀数十年，乃教士各争权势，藉以为乱，非争是非也。

【注释】

①黑白：比喻是非、善恶、正邪、清浊。

②新教：基督教的一派，即今通称的耶稣教。1529 年德国人马丁·
路德反对斯卑耶宗教会议的命令而创立。新教对天主教的传统
教义作了一些删除。旧教：基督教中的旧派，即罗马教会，亦即
天主教。

【译文】

不同的教派之间互相攻击、辩难，自周、秦之间就是这样了。儒家
与墨家互相攻击，道家与儒家互相攻击。庄子，是道家，却与其他道家
互相攻击。荀子，是儒家，也与其他儒家互相攻击。唐代是儒家与佛家
相互攻击，北魏、北宋则是道家、儒家互相责难。儒家责难其他教派的
地方，是辨别正邪与是非；其他教派之间互相攻击，是为了争一时的盛
衰。欧洲新教与旧教之争，连兵残杀数十年，其缘由是因为教士之间争夺权势，
借此为乱，不是争是非。

至今日而是非大明。我孔孟相传大中至正之圣教①，炳
然如日月之中天②，天理之纯，人伦之至，即远方殊俗③，亦无
有讥议之者。然则此时为圣人之徒者，恐圣道之凌夷④，思
欲扶翼而张大之⑤，要在修政，不在争教。此古今时势之不
同者也。

【注释】

①大中至正：大中，尊大而居中。至正，不偏不倚，公正至极。

②炳然：光明的样子。中天：运行在天空之中。

③殊俗：这里指有不同习俗的人。

④凌夷：遭到欺凌摧残。

⑤扶翼：扶助。

【译文】

今日是非早已大明于天下。我世代相传的大中至正的孔孟圣教，如日月运行在天空中一样光明。儒家所讲求的天道法则之纯正，人伦社会关系的完善，即使是远方不同风俗者，也对此没有什么批评和议论。如今传孔子之道者，害怕圣道受到欺凌与摧残，想要扶助孔孟之教并且把它发扬光大，关键在于修明政教，而不是与其他教派之间相争。这是古今时势不同的缘故。

中外大通以来，西教堂布满中国，传教既为条约所准行，而焚毁教堂又为明旨所申禁。比因山东盗杀教士一案①，德国藉口遂踞胶州，各国乘机要求，而中国事变日亟。有志之士，但当砥厉学问，激发忠义，明我中国尊亲之大义②，讲我中国富强之要术。国势日强，儒效日章③，则彼教不过如佛寺道观，听其自然可也，何能为害？如仍颓废自甘，于孔孟之学术、政术，不能实践力行，学识不足以济世用，才略不足以张国威，而徒诟厉以求胜④，则何益矣？岂惟无益，学士倡之，愚民和之，莠民乘之，会匪游兵藉端攘夺⑤，无故肇衅⑥，上贻君父之忧⑦，下召凭陵之祸⑧，岂志士仁人所忍为者哉？

【注释】

①盗杀：偷盗他人财物而致人命。

②尊亲：尊敬父母或祖辈。

③日章：一天比一天明显。

④诟厉：辱骂。

⑤会匪：清朝诬称哥老会徒为"会匪"。会，指秘密结社。攘夺：夺取。

⑥肇衅：挑起事端。

⑦贻：遗留，留下。这里为"带来"之意。

⑧凭陵：侵凌。

【译文】

中外大通以来，西方的教堂布满中国，传教士在华传教已经被签订的条约所准行，焚毁教堂之举也被当今圣意所禁止。例如山东盗杀传教士一案，德国以此为借口占据胶州湾，各列强也纷纷提出要求，中国变乱的局面日益严重。这种形势下，有志之士应当加紧磨炼学问，激发对朝廷的忠义之心，彰明我中国尊敬父母祖辈的大义，讲求我中国如何走向富强的策略和方法。国家的实力日益增强，儒家的效用日益彰显，那么西教不过是如佛教的寺庙、道教的道观一样，听任其自然存在就可以了，怎么能产生危害呢？如果我们仍自甘颓废，对于孔孟之学的学术与政治方略，不能实践力行，学识不足以经世致用，才华谋略不足以彰显国威，而只是以攻击辱骂对方来求得胜利，那又有什么好处呢？岂止是没有好处，如果读书人倡导攻击西教，愚昧无知之民跟着附和，心术不正的坏分子乘机加以利用，会匪游兵借争端进行抢夺，无缘无故挑起事端，在上给君主带来忧患，在下给国家招来欺凌之祸，这岂是仁人志士所忍心去做的吗？

不特此也，海上见闻渐狃①，中西之町畦渐化②。若游历内地，愚夫小儿见西国衣冠者，则呼噪以随之，掷石殴击以逐之③，一哄而起，莫知其端，并不问其为教士、非教士、欧洲人、美洲人也。夫无故而诟击则无礼④；西人非一，或税关所用，或官局所募，或游历，或传教，茫然不辨，一概愤疾，则不明；诏旨不奉，则不法；以数百人击一二人，则不武；怯于公战，勇于私斗，则不知耻。于是外国动谓中国无教化。如此狂夫，亦何以自解哉⑤？

【注释】

①狎（xiá）：习惯。

②町畦（tǐng qí）：田界，田塍。这里比喻界限。

③殴击：捶击。

④诟击：辱骂。

⑤自解：自求解脱。

【译文】

不仅如此，沿海地方对于西方事物已渐渐习惯，中西之间的界限逐渐趋于融合。但若游历内地，愚昧的民众和无知的小孩儿看见穿着西方国家衣服的人，就会嘈杂地喊叫着跟随其后，扔石头驱逐，一哄而起，不知道为什么，也不问那人是不是传教士，是欧洲人还是美洲人。无缘无故去辱骂别人，是无礼；来华的西方人也不是只有一种，有的就职于海关税务司，有的是各种官局所雇用，有的是来华游历，有的是传教士，茫然不加辨别，就一概愤怒憎恨，就是不明智；不奉诏书圣旨，就是不法；以数百人去攻击一二人，就是不武；害怕为国公战，却勇于为个人利益而私下争斗，就是不知廉耻。因此外国动辄就称中国没有教化。像上述这样的狂妄之人，又如何能自我辩解呢？

至于俗传教堂每有荒诞残忍之事，谓取人目睛以合药物，以造镪水①，以点铅而成银，此皆讹谬相沿，决不可信。光绪十七年宜昌教案②，先哄传搜获教堂所蓄幼孩七十人皆无目者，百口一辞。及委员往③,会同府县一一验视,则皆无影响。止一人瞽其一目,眼眶内瘪,其晴尚在。其人及其父母均言因出痘所伤,群疑始释。又如光绪二十二年江阴教堂之案④,乃系劣生向教堂索诈⑤,埋死孩以图栽诬,城乡周知。其人当即服罪讯结⑥。此皆近事之可凭者。试思西教创立千余年,流行地球数十国,其新教、旧教争权攻击则多有之矣,从无以残忍之事为口实者。若有此事,则西国之人早已尽为教堂残毁,无完肤,无遗种矣⑦。若谓不戕西人⑧,惟残华民,则未通中华以前,此千余年中之药物镪水银条,安所取之? 且方今外洋各国所需之药物镪水、所来之银条,一日之内,即已无算⑨,中国各省虽有教堂,又安得日毙数千万之教民,日抉数千万之眸子以供其取求耶⑩?

【注释】

①镪水:具有浓烈腐蚀性的浓硝酸、浓盐酸,俗称镪水。

②光绪十七年:即 1891 年。

③委员:受上官的委任处理或调查某事的人称委员。

④光绪二十二年:即 1896 年。

⑤劣生:品行恶劣的年轻人。

⑥讯结:审讯结案。讯,审讯。结,结案。

⑦遗种:余种。

⑧戕(qiāng):残害,残杀。

⑨无算:无法计算。

⑩抉:挑,挖出。眸(móu)子:眼睛。

【译文】

至于民间流传教堂经常有荒诞残忍之事,说是取人眼珠,用来混合药物,制成镪水,以此来点铅成银,这都是讹谬相传,决不可以相信。光绪十七年,湖北宜昌发生教案,先是哄传在教堂中搜出所抚养的七十余名小孩都没有眼珠,众口一词。等到调查此事的委员赶往宜昌,会同当地的府县官员一一验视观看幼童的眼睛,发现并无影响。只有一个小孩儿一只眼睛是瞎的,眼眶向内瘪,但是眼珠尚在。小孩儿和他的父母都说眼睛是因为出痘的时候伤的,众人的疑惑才解开。又比如光绪二十二年江苏江阴的教堂之案,乃是品行恶劣的年轻人为了向教堂勒索欺诈,故意将死孩儿埋起来以图栽赃诬陷,城乡之民都知道此事。犯案之人当即就服罪审讯结案。这都是有凭据的发生不久的事情。试想西教创立已经有千余年的时间了,在地球上流行于数十国之间,西教内部新教、旧教互相争权彼此攻击的事多有发生,但从没有以残忍之事为攻击口实的。如果真有此种事情发生,那么西方国家的人早就被教堂残害得体无完肤,没有余种了。如果说教堂不残害西方人,只是残害我中华之民,那么西方未和中华相通之前,千余年来所需的药物镪水、银条,从哪去取呢? 何况当今西洋各国所需的药物镪水和由此而来的银条数量,一天之内就已经多得无法计算了,中国各省虽然有教堂,又怎么能每天杀数千万的教民,每天挖取数千万的眼睛来供应他们的需求呢?

　　语云:"流丸止于瓯臾,流言止于智者。"①荐绅先生,缝掖儒者②,皆有启导愚蒙之责,慎勿以不智为海外之人所窃笑也。

【注释】

①"流丸止于瓯(ōu)臾"几句:语出《荀子·大略》。流丸,滚动的弹丸。瓯臾,瓯、臾均为瓦器名,这里借指有如瓯臾之形的凸凹不平的地势。

②缝掖:袖下两腋缝合的服装,形似今日的袍子,为儒者之服。

【译文】

《荀子》说:"滚动的弹丸停止于凸凹不平的地势,流言蜚语在智者那停止。"有官位者和有学识的儒者,都有启发引导愚钝蒙昧之责,千万小心不要因为缺少智慧而被海外之人所嘲笑。

张之洞传（清史稿）

　　张之洞，字香涛，直隶南皮人。少有大略[①]，务博览为词章[②]，记诵绝人。年十六，举乡试第一[③]。同治二年，成进士，廷对策不循常式，用一甲三名授编修[④]。六年，充浙江乡试副考官，旋督湖北学政。十二年，典试四川，就授学政[⑤]。所取士多隽才，游其门者，皆私自喜得为学涂径[⑥]。光绪初，擢司业[⑦]，再迁洗马[⑧]。之洞以文儒致清要[⑨]，遇事敢为大言。俄人议归伊犁，与使俄大臣崇厚订新约十八条[⑩]。之洞论奏其失，请斩崇厚，毁俄约。疏上，乃褫崇厚职治罪[⑪]，以侍郎曾纪泽为使俄大臣，议改约。六年，授侍讲[⑫]，再迁庶子[⑬]。复论纪泽定约执成见，但论界务，不争商务，并附陈设防、练兵之策，疏凡七八上。往者词臣率雍容养望，自之洞喜言事，同时宝廷、陈宝琛、张佩纶辈崛起，纠弹时政，号为清流[⑭]。七年，由侍讲学士擢阁学[⑮]。俄授山西巡抚。当大祲后[⑯]，首劾布政使葆亨、冀宁道王定安等黩货[⑰]，举廉明吏五人，条上治晋要务，未及行，移督两广。

【注释】

①大略：远大的谋略，此处指有远大的志向。

②务：致力于。博览：指博览群书。词章：又作"辞章"，指写作各类
诗词文章。

③举乡试第一：1852年，张之洞参加顺天府乡试，考取第一名举人。

④用一甲三名授编修：1863年，张之洞在癸亥恩科殿试中考中一甲
第三名进士，俗称探花，当年五月被授翰林院编修。

⑤学政：清代的学政是掌管一省文教事业的官员，三年一任，主要
责任是选拔生员及监督各地教官，一般由朝廷在翰林院中进行
选派，学政又俗称学台。张之洞担任湖北学政期间，于1869年
创建了经心书院。

⑥"所取士多俊才"几句：张之洞就任四川学政后，创办了尊经书
院，将所赏识的蜀中读书人选入就读。并于此期间撰写《輶轩
语》《书目答问》两书。

⑦司业：指国子监司业，学官名。

⑧洗马：指詹事府洗马，文官名。

⑨清要：清高，显要。

⑩与使俄大臣崇厚订新约十八条：1871年7月，沙皇俄国趁中亚浩
罕汗国军官阿古柏侵占新疆之际，出兵占领了新疆伊犁地区。
1875年，清政府任命陕甘总督左宗棠为钦差大臣，督办新疆军
务。左宗棠于1877年12月击溃阿古柏，收复了除伊犁地区以外
的全部新疆领土。清政府于1878年6月，以崇厚为钦差大臣，赴
俄国谈判收复伊犁事宜。1879年10月2日，崇厚在沙俄的胁迫
下，未经清政府允许，擅自与沙俄签订了《交收伊犁条约》（即《里
瓦吉亚条约》）《瑷珲专条》《兵费及款专条》以及《陆路通商章
程》。《交收伊犁条约》签订后，国内舆论颇为不满，纷纷指责崇
厚卖国。张之洞上奏"请斩崇厚"即指此事。清政府拒绝批准该

条约,并将崇厚革职治罪。1880 年 2 月 19 日,清廷任命驻英法公使曾纪泽为出使俄国钦差大臣,曾于 1881 年 2 月 24 日,与沙俄签订中俄《伊犁条约》。

⑪褫(chǐ):剥夺。

⑫侍讲:指翰林院侍讲,职责是为皇帝或太子讲学,讲论文史以备君王顾问。

⑬庶子:张之洞先为詹事府右庶子,后迁为詹事府左庶子。詹事府本为辅导东宫太子之机构,后来成为翰林官迁转之阶。詹事府庶子为左右春坊之主官,满汉各一员,正五品,汉员兼翰林院侍读衔,掌记注、撰文之事。

⑭清流:指德行高洁负有名望的士大夫。清代光绪初年,以军机大臣李鸿藻为首,以张佩纶、张之洞、黄体芳、邓廷修、宝廷、陈宝琛等人为核心,形成一个士人交游圈,这些人大都出自于翰林院,对朝廷内外大政多有议论,倡言抨击权贵,被称作"前清流"。

⑮阁学:内阁学士。

⑯大祲(jìn):指严重歉收的大饥荒。

⑰布政使:又称"藩司",民间俗称"藩台"。清代的布政使品级与巡抚同,是从二品官。职责掌一省的行政和财赋之出纳,也负责向府州县宣布政令。

【译文】

张之洞,字香涛,直隶南皮人(今河北沧州下辖南皮县)。年少即有远大谋略,致力于博览群书,撰著诗词文章,记忆背诵的本领也超乎常人。十六岁时参加乡试就取得了第一名。同治二年,张之洞又考取了进士,参加殿试时,他对答皇帝策问不因循常规程式,以一甲第三名探花的身份授翰林院编修。同治六年,张之洞担任浙江乡试副考官,不久又调任湖北提督学政。同治十二年,张之洞主持四川科举考试,旋即担任四川学政。他在任期间所录取的士子,多为杰出俊秀的人才,拜投其门下的弟子无不暗自窃喜获得了做学问的门径。光绪初年,张之洞被擢升为国子监司业,后又升迁至詹事府洗马。张之洞以一介文士儒生的身份身居要职,遇事敢于抒发自己的宏谋远略,言他人所不敢言。例如,俄国人商议归还伊犁事宜,与出使俄国的大臣崇厚签订了新约十八条。张之洞上书参劾崇厚办事不力且失职,请旨处斩崇厚,撕毁合约。奏疏上达后,崇厚果然被革职问罪,清廷任命侍郎曾纪泽为使俄大臣,商议改约事宜。光绪六年,张之洞出任翰林院侍讲学士,后又担任庶子一职。他认为曾纪泽出使俄国商定《伊犁条约》固执己见,只将争论的焦点放在边界问题上,而忽略了对商业利益的争取。此外,他在上疏中还附带提出了设防练兵的军事策略,先后上书达七八次之多。以往像翰林这样的文学侍从之臣大多养尊处优,注重虚名,不做实事,直到张之洞才喜好上书言事,开一代新风,同时代诸如宝廷、陈宝琛、张佩纶之辈随后纷纷崛起,纠弹时政,号称清流。光绪七年,张之洞由侍讲学士擢升至内阁学士。不久,又被授予山西巡抚一职。山西省在遭遇严重歉收和饥荒之后,张之洞率先上疏弹劾布政使葆亨、冀宁道王定安等贪污纳贿之徒,推举了五名清廉贤明的官吏,并条陈治理山西的当务之急,然而具体整治措施还未来得及施行,张之洞即被调任两广总督。

八年,法越事起[①],建议当速遣师赴援,示以战意,乃可居间调解。因荐唐炯、徐延旭、张曜材任将帅。十年春,入觐[②]。四月,两广总督张树声解任专治军,遂以之洞代。当是时,云贵总督岑毓英、广西巡抚潘鼎新皆出督师,尚书彭玉麟治兵广东。越将刘永福者[③],故中国人,素骁勇,与法抗。法攻越未能下,复分兵攻台湾,其后遂据基隆。朝议和战久不决,之洞至,言战事气自倍。以玉麟夙着威望,虚己听从之。奏请主事唐景崧募健卒出关,与永福相犄角。朝旨因就加永福提督、景崧五品卿衔,炯、延旭亦皆已至巡抚,当前敌,被劾得罪去,并坐举者。之洞独以筹饷械劳,免议④。广西军既败于越,朝旨免鼎新,以提督苏元春统其军,而之洞复奏遣提督冯子材、总兵王孝祺等,皆宿将。于是滇、越两军合扼镇南关,殊死战,遂克谅山。会法提督孤拔攻闽、浙,炮毁其坐船,孤拔殪⑤,而我军不知,法原停战,廷议许焉。授李鸿章全权大臣,定约,以北圻为界。叙克谅山功,赏花翎⑥。

【注释】

①法越事起:指法国 1882 年开始的第三次入侵越南的战争。法国侵略者在越南国境不断北进,最终引发了 1883 年中法战争。

②入觐:朝见皇帝。

③刘永福:广西钦州人,原是反清的黑旗军将领,1883 年率黑旗军参加中法战争,屡次大败法军。甲午战争期间,曾奉命赴台抗日。

④免议:免于追究。

⑤殪(yì):死亡。

⑥赏花翎:指进行奖赏。清代官品的冠饰,以孔雀翎为饰,故称为"花翎"。以翎眼的多寡来区分官吏等级。

【译文】

光绪八年,法国与越南之间爆发战争,张之洞建议迅速派遣军队援助越南,他认为必须率先展示敢于作战的态度和意向,之后才可能居间进行调节。因此,他推荐唐炯、徐延旭、张曜材担任领兵将帅。光绪十年春,张之洞入朝觐见皇帝。四月,张树声卸任两广总督一职,专门负责治军,张之洞继而担任两广总督一职。此时云贵总督岑毓英、广西巡抚潘鼎新双双出师统帅军队，兵部尚书彭玉麟则于广东负责练兵。转战越南的黑旗军将领刘永福本是中国人，素来骁勇善战，抗击法军。法军久攻越南而不下，又分兵攻打台湾，之后就占据了基隆。朝廷关于对法战争是战是和的议论久久不能做出决断，而张之洞上任两广总督后，每逢言及战事都气宇轩昂、信心百倍。张之洞考虑到彭玉麟早有威望，遇事皆虚心听从其意见。他还奏请主事唐景崧招募健壮军卒出关，以期与刘永福的黑旗军形成掎角之势。朝廷应其所请，加封刘永福提督衔，加封唐景崧五品卿衔，张之洞所举荐的唐炯、徐延旭都已官至巡抚，但由于唐、徐二人在对法战争的前线指挥不力，被弹劾治罪，撤职查办，还因此牵连到推举他们的官员。唯独张之洞因为筹办军饷、军械有功，免于议罪论处。由于广西军队战败于越南，朝廷将潘鼎新免职，任命提督苏元春统帅其军队。此时张之洞再次上奏朝廷，推荐起用久经沙场的提督冯子材、总兵王孝祺等战将。如此，滇、越两军才得以联合扼守镇南关，并与法军展开殊死战，终于攻克了谅山。恰好此时法国提督孤拔攻打福建、浙江，孤拔所乘舰船被击毁，船毁人亡，而清军却并不知晓此事。法国政府表示愿意停战，朝廷商议后同意议和。委派李鸿章为全权大臣，签订和约，以北圻作为停战边界。朝廷评议张之洞攻克谅山有功，赏其花翎。

之洞耻言和，则阴自图强，设广东水陆师学堂，创枪炮厂，开矿务局。疏请大治水师，岁提专款购兵舰。复立广雅书院，武备文事并举①。十二年，兼署巡抚。于两粤边防控制之宜，辄多更置。著《沿海险要图说》上之。在粤六年，调补两湖。

【注释】

①武备文事并举：张之洞于1884年署理两广总督，到1889年离任，

在粤近 6 年的时间内,于文治武备上颇有作为,逐渐成为知洋务的封疆大吏。他聘用德国人用新式方法编练广胜军,创办枪炮厂、枪弹厂制造军火,筹集广东水师,创办水陆师学堂,创办广雅书院等。

【译文】

张之洞对于中法战争言和感到耻辱,于是暗下决心谋求国家富强之法,为此他开设了广东水陆师学堂,创建了枪炮厂,开办了矿务局。张之洞还上疏朝廷,请求大规模建设、训练水师,每年提拨专款购置军舰。他还创立广雅书院,使军备防务工作与文教事业得以同时展开。光绪十二年,张之洞兼署理巡抚一职。为了保障两粤边防事务无虞,于军事防务建置多有变动和调整。张之洞还著有《沿海险要图说》一书,并献于朝廷。他在广东任职共六年,随后调补两湖。

会海军衙门奏请修京通铁路,台谏争陈铁路之害①,请停办。翁同龢等请试修边地②,便用兵;徐会沣请改修德州济宁路③,利漕运。之洞议曰:"修路之利,以通土货、厚民生为最大,征兵、转饷次之。今宜自京外卢沟桥起,经河南以达湖北汉口镇。此干路枢纽,中国大利所萃也④。河北路成,则三晋之辙接于井陉,关陇之骖交于洛口⑤;自河以南,则东引淮、吴,南通湘、蜀,万里声息,刻期可通。其便利有数端:内处腹地,无虑引敌,利一;原野广漠,坟庐易避,利二;厂盛站多,役夫贾客可舍旧图新,利三;以一路控八九省之衢,人货辐辏,足裕饷源,利四;近畿有事⑥,淮、楚精兵崇朝可集⑦,利五;太原旺煤铁,运行便则开采必多,利六;海上用兵,漕运无梗⑧,利七。有此七利,分段分年成之。北路责之直隶总督,南路责之湖广总督,副以河南巡抚。"得旨报可,遂有移楚之命⑨。大冶产铁,江西萍乡产煤,之洞乃奏开炼铁厂汉阳大别山下⑩,资路用,兼设枪炮钢药专厂。又以荆襄宜桑棉麻枲而饶皮革,设织布、纺纱、缫丝、制麻革诸局,佐之以堤工,通之以币政。由是湖北财赋称饶,土木工作亦日兴矣。

【注释】

①台谏:指专司参劾、建言的言官,隶属于都察院。

②翁同龢:江苏常熟人,晚清著名政治家和书法艺术家。历任户部、工部尚书、军机大臣兼总理各国事务衙门大臣,先后担任同治、光绪两代帝师。1898年被革职回籍,于1904年去世。

③徐会沣:清末大臣,同治年间进士。历任翰林院侍读、吏部侍郎、兵部尚书等职,于1906年去世,是光绪朝的重臣之一。

④萃:聚集。

⑤骖(cān):三匹马的马车。

⑥近畿:指京师周围。

⑦崇朝:自早至午,形容时间很短。

⑧梗:阻塞,妨碍。

⑨遂有移楚之命:指张之洞于1889年调任湖广总督。

⑩之洞乃奏开炼铁厂汉阳大别山下:1893年,汉阳铁厂建成,其规模当时不仅在中国首屈一指,即使在亚洲也是独领风骚。汉阳铁厂初建的任务是为筹设中的卢汉铁路提供铁轨,后来发展成为中国最大的钢铁厂。1896年4月,汉阳铁厂因亏损由官办企业变成盛宣怀主持的官督商办企业。1908年,汉阳铁厂与大冶铁矿、萍乡煤矿组成著名的"汉冶萍公司"。

【译文】

时值海军衙门奏请修筑京通铁路，诸御史争相条陈铁路之害，请求停办。翁同龢等建议在边远地区试修铁路，以便于用兵；徐会沣则请求改修德州至济宁段铁路，以便利漕运。张之洞认为："修筑铁路的最大益处在于促进各地物产的交易流通，造福百姓日常生活，至于征调部队、输送军饷是次要的。现如今铁路修建应当以京城之外的卢沟桥为起点，经过河南进而抵达湖北汉口镇。这一路线是交通干线和枢纽，是中国巨大利润的聚集之地。黄河以北的铁路一旦建成，山西省的道路交通便可以与井陉连接起来，陕西、甘肃的车马货物也能够聚集于洛口；黄河以南的铁路建成后，向东可以延伸至安徽、江苏，向南能够联通湖南、四川，这样一来，万里之外的音讯短时间内便可送达。便利之处有以下几个方面：铁路线处于内地，不必担忧修建铁路会引入外敌的问题，此为第一利；铁路所经之处地势开阔，避开百姓的坟地、房屋较为容易，此为第二利；铁路沿线工厂和车站繁多，便于工人和商人放弃不理想的旧行当，追逐可以牟利更多的新生计，此为第三利；以这条铁路为中心，串联八九个省份的交通要道，人力物力资源就能够集中起来，政府必将因此而获得充足的饷源，此为第四利；京师及其周边若起战事，安徽、湖北的精锐军队可以在很短的时间调集过去，此为第五利；山西太原煤矿、铁矿资源丰富，如果交通运输便利了，开采量必然能够增加，此为第六利；一旦沿海爆发战争，向京师运粮的漕运依旧可以畅通无阻，此为第七利。这条铁路有此七大利好之处，可以分段建设，分几年完工。北路由直隶总督负责修建，南路由湖广总督负责修建，河南巡抚则负责辅助工作。"朝廷下旨准奏，随即将张之洞调往湖北任上。由于大冶出产铁矿石，江西萍乡出产煤矿，于是张之洞就奏请于汉阳大别山下开办炼铁厂，以便资助修建铁路之用，同时还创办了专门的枪炮厂和火药厂。又鉴于荆襄之地适宜种植桑麻、棉花，并且盛产皮革，便开设了织布、纺纱、缫丝、制麻革诸局，加上修筑长江堤坝，并出台相应的货币政策,从此湖北的财政税收才称得上富饶,土木工程建设也日益兴旺发达起来。

二十一年,中东事棘①,代刘坤一督两江,至则巡阅江防,购新出后膛炮,改筑西式炮台,设专将专兵领之。募德人教练,名曰"江南自强军"。采东西规制,广立武备、农工商、铁路、方言、军医诸学堂。寻还任湖北。时国威新挫,朝士日议变法,废时文,改试策论。之洞言:"废时文,非废五经、四书也,故文体必正,命题之意必严,否则国家重教之旨不显,必致不读经文,背道忘本,非细故也。今宜首场试史论及本朝政法,二场试时务,三场以经义终焉。各随场去留而层递取之,庶少流弊。"又言:"武科宜罢骑射、刀石,专试火器。欲挽重文轻武之习,必使兵皆识字,励行伍以科举。"二十四年,政变作②,之洞先着《劝学篇》以见意,得免议。

【注释】

①二十一年,中东事棘:指中日甲午战争。

②政变作:指1898年慈禧太后发动戊戌政变,囚禁光绪皇帝,结束戊戌变法。

【译文】

光绪二十一年,清朝与日本战事紧迫,张之洞代替刘坤一任两江总督,到任后即着手巡查检阅沿江防务,购置新型后膛炮,改建西式炮台,并由专门的将领和士兵负责把守。他聘用德国教练,将这支军队取名为"江南自强军"。张之洞兼采东西方的规章制度,大规模建立武备、农工商、铁路、方言、军医诸学堂。不久张之洞又回到了湖北任上。时值甲午战败,国威受挫,朝中官员每日商议变法图新事宜,主张废除八股文，改试策论。张之洞说："废除八股文并非要将'四书'、'五经'也一并废除，文章体裁和风格依旧要规整端正，命题立意也仍需严格审慎，否则国家重视文治教化的宗旨就不能彰显，这必将导致士子们不读经书，背离儒学道统，忘却求学的根本目的，所以绝非小事。现如今应该在科举考试的首场考史论和本朝政治法规，第二场考当前国家的重大时事，第三场以考经书义理告终。按照不同场次的考试决定考生去留，分层次第录取，这样安排的话或许能够防止滋生弊端。"又说："选拔武官的科举考试应该取消比试骑射、刀斧水平和举石重量两项，专考运用枪炮等火器的能力。想要挽救国家重文轻武的积习流弊，必须使士兵都能识字，用科举考试来激励士兵取得进步。"光绪二十四年，戊戌政变爆发，由于张之洞事先已作《劝学篇》，表明了反对变法的意向，因此得以免责。

二十六年，京师拳乱①，时坤一督两江，鸿章督两广，袁世凯抚山东，要请之洞，同与外国领事定保护东南之约②。及联军内犯，两宫西幸③，而东南幸无事。明年，和议成④，两宫回銮。论功，加太子少保。以兵事粗定，乃与坤一合上变法三疏⑤。其论中国积弱不振之故，宜变通者十二事，宜采西法者十一事。于是停捐纳，去书吏，考差役，恤刑狱，筹八旗生计，裁屯卫，汰绿营，定矿律、商律、路律、交涉律，行银圆，取印花税，扩邮政。其尤要者，则设学堂，停科举，奖游学。皆次第行焉。

【注释】

①京师拳乱：指 1900 年义和团运动。

②保护东南之约：史称"东南互保"。1900 年，清政府向各国宣战，

两江总督刘坤一、湖广总督张之洞、两广总督李鸿章、邮政大臣盛宣怀、山东巡抚袁世凯等以保东南各行省的稳定，避免列强有借口入侵为由，拒绝向列强宣战，并与英法等国家达成协议。东南互保运动，使河北、山东以外的地区免于义和团与八国联军战乱的波及，同时也使清廷中央权威大为下降。

③两宫西幸：指慈禧与光绪在庚子事变中仓皇向西安逃跑。

④和议成：1901年，中国与诸列强签订了丧权辱国的《辛丑条约》。

⑤乃与坤一合上变法三疏：1902年，清末十年新政开启。张之洞与刘坤一联衔上奏《江楚会奏变法三折》，包括三折一片：《变通政治人才为先遵旨筹议折》《遵旨筹议变法谨拟整顿中法十二条折》《遵旨筹议变法谨拟采用西法十一条折》以及《请专筹巨款举行要折片》。《江楚会奏变法三折》是清末新政启动初期总的改革方案。

【译文】

光绪二十六年，京师爆发义和团之乱，刘坤一时任两江总督，李鸿章任两广总督，袁世凯任山东巡抚，他们邀请张之洞一同与外国列强诸领事商定合约，保证东南各行省不受战乱波及。八国联军入侵中国后，慈禧太后与光绪皇帝逃往陕西西安，而东南各行省幸而得以保全，未起战事。第二年，清廷与八国联军议和，慈禧太后与光绪皇帝返回京师，论功行赏，张之洞加封太子少保衔。张之洞考虑到此时战乱已经基本平息，于是与刘坤一共同上奏"变法三疏"。其中论述了中国积贫积弱，国势萎靡不振的原因，认为有十二项事宜需要改革变通，十一项事宜需要采纳西法。于是清廷废除捐钱买官制度，裁撤官署中负责承办文书的吏员一职，对官府中的差役实行考核，施刑尽量慎重，避免严刑逼供，筹划八旗生计问题，裁撤屯卫，裁汰绿营兵，制定矿业、商业、交通、外交法律法规，发行银圆，征收印花税，扩充发展邮政行业。尤为重要的举措是开设学堂，废除科举制，奖励出国游学。这些政策都逐步得到了施行。

　　二十八年,充督办商务大臣,再署两江总督。有道员私献商人金二十万为寿,请开矿海州,立劾罢之。考盐法利弊,设兵轮缉私,岁有赢课。明年,入觐,充经济特科阅卷大臣,厘定大学堂章程①,毕,仍命还任。陛辞奏对,请化除满、汉畛域②,以彰圣德,遏乱萌③,上为动容,旋裁巡抚,以之洞兼之。三十二年,晋协办大学士。未几,内召,擢体仁阁大学士,授军机大臣,兼管学部。三十四年,督办粤汉铁路。

【注释】

①厘定大学堂章程:1902年,清廷在各地创办学堂,推行教育新政,在全国层面谋划适应新学堂的新学制体系。管学大臣张百熙所主持修订的壬寅学制,因为制订较为仓促且受到诸多"袒护新学"的指责以及与另一管学大臣荣庆之间的矛盾,这部近代以来第一部系统性的新学制章程并没有付诸实行。张之洞根据自己的兴学经验曾经对壬寅学制提出诸多建议,与张百熙之间函电往来频繁。由于张的声望和学务经验,清廷再次启动制定新学制任务时,以张之洞、荣庆、张百熙三人共同主持修订,张之洞基于湖北兴学经验的诸多规划写进了这个新修订的学制之中。1904年,新学制颁布实行,由于农历年为癸卯年,所以又称"癸卯学制"。癸卯学制包含了《初等小学堂章程》《高等小学堂章程》《中学堂章程》《高等学堂章程》《大学堂章程》等一系列学堂章程,是近代以来第一个实施的全国性、系统性新学制体系。

②畛(zhěn)域:界限,范围。

③乱萌:变乱萌发。

【译文】

　　光绪二十八年,张之洞出任督办商务大臣,再次署理两江总督。期间有一个道台私下里代替某商人送二十万两银子给张之洞以作寿礼,为的是请求张之洞允许该商人在海州开矿,张之洞立刻上疏弹劾并罢免了这个道台。张之洞还考察盐政法规的利弊,专门安排官兵、轮船缉查私自贩盐者,使得每年盐税收入都能有盈余。第二年,张之洞入宫觐见皇帝,被任命为经济特科阅卷大臣,并负责制定修改大学堂章程,事毕后回任原职。辞别之时,回答皇帝所问,请求化除满汉之别,以此彰显帝王圣德,遏制暴乱的萌发,皇帝听后为之动容,旋即裁撤了湖北巡抚,张之洞兼领巡抚职责。光绪三十二年,张之洞晋升为内阁协办大学士。没过多久,张之洞被召回京城,擢升为体仁阁大学士,出任军机大臣,兼管学部。光绪三十四年,负责督办粤汉铁路。

　　德宗暨慈禧皇太后相继崩,醇亲王载沣监国摄政。之洞以顾命重臣晋太子太保。逾年,亲贵浸用事,通私谒[1]。议立海军,之洞言海军费绌可缓立,争之不得。移疾,遂卒,年七十三,朝野震悼。赠太保,谥文襄[2]。

【注释】

　①私谒(yè):因私事而干谒请托。

　②文襄:张之洞死后清廷给予的谥号。清代"文襄"多授予有学士背景又有军功的大臣,如左宗棠死后的谥号也是"文襄"。

【译文】

　　德宗皇帝和慈禧皇太后相继驾崩,醇亲王载沣代理国政。由于张之洞是慈禧太后临终前托以治国重任的大臣,因此他得以晋升为太子太保。一年以后,由于皇亲国戚逐步掌权,与私下走他们门路的人串通在一起。朝廷商议建立海军,张之洞认为缺少资金,建立海军的计划应当延缓,虽然张之洞努力争取,但他的建议还是没有被采纳。于是他称病请辞,不久就去世了,享年七十三岁,朝野上下都震惊和悲痛。朝廷追赠他太保衔,谥号"文襄"。

之洞短身巨髯,风仪峻整^①。莅官所至,必有兴作。务宏大,不问费多寡^②。爱才好客,名流文士争趋之。任疆寄数十年,及卒,家不增一亩云。

【注释】

①风仪峻整:仪容风度严肃、庄重。

②务宏大,不问费多寡:张之洞在晚清官场有"屠财"之名,即是指他"喜好建设",有魄力而不惜巨费开销,其间也有计划不完备和安排不合理而导致的浪费。张之洞"屠财"但不"图财",他一生较为清廉,不为自己谋私利,所以才有死后田地不增一亩的说法。

【译文】

张之洞身材矮小,长着浓密的胡须,仪容风度严肃庄重。他所任职之地,一定会有大的兴造、制作。他追求规模宏大,不管花费的多少。他爱惜人才而又好客,所以文人名流争相投奔他。他担任了几十年的封疆大吏,去世时,家产连一亩地都没有增加。

中华经典名著
全本全注全译丛书
（已出书目）

周易	晏子春秋
尚书	穆天子传
诗经	战国策
周礼	史记
仪礼	吴越春秋
礼记	越绝书
左传	华阳国志
韩诗外传	水经注
春秋公羊传	洛阳伽蓝记
春秋穀梁传	大唐西域记
孝经·忠经	史通
论语·大学·中庸	贞观政要
尔雅	营造法式
孟子	东京梦华录
春秋繁露	唐才子传
说文解字	大明律
释名	廉吏传
国语	徐霞客游记

读通鉴论

宋论

文史通义

鹖子·计倪子·於陵子

老子

道德经

帛书老子

鹖冠子

黄帝四经·关尹子·尸子

孙子兵法

墨子

管子

孔子家语

曾子·子思子·孔丛子

吴子·司马法

商君书

慎子·太白阴经

列子

鬼谷子

庄子

公孙龙子(外三种)

荀子

六韬

吕氏春秋

韩非子

山海经

黄帝内经

素书

新书

淮南子

九章算术(附海岛算经)

新序

说苑

列仙传

盐铁论

法言

方言

白虎通义

论衡

潜夫论

政论·昌言

风俗通义

申鉴·中论

太平经

伤寒论

周易参同契

人物志

博物志

抱朴子内篇

抱朴子外篇

西京杂记

神仙传

搜神记

拾遗记

世说新语

弘明集

齐民要术

刘子

颜氏家训

中说

群书治要

帝范·臣轨·庭训格言

坛经

大慈恩寺三藏法师传

长短经

蒙求·童蒙须知

茶经·续茶经

玄怪录·续玄怪录

酉阳杂俎

历代名画记

唐摭言

化书·无能子

梦溪笔谈

东坡志林

唐语林

北山酒经（外二种）

折狱龟鉴

容斋随笔

近思录

洗冤集录

传习录

焚书

菜根谭

增广贤文

呻吟语

了凡四训

龙文鞭影

长物志

智囊全集

天工开物

溪山琴况·琴声十六法

温疫论

明夷待访录·破邪论

陶庵梦忆

西湖梦寻

虞初新志

幼学琼林

笠翁对韵

声律启蒙

老老恒言

随园食单

阅微草堂笔记

格言联璧

曾国藩家书

曾国藩家训

劝学篇

楚辞

文心雕龙

文选

玉台新咏

二十四诗品·续诗品

词品

闲情偶寄

古文观止

聊斋志异

唐宋八大家文钞

浮生六记

三字经·百家姓·千字
　文·弟子规·千家诗

经史百家杂钞